本书得到了郑州轻工业学院河南省高校大学语文教学团队建设项目（教高[2015]36号）的资助

"观境确义"
训诂方法论

（附《使琉球杂录》标点与今注）

邱洪瑞　著

图书在版编目（CIP）数据

"观境确义"训诂方法论/邱洪瑞著.—北京：中央编译出版社，2017.8

ISBN 978-7-5117-3371-9

Ⅰ.①观…
Ⅱ.①邱…
Ⅲ.①训诂—方法论
Ⅳ.① H13-03

中国版本图书馆 CIP 数据核字（2017）第 183014 号

"观境确义"训诂方法论

出 版 人：	葛海彦
出版统筹：	贾宇琰
责任编辑：	曲建文
责任印制：	刘　慧
出版发行：	中央编译出版社
地　　址：	北京西城区车公庄大街乙 5 号鸿儒大厦 B 座（100044）
电　　话：	（010）52612345（总编室）　（010）52612349（编辑室） （010）52612316（发行部）　（010）52612346（馆配部）
传　　真：	（010）66515838
经　　销：	全国新华书店
印　　刷：	鸿博昊天科技有限公司
开　　本：	710 毫米 × 1000 毫米　1/16
字　　数：	230 千字
印　　张：	13.5
版　　次：	2017 年 8 月第 1 版
印　　次：	2017 年 8 月第 1 版第 1 次印刷
定　　价：	38.00 元

网　　址：www.cctphome.com　　邮　　箱：cctp@cctphome.com
新浪微博：@ 中央编译出版社　　微　　信：中央编译出版社（ID:cctphome）
淘宝店铺：中央编译出版社直销店（http://shop108367160.taobao.com）（010）55626985

本社常年法律顾问：北京市吴栾赵阎律师事务所律师　闫军　梁勤
凡有印装质量问题，本社负责调换，电话：（010）55626985

内 容 摘 要

"观境确义"是一种重要的训诂方法,同时也是一种有效的阅读文献和思考问题的方式,即通过审察语境以确定语义及文本所蕴含的精神、价值的方法。对于这样一种重要的理念和方法,至今缺乏系统论述它的著作。目前,对古代典籍进行整理和今译已经成为一项弘扬传统文化的急迫的使命,诠释古籍的范围也越来越广,这就更加有必要阐明"观境确义"所体现出的正确的文献训诂观念和方法。

本书的第二、三、四章从历史的角度梳理并分析了蕴含在典籍和故训材料中对于"观境确义"原则的探讨与实践。

第二章重点考察了先秦典籍以及汉代故训。我们发现,早在《孟子》的文章中就已经显现了"观境确义"的思想,从其字里行间,我们还可以归纳出孟子所提倡的"观境确义"的几个原则:参与原则、正名原则、历史性原则、大压小原则以及具体性原则等。汉代的训诂学家们则实践了这些解经原则,在《诗经》《毛传》、《郑笺》等古文献注释中,我们都可以找到出色的例证。这充分说明,在汉代训诂学家们的头脑中,就已经具有了一定的语境观念,只是没有提出有关的术语而已。

第三章讨论了唐宋时期的"观境确义"思想。出现在唐代的"文势说"表明当时的说经者有了"观境确义"的理论自觉,虽然尚有"疏不破注"观念的消极影响,但已经在理论上表明了说经的根本依据在于语境,而语义联系、体例与文例、句法制约、写作视角、写作对象、篇章旨意、史实背景、文化义理等语境因素在当时的说经实践中也已广为利用。"文势说"对后代产生了深远的影响,宋代朱熹对"文势""语脉"的分析,就是对"文势说"的继承和发展。

第四章重点讨论清代高邮王氏父子的"观境确义"思想。相对于前人,他们在理论的深度及精度上都有很大拓展。在他们的训诂学著作当中,对"观境确义"训诂方法的运用已经常态化。他们思路周密、逻辑严谨,往往能据语境以得古籍之原貌原义。

第五章是针对"观境确义"展开的一些理论探讨。我们认为,名物训诂重在考据,强调服从语言事实、语言规律,更重视文献及原作者本身的语境因素。

义理训诂重在阐经明理，强调事理的通透，往往会在原著语境之外联系诠释者自身的时代文化语境进行训释，因而有可能超越原典。因此本书提出，对于"观境确义"的研究与实践，必定要将语言研究与言语研究综合起来，同时还要将语言研究与义理研究综合起来。

  本书的最后一章以举例的性质讨论"观境确义"在现代的具体运用问题。我们认为，运用"观境确义"的方法，不仅能够准确而生动地解读原典，而且能够给人以思维上的训练。因此，可以把"观境确义"广泛地运用到与训诂有密切联系的各种语言文字工作。

  本书附录部分为《使琉球杂录》标点与今注。

序

　　本书作者邱洪瑞博士，于2003年至2006年师从新疆大学张新武先生攻读硕士学位，学习语言学及应用语言学，于2008年至2011年师从北京师范大学许嘉璐先生攻读博士学位，研治训诂学，为日后的教学与科研工作打下了坚实的基础。

　　2011年7月，他来到郑州轻工业学院汉语国际教育系工作，承担过本科生的《训诂学》、《古代汉语》、《现代汉语》、《大学语文》以及研究生的《中国语言与文化》等课程的教学任务，科研工作也做得很扎实。尤为可贵的，是他做事踏实，为人忠厚。在当今浮躁的世风之下，具有这样品行的人是不太多的。2014年，我带领的郑州轻工业学院大学语文教学团队获批为"河南省高校大学语文教学团队建设项目"，他是团队的骨干成员之一，为团队的建设付出了很多，表现出了良好的学识修养与创新能力。2016年，大学语文教学团队决定资助他在博士论文的基础上就训诂方法做进一步的研究。

　　传承优秀的中华文化，训诂观念与方法是关键所在。在对古代典籍进行注解时，因为主观随意，或者过于教条，以致不顾文本的主旨和义理，使得局部文字的训释与其所产生的语境相抵牾甚或格格不入的现象举不胜举。一方面诠释古籍的范围越来越广，工作任务艰巨，另一方面，承担这一任务的工作者却缺乏正确的文献训诂观念、系统的"观境确义"方法。这与我国历史上发达的经典诠释实践很不相称。"观境确义"是训诂学的一种重要训诂方法，训诂学家所概括的"据文证义"、"因文求义"、"观境为训"等名目均属于此种方法，其实质都是根据语境辨析文献词句的确切含义，以更深刻地理解文献所蕴涵的思想内容及原作者的表达主旨。我们从语境出发可以得到局部词语的准确含义，而只有理解了词语在特定语境中的准确含义，才能够更深刻地领会作为整体的语篇的内涵。德国学者伽达默尔曾说过："诠释学思考的本质就在于，它必须产生于诠释学实践。"同样，对于训诂学的思考，必须产生于训诂学实践。邱博士通过总结古代典籍中蕴含的"观境确义"思想及对于"观境确义"方法的具体运用情况，适当观照西方诠释学的有关思想，沟通古今中外，较为全面地梳理了"观境确义"的训诂方法，并进行了大量的"观境确义"训诂实践，纠正不少当前诠释古籍工作中的一些具体失误，踏踏实实地做了一些古籍的标点、今注工作。

期待作者今后有更深刻、更丰满的作品问世，团队会一如既往地支持他。

郑新安
2017 年 7 月 20 日于郑州

郑新安　山东嘉祥人，现任郑州轻工业学院教授、硕士研究生导师、汉语国际教育系主任、"河南省科学技术进步奖"获得者、河南省高等学校省级教学团队带头人。

目　　录

序 1

1 绪论 1
    1.1 何谓"观境确义" 1
    1.2 研究"观境确义"的意义 3
        1.2.1 确立正确的文献训诂观念 3
        1.2.2 彰显"观境确义"在理论上的价值和地位 5
    1.3 "观境确义"的研究概况 6

2 先秦典籍及汉代故训中蕴含的"观境确义"精神 10
    2.1 引言 10
    2.2 《孟子》体现的"观境确义"思想 11
        2.2.1 参与原则 11
        2.2.2 正名原则 14
        2.2.3 历史性原则 15
        2.2.4 大压小原则 18
        2.2.5 具体性原则 20
    2.3 汉代经师的语境观念 22

3 唐宋"观境确义"的理论自觉 25
    3.1 《五经正义》的"文势"说 25
        3.1.1 《五经正义》中的"文势""义势"等术语 25
        3.1.2 "文势"说的内容——以《春秋左传正义》为例 26
        3.1.3 "文势"说的理论价值及拘围 50
    3.2 朱熹对"文势"说的继承发展——以对《晦庵朱文公文集》中的"语脉"分析为例 54
        3.2.1 尊重而不迷信文本 55

3.2.2　义理文意并重 56
　　　3.2.3　剖析篇章结构 58
　　　3.2.4　寻绎语义关系 58
　　　3.2.5　分析语法意义 60

4　清代高邮王氏"观境确义"理论、方法的成熟 62
　4.1　王氏对"观境确义"理论的拓展 62
　4.2　王氏"观境确义"的类型——以《经义述闻·春秋左传上、中、下》为例 65
　　　4.2.1　根据上下文语境确定词义 65
　　　4.2.2　根据广义语境确定词义 78
　4.3　王氏"观境确义"方法的成功与微憾 85
　　　4.3.1　成功之处 85
　　　4.3.2　微憾 92

5　有关"观境确义"的理论探讨 95
　5.1　名物训诂与义理训诂 95
　5.2　词义与语境 97
　5.3　义理与语境 99
　5.4　语境与理解障碍及误解 101
　5.5　语境的构成问题 103
　5.6　"观境确义"的综合性 105

6　"观境确义"在现代的具体运用 111
　6.1　古籍整理 111
　6.2　思想文化研究 121
　6.3　阅读教学 136
　6.4　文字校勘 138
　6.5　语言事实分析 143

7　结束语 160

参考文献 163

附录：《使琉球杂录》标点与今注 168
　琉球册封使汪楫及其《使琉球杂录》 168

《使琉球杂录》序 174
《使琉球杂录》卷一 175
《使琉球杂录》卷二 181
《使琉球杂录》卷三 190
《使琉球杂录》卷四 195
《使琉球杂录》卷五 198

后记 203

1 绪 论

1.1 何谓"观境确义"

"观境确义"的"观"指"观察、审视"。"境"即"语境",而"语境"概念有广义、狭义之分,狭义的语境指言语上下文,即各级言语单位在一定言语片断中相互之间进行意义搭配、语法构合、文意照应等方面的关系,主要是言语本身中的情境问题;广义的语境除了言语本身情境以外,还包括言语交际场合、社会历史背景、语言使用者的有关情况等诸多方面的因素。[①] 索振羽《语用学教程》认为:"语境是人们运用自然语言进行言语交际的言语环境。"以下则是该书对此定义下"语境"研究内容的图示[②]:

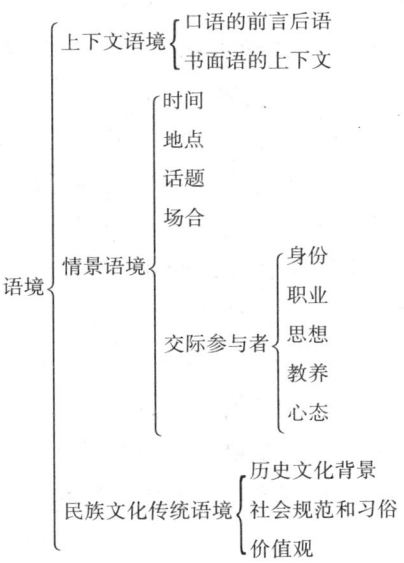

图1 语境的研究内容

---

① 参见孙雍长:《训诂原理》,语文出版社,1997年,第401页。
② 索振羽:《语用学教程》,北京大学出版社,2000年,第23页。

毫无疑问，"语境"的研究内容是很广泛的，但我们认为，语境诸内容对于探求语义的重要性是很不均衡的，其中，上下文语境是"确义"的基础，对于探求、确定任何文本的语义都是必不可少的，而情境语境及文化语境诸因素的作用则需要随机而定。例如：《孟子·公孙丑上》"武丁朝诸侯，有天下，犹运之掌也"中，"朝"为"使……朝拜"。《孟子·公孙丑下》"孟子将朝王"中"朝"则为"朝拜"。要正确解释此两例的"朝"字，关键在于联系"朝"字前后词语所代表人物的身份差异。再如，《淮南子·时则训》："凉风至，白露降，寒蝉鸣，鹰乃祭鸟，用始行戮。"高诱注："是月鹰搏鸷杀鸟于大泽之中，四面陈之，世谓之祭鸟。用是时乃始行杀戮，刑罚顺秋气也。"是以"杀鸟，四面陈之"释"祭鸟"，其实"祭鸟"即"残杀鸟"。陆宗达先生指出，"祭"字本应是残杀的意思，"獭祭鱼""鹰祭鸟""豺祭兽"等"祭"字应直接训为"杀戮"。考商代契文，"祭"字"形象地表达了残杀奴隶、手执鲜血淋淋的肉块来祭天神和宗庙的样子"①。可见，训释"祭"字，关键因素在于联系古代文化中的祭祀制度。而训释抒情性较强的文学作品，作者写作时的境遇就显得十分重要。

因此，我们认为"观境确义"之"境"包括必不可少的上下文语境和随机起作用的情景及文化语境。对于前者，我们要从语义照应、语法制约、语用修辞等方面的关系来作推敲（有的训诂学著作的"上下文语境"只指语义方面，而另列文例语境、辞例语境、语法语境等、逻辑语境等，我们认为是不妥的）。对于后者，我们要从场景、对象、制度、文化思想、风俗习惯等方面进行考察。

"观境确义"的"确"即"确定"。"义"又指什么呢？当代训诂学书籍在论及根据语境确定语义问题的时候，一般都局限于词义。如《现代训诂学导论》："我们除了需要有探求语言中词义的训诂方法之外，还需要有探求言语中词义的训诂方法。'因语境求义'就是这样的训诂方法。"② 其实，"训诂者，用语言解释语言之谓"③。"训诂的任务是解释语言。"④ 解释语言，便不限于解释词义，句义、章义、文本主旨及价值等等都需要解释。许嘉璐先生说："传统训诂学以训释实践为其主要形式，以文献语言的内容和形式为其对象，因此它具有综合性的特点，语言以及用语言形式表现的名物、典章、文化、风习等等都在诠解

---

① 陆宗达：《训诂简论》，北京出版社，2002年，第164页。
② 黎千驹：《现代训诂学导论》，华中师范大学出版社，2008年，第228—229页。
③ 黄侃：《文字音韵训诂笔记》，上海古籍出版社，1983年，第181页。
④ 洪诚：《训诂学》，江苏古籍出版社，1984年，第4页。

范围之内。"① 可见，"观境确义"的"义"包括文本所有需要训解之意，虽然对词义的解释是最为常见的。

综上，"观境确义"就是指通过联系、审察语境，以确定文本词语等各级言语单位的具体所指、深入地探究文本的思想含义及其所蕴含人文精神的一种方法。

1.2 研究"观境确义"的意义

朱熹在《童蒙须知》中曾说："古人云：'读书千遍，其义自见。'谓熟读则不待解说，自晓其义也。"② 这话说得很对，每一个读书人都会有这种类似的经历和感受。其实，"读书千遍"的过程，就是深入语境熟悉语境的过程，亦即"观境确义"的过程。反观语境乃是我们确定词语意义和深入理解文本思想内容的最佳途径。这似乎是个很浅显的道理，为什么还要提出来？

1.2.1 确立正确的文献训诂观念

我们注意到，在对古代典籍进行注解时，因为过于主观随意，或者机械化、教条化，以致不顾文本的主旨和义理，使得局部文字的训解与其所产生的语境相抵牾甚或格格不入的现象层出不穷。有人随意抛弃成说而生新解，例如：《论语·里仁》："子曰：'唯仁者，能好人，能恶人。'""子曰：'苟志于仁矣，无恶也。'"南怀瑾《论语别裁》分别解释说："孔子说真正有'仁'的修养的人，真能喜爱别人，也真能够讨厌别人。""一个真正有志于仁的人，看天下没有一个人是可恶的，对好的爱护他，对坏的也要怜悯他、慈悲他、感化他。"第一句讲能爱能恨，不做"乡原"，第二句马上变成了善恶兼爱，与儒家的精神实在风马牛不相及。其实，翻开《论语正义》，对第二句的注解，不管"志善而违于法者免，志恶而合于法者诛"，还是"人若诚能志于仁，则是为行之胜者，故其余所行皆善，无恶行也"③（志于仁便不会有恶行），都不至于和上文自相矛盾。相反，也有不加思考就使用成说的。如《诗经·小雅·谷风》中的诗句"习习谷风，以阴以雨""习习谷风，维风及颓"，祝敏彻《诗经译注》，分别译作"东风

---

① 许嘉璐：《关于训诂学方法的思考》，见《未辍集》，中国社会科学出版社，2000年，第120页。
② 《朱子全书》第十三卷，上海古籍出版社，安徽教育出版社，2002年，第374页。
③ 〔清〕刘宝楠：《论语正义》，中华书局，1990年，第141页。

和和地吹,风吹雨淅沥""东风和和地吹,风吼雷声起"。显然,这种翻译来自《毛传》"习习,和舒貌"的训诂,但,都是"东风和和地吹"了,却一边是"雨淅沥",一边是"雷声起",多么不协调。"和和"与"吼"相配,实在令人费解。实际上,南宋严粲《诗辑》卷四:"钱氏曰:习习,连续不断之貌"才是"习习"在此语境之下的确解。

这些,都是缺乏观境确义理念的体现,对于我们的文化传承极为有害。而这种现象的根源即在于解释者不能够深入语境,更不去切身感受原作者的思想感情,仅仅满足于古代成训或一己之得。许嘉璐先生指出:"需要引起我们警觉的是,语文的训诂学现在时常仅仅被当作一种技巧进行传授、使用;更有甚者,认为原有的训诂学缺乏'理论性',进而使之蜕变为貌似严密、外表'好看'的蜡枪头式的'理论'。于是照抄字典词典或古代成训形成了注释或编纂工具书的惯例,或只满足于学科的'系统性',却解决不了学者自身阅读或解释典籍的问题。其结果是,活生生的叙事成了死板板的记录,蕴涵丰富的哲理成了干巴巴的教条。"① 可见,我们要准确地理解典籍,更好地传承优秀的中华文化,首要的任务就是改变上述不够科学的训诂观念。许嘉璐先生指出:

> 现在注释工作再也不是少数人的事业,从某种程度上说,已经成了群众性的工作;从事这项工作的人中专门家比较少,"兼职"是普遍现象;自幼受到严格训练或有家学的少,中途"入伙"、在注释的实践中"边干边学"者多;尤其是专业性强的古籍,其注释者一般语言知识的准备不足;为某书作注的工作周期短,反复斟酌不够;有许多注释书是专供"阅读"的,而不是供"教学"的,因而在社会上所经受的检验相对地说也比较少;除少数注释书外,遇到驳难的机会也不多。再看注释工作的范围。现在经书的注释工作已经退居相当次要的地位。不但子、史、集部全面开花,而且专业性古籍的注释工作也正在大力进行。当前注释范围之广,为有史以来所未尝见。②

这就是说,一方面我们诠释古籍的范围越来越广,工作任务艰巨;而另一方面,承担这一任务的工作者专门化程度并不高。那么不言而喻,确立正确的文献训诂观念、掌握系统的"观境确义"方法,在今天当可以发挥出更大的效力。

---

① 许嘉璐:《卸下镣铐跳舞——中国哲学需要一场革命》,载《文史哲》,2009 年第 5 期。
② 许嘉璐:《注释学刍议》,见《未辍集》,中国社会科学出版社,2000 年,第 347 页。

1.2.2 彰显"观境确义"在理论上的价值和地位

"观境确义"是重要的文献训诂方法，而目前尚缺乏对此进行系统论述的著作。"观境确义"在理论上的价值和地位曾在较长的一段时期里得不到彰显，这与其自古以来的广为运用很不相称。训诂学家所概括的"据文证义""因文求义""观境为训""据境索义""观境索义"等名目均属于此种方法，其实质都是根据语境来辨析文献各级言语单位的含义，深刻理解文献所蕴含的思想内容及原作者的表达主旨。我们从语境出发可以得到局部词语的准确含义，而只有理解了词语在特定语境中的准确含义，才能够更深刻地领会作为整体的语篇的内涵。"观境确义"的训诂方法起源极早而使用极广，然而，20世纪80年代，训诂学在新时期复兴之初，"形训""声训""义训"成为多种训诂学论著主张的三种基本训诂方法，"观境确义"并未受到应有的重视，很多训诂学著作对它竟未置一词。

1987年，周大璞先生《训诂学初稿》始在《训诂学要略》三种训诂方法的基础上增添了"观境为训"。1990年，陈绂先生《训诂学基础》则高度概括了"据文证义"的训诂思想。本世纪以来，对"观境确义"的研究开始广泛和具体细致。如段观宋《因文求义论》①，不仅提出词语训诂要合乎文旨、文义、文理三端，因文求义的作用不仅在于考求词义，还可用来校勘，而且较为详尽地例举了因文求义的多种类型。2008年黎千驹《现代训诂学导论》对于"因语境求义"的类别，也例举较详。但是，以往的很多研究往往偏重于讨论上下文语境，偏重于分析"观境确义"的具体方法类型，而对于"观境确义"的历史来源、精神实质、指导原则等方面进行全面研究、深入论述的专著，至今尚没有出现，对于"观境确义"在现代汉语阅读教学中的应用②、在汉语语言发展演变规律探讨中的应用之论述，至今也未见到。因此我们选取"观境确义"的训诂方法作为研究目标。设想通过总结古代典籍所蕴含的"观境确义"的思想及对于"观境确义"方法具体运用情况的分析，适当观照西方诠释学的有关思想，较为全面地认识"观境确义"的训诂方法，力图沟通古今中外，以服务于诠释经典和语言教学、语言研究。为此，我们将从传统训诂学出发，总结和吸取古代典范训诂学家

---

① 段观宋：《因文求义论》，载《东莞理工学院学报》，2003年第2期、2004年第1期。
② 许嘉璐先生说："文言文的词需要我们解释，现代文中的词又何尝不需要解释！解释的时候就是在做训诂的工作，只不过大家没有自觉意识到罢了。"（《谈谈训诂学》，见《曲靖师范学院学报》，1984年第2期。）

的成功经验，同时适当观照和借鉴西方传统诠释学与诠释学哲学的一些观点，并通过大量的文本剖析展开讨论。我们最为根本的文本解释观和语言学习观可以这样表述：在解释文本的时候，不再停留于言语本身，而是深入到言语所表达的世界。在学习一门语言的时候，就要深入到这门新语言所展示出的世界，而决不应该仅仅依靠语言知识与语言技能的传授。那么，我们基本的研究方法又是怎样的呢？狄尔泰曾说："我们说明自然，我们理解精神。"既然我们面对的文本是一种精神客观化物，它们总是指向自身之外而总是具有要表达的意义，那么我们所要做的，就只能是理解、是内在的体验、是对于文本的剖析与思考。当然，我们也会大量运用其他一些辅助研究方法，比如现代化的电子检索手段，这是因为语言具有社会性，我们必须拿出语言事实来。

"观境确义"在理论上的价值和地位，已经到了必须加以彰显的时候。

1.3 "观境确义"的研究概况

训诂学家在理论上最早的对于"观境确义"思想的比较明确的论述，当首推唐代孔颖达等提出的"文势说"。《五经正义》明确提出了"文势""义势""观文而说"等说法。其"文"即具体的言语篇章，"势"为形势、态势，"文势"就是存在于具体篇章中的种种态势，包括上下文之间的语义关联、写作的章法次第、言语间留露的主旨与情感、文化与义理、文章写作时的历史情景、作者写作的角度所持的立场等各类语境因素。"义势"则是一个和"文势"大致近似的概念，在表述上更多着眼于语义方面。《周南·葛覃》："害澣害否，归宁父母。"《传》："害，何也。私服宜澣，公服宜否。宁，安也。父母在，则有时归宁耳。"而《笺》云："我之衣服，今者何所当见澣乎？何所当否乎？言常自洁清，以事君子。"对此，孔《疏》为郑玄申说曰："以言'害澣害否'，明其无所偏否，故知公私皆澣，常自洁清也。若如《传》言'私服宜澣，公服宜否'，则《经》之'害澣害否'乃是问辞，下无总结，殆非文势也。岂诗人设问，待毛《传》答以足之哉！且上言汙私、澣衣，衣、私别文，明其异也。私为私服，明衣是公衣。衣澣私汙，无不澣之事，故知公私皆澣，所以不从传也。"指出以《传》作答的"害澣害否"与"文势"（语境）不符，因为上文已经说了"薄汙我私，薄澣我衣"，衣、私对举，公服私服，没有不澣洗的。而且从诗歌本身的写作来看，也不可能由诗人抛下一句问辞，下面却没有着落而另由解释者去回答它。

宋代学术反思意味渐浓，产生了以阐发义理见长的宋学。宋学的集大成者朱熹秉承了孟子的积极参与精神并有明确的阐述。《朱子语类·读书法》:"看文字,须要入在里面,猛滚一番。要透彻,方能得脱离。若只略略地看过,恐终久不能得脱离,此心又自不能放下也。"① "读书,须是要身心都入在这一段里面,更不问外面有何事,方见得一段道理出。""学者观书,先须读得正文,记得注解,成诵精熟。注中训释文意、事物、名义,发明经指,相穿纽处,一一认得,如自己做出来底一般,方能玩味反覆,向上有透处。"就是说,读者只有深入语境,达到文章像是自己做出来一样的程度,方能有所感悟。有参与就有发疑:"学者读书,须是於无味处当致思焉。至於群疑并兴,寝食俱废,乃能骤进。""学者贪做工夫,便看得义理不精。读书须是子细,逐句逐字要见着落。若用工粗卤,不务精思,只道无可疑处。非无可疑,理会未到,不知有疑尔。"朱熹反对先有成见,主张读完全书,通盘考虑:"凡看书,须虚心看,不要先立说。看一段有下落了,然后又看一段。须如人受词讼,听其说尽,然后方可决断。"强调只有把握了文章整体,才能够进一步玩味个中深意。又说:"读书之法,有大本大原处,有大纲大目处,又有逐事上理会处,又其次则解释文义。"则是把篇章大旨放在最根本的位置。朱熹也常常谈及语脉:"读书,须看他文势语脉。""读书,须是看著他缝罅处,方寻得道理透彻。若不见得缝罅,无由入得。看见缝罅时,脉络自开。"这些论述,都表明朱熹继承并发展了唐代的"文势说"。

　　清代训诂学取得了很了不起的成就,而"因文求义"在段玉裁、王念孙、王引之等人那里被反复强调和广泛运用。《说文解字·彡部》"髟"字段注:"凡说字必用其本义,凡说经必因文求义,则于字或取本义,或取引申、假借,有不可得而必者矣。"《说文解字·水部》"浨"字注:"古人因义立文,后人当因文考义耳。"《说文解字·歺部》"殟"字注:"《周礼》:'八曰诛,以驭其过。'《禁杀戮》《禁暴氏》《野卢氏》皆云'诛之',此诛责也。《公羊传》:'君亲无将,将而诛焉。'此殊杀也。当各因文为训。"《读书杂志》"以焄大豪"条:"念孙案,史记旧本当作勋,勋即动之误,故汉书作动也。其作熏作焄者,又皆勋之误。因文求义,当以作动者为是。"在具体的训诂实践当中,王氏父子更是开创出了许多"因文求义"的具体条例,俞樾《古书疑义举例》等也详细地总结了诸多古人属句之例,这些都使得"观境确义"的方法在运用上日臻科学和精密。不过,需要指出的是,清代小学家的文献训诂,亦时或可见滥用"因声求义"

---

① 此节摘引朱子言论,均来自〔宋〕黎靖德编:《朱子语类》,王星贤点校,中华书局,1986年,第161—198页。

者,这是没有处理好"因声求义"与"观境确义"之间关系的一种表现。

近代章太炎先生、黄侃先生也都曾指出过语境的重要作用。如章太炎《国学述闻》:"要知训诂之道,须谨守家法,亦应兼顾事实。"《诗经·商颂》"受小球大球"、"受小共大共"。《传》以"球"为"玉",以"共"为"法"。而《经义述闻》认为如此则"球""共"殊义,应依《广雅》作训,拱、球,法也。章先生即指出其遵信《广雅》太过:"按《吕氏春秋》:夏之将亡,太史终古抱其图法奔商。汤之所受小共大共,即夏太史终古所抱之图法也。《书序》'汤伐三朡,俘厥宝玉,谊伯、仲伯作典宝。'即汤所受之大球小球也。古人视玉最重,玉者,所以班瑞于群后。《周礼·大宗伯》:'以玉作六瑞,以等帮国。王执镇圭、公执桓圭、侯执信圭、伯执躬圭、子执谷璧、男执蒲璧。'一如后世之玺印,所以别天子、诸侯之等级也。汤受法受玉,而后可以发施政令,为下国缀旒。依《广雅》作训,于义未安。"① 黄焯撰集《训诂学笔记》:"黄先生云:今日籀读古书,当潜心考索文义,而不可骤言通假;当精心玩索全书,而不可断取单辞。"②《训诂学笔记》还精审古今语境的差异,每每纠正《经义述闻》以今律古之弊。如针对王氏对"增字解经"批评的:"黄先生有云:不增字解经,可以药唐宋以后诸儒之病,而不可以律汉儒。盖古人言辞质朴,有时非增字解之,不足以宣言意。"③

综上所述,"观境确义"的训诂方法在我国古代起源极早而运用极其广泛,与之相关的术语、理论表述在古籍中亦时或可见。但是,系统论述"观境确义"训诂理论的著作却迟迟没有出现。这种情况一直持续到上世纪80年代中后期。当然,尽管没有明确使用"观境确义"一类说法,也有一些学者用其他语言从理论上阐述过"观境确义"的部分内容,如1986年郭在贻先生《训诂学》即论述了"通语法""审文例"的训诂方法。1987年,周大璞先生《训诂学初稿》始在其《训诂学要略》"声训""形训""义训"三种训诂方法的基础上,增添了"观境为训"。他对这种训诂方法作出了解说:"境,指语言的环境,也有人叫做词场。据境索义,就是根据词语所处的语言环境,以推求词语的准确解释。"④ 并概括出五种主要作法:根据对文推敲、根据上下文句推敲、根据辞例(用辞的习惯、固定格式)推敲、根据修辞手段推敲、根据行文条理次第推敲。

---

① 章太炎:《国学述闻》,陕西师范大学出版社,2008年,第97页。
② 黄焯撰集:《训诂学笔记》,见《黄侃国学讲义录》,中华书局,2006年,第272页。
③ 黄焯撰集:《训诂学笔记》,见《黄侃国学讲义录》,中华书局,2006年,第268页。
④ 周大璞:《训诂学初稿》,武汉大学出版社,1987年,第156页。

1990年，陈绂先生《训诂学基础》提出"据文证义"的训诂思想，奠定了"以形说义""因声求义""据文证义"作为三种基本训诂方法的格局，并开始系统地从理论上阐述"观境确义"的训诂方法，如：区分了对语言环境狭义与广义两种不同的理解，认为不同时代不同的典章制度生活习惯等等影响词语具体含义的情况开卷即是，应格外引起注意；提出了据文证义不能完全脱离该词词义系统的思想；对三种训诂方法的性质作了界定——据文证义是研究言语的方法，其它二者是语言学的方法。[①] 此后产生的训诂学著作，绝大多数已把通过联系、辨析语境来确定语义、解读文本作为一种基本的训诂方法加以论述了。进入21世纪后，研究语境与语义关系的专题论文也有逐步增多之势，产生了一些颇有理论与应用价值的论文，如杨琳《论语境求义法》[②] 主要讨论了上下文语境，认为语境分析是最基本的训诂方法，有时候单一语境不能提供足够的信息让我们作出正确的词义选择，须多观察一些被释词出现的语境。张劲秋《据境索义与文言词语训释》[③] 分析了利用上下文语境、辞例语境训释文言词语的方法及使用它应注意的问题。黎千驹《因语境求义论》[④] 分析了探求言语中词义的各种语境类别，认为诠释词义应遵循"揆之本文而协，验之他卷而通"的基本原则。韩陈其、立红《论循境求义——〈经义述闻〉的语言学思想研究》[⑤]、王翰颖《〈读书杂志〉的语境运用初探》[⑥]、姜蕾《〈经义述闻〉语境训诂研究》[⑦] 等论文则结合专书进行了一些根据语境确义的具体分析耙梳。

"观境确义"的原则和方法，必将越来越受到人们的重视。

---

① 据陈绂老师"据文证义"的方法及理论，是对许嘉璐先生课堂教学及训诂学研讨会中的有关阐述的记录和整理。
② 杨琳：《论语境求义法》，载《汉语史研究集刊》第八辑，巴蜀书社，2005年。
③ 张劲秋：《据境索义与文言词语训释》，载《安徽教育学院学报》，2005年第2期。
④ 黎千驹：《因语境求义论》，载《湖北师范学院学报》，2009年第6期。
⑤ 韩陈其、立红：《论循境求义——〈经义述闻〉的语言学思想研究》，载《盐城师范学院学报》，2003年第2期。
⑥ 王翰颖：《〈读书杂志〉的语境运用初探》，曲阜师范大学硕士学位论文，2005年。
⑦ 姜蕾：《〈经义述闻〉语境训诂研究》，曲阜师范大学硕士学位论文，2010年。

2 先秦典籍及汉代故训中蕴含的"观境确义"精神

2.1 引言

我们发现,以语言解释语言、诠释典籍的活动,在先秦文献正文中即有很多反映。而根据语境确定词语含义的方法,《吕氏春秋》中的孔子就曾经很成功地使用过。请看:

> 鲁哀公问于孔子曰:"乐正夔一足,信乎?"孔子曰:"昔者舜欲以乐传教于天下,乃令重黎举夔于草莽之中而进之,舜以为乐正。夔于是正六律,和五声,以通八风。而天下大服。重黎又欲益求人,舜曰:'夫乐,天地之精也,得失之节也。故唯圣人为能和,乐之本也。夔能和之,以平天下,若夔者一而足矣'。故曰'夔一足',非'一足'也。"(《吕氏春秋·慎行论·察传》)

孔子纠正鲁哀公对"乐正夔一足"错误理解的方法,就是"观境确义"的方法。鲁哀公把"乐正夔一足"的"足"字理解成了"脚",并对此(乐正夔只有一只脚)感到怀疑,于是询问孔子。孔子还原了"乐正夔一足"产生的历史语境,原来昔日大舜想要通过音乐教化天下,就让重黎从平民中举荐了乐师夔,夔担任乐正以后,正六律,和五声,天下大服,顺利实现了舜预定的政治目标。而重黎还想要再求其他的乐师,舜就说道:"音乐是天地之气的精华、政治得失的关键。所以只有圣人才能使音乐和谐,和谐是音乐的根本,夔能使音乐和谐,来安定天下。像夔这样的人,有一个就足够了。"所以说"夔一足",并不是说夔只有一只脚。这样,孔子自然而然地得出了"夔一,足('足够'义)"而非"夔,一足('脚'义)"的结论。

即使如上文发生了误解的鲁哀公,他能够对自己的错误理解产生怀疑,其实也已经走出了"观境确义"的第一步,如果他能够自觉地独立探究下去,也是有可能得到正确的理解的。可见,"观境确义"对于每一个人来说,都是非常有益的,而我们倡导人们重视"观境确义"的原因之一,也正在于此。作为"诠释学的动物",人们使用语言,便会解释语言,考察先秦典籍,不难发现类似于考求"夔一足"之类的例子,而深入体会先哲们的有关论述,就可以发现,许多所谓西方现代诠释学的思想,其实早就萌芽于中国先哲们的头脑中了。

其中,"观境确义"思想最为鲜明突出的,是《孟子》。孟子的一些"观境确义"思想,直至今日,人们仍然无法超越。因此,研究《孟子》等古籍,剖析孟子等先秦哲人解释语言、诠释典籍的言论,就成为我们的首要任务。孟子的"观境确义"思想,可以归纳为"观境确义"五大指导原则:参与原则、正名原则、大压小原则、历史性原则、具体性原则。当然,孟子所确之义,并不一定是针对文本而言,也有不少是出于他自身所处当下环境中的交际话语的。训诂者,用语言解释语言之谓,无论是对文本语言的解释,还是对当下话语语言的解释,其道理是相通的。

2.2 《孟子》体现的"观境确义"思想①

2.2.1 参与原则

德国学者伽达默尔说:"我们理解一门语言,乃是因为我们生活于这门语言之中——这个命题显然不仅适用于尚在使用着的活语言,而且也适用于已废弃不用的死语言。因此,诠释学问题并不是正确地掌握语言的问题,而是对于在语言媒介中所发生的事情正当地相互了解的问题。"② "正如口译者在谈话中只有参与到所谈论的事情之中才可能达到理解一样,解释者在面对本文时也有一个不可或缺的前提条件,即他必须参与到本文的意义之中。"③ 也就是说,我们不能仅仅把言语看成外在的工具,而应当以此为起始,深入到产生言语的语境,参与到文本内容当中,参与文本所表述的内容,参与文本内容的表述,进而超越原典。惟其如此,才能够为文本训释者自身定位,才可能较为准确地训释文本。其实,两千多年前的孟子早已明白了这一点,并提出了"尽信《书》,则不如无《书》"

---

① 参见邱洪瑞:《〈孟子〉体现出的"观境索义"思想》,载《新疆大学学报》,2011年第5期。
② [德]伽达默尔:《真理与方法》,洪汉鼎译,上海译文出版社,2004年,第497页。
③ 同上,第501页。

的著名论断：

> 孟子曰："尽信《书》，则不如无《书》。吾于《武成》，取二三策而已矣。仁人无敌于天下，以至仁伐至不仁，而何其血之流杵也？"（《孟子·尽心章句下》）①

汉代赵岐注曰：

> 《书》，《尚书》。经有所美，言争②或过，若《康诰》曰"冒闻于上帝"，《甫刑》曰"帝清问下民"，《梓材》曰"欲至于万年"，又曰"子子孙孙，永保民"。人不能闻天，天不能问于民，万年永保，皆不可得为书，岂可案文而皆信之哉。《武成》，逸《书》之篇名，言武王诛纣，战斗杀人，血流舂杵。孟子言武王以至仁伐至不仁，殷人箪食壶浆而迎其师，何乃至于血流漂杵乎？故吾取《武成》两三简策可用者耳，其过辞则不取之也。

孟子从"武王以至仁伐至不仁，殷人箪食壶浆而迎其师"的历史语境出发，从情理上推敲，认为《尚书·武成》篇中武王诛纣，杀人至于血流漂杵的记载是不可信的，并进而上升到了"尽信《书》，则不如无《书》"的认识高度。这种积极的"参与原则"，代表了一种可贵的训诂观念，它所体现的，乃是训释者对于所训释文本的倾情投入、设身处地地恢复历史语境的一种精神。任何文本都有产生它的具体历史条件，都不可能穷尽真理或完全符合事实。只有具备"尽信《书》，则不如无《书》"的精神，才有可能更全面地阐释经典和促进学术的进步。历史上有作为的学者大率如此，如：

> 孟子曰："人之学者，其性善。"曰：是不然！是不及知人之性，而不察乎人之性伪之分者也。凡性者，天之就也，不可学，不可事。礼义者，圣人之所生也，人之所学而能，所事而成者也。不可学、不可事之在人者，谓之性；可学而能，可事而成之在人者，谓之伪；是性伪之分也。今人之性，目可以见，耳可以听。夫可以见之明不离目，可以听之聪不离耳，目明而耳聪，不可学明矣。孟子曰："今人之性善，将皆失丧其性故也。"曰：若是则过矣。今之人性，生而离其朴，离其资，

---

① 以下有关《孟子》引文，根据的底本为清阮元校勘《十三经注疏》中华书局1980年影印本，并部分参照了李学勤主编《十三经注疏》整理本，北京大学出版社，1999年。

② 阮元《十三经校勘记》曰："廖本、孔本、韩本、考文古本争作事。"

必失而丧之。用此观之，然则人之性恶明矣。所谓性善者，不离其朴而美之，不离其资而利之也。使夫资朴之于美，心意之于善，若夫可以见之明不离目，可以听之聪不离耳，故曰目明而耳聪也。今人之性，饥而欲饱，寒而欲暖，劳而欲休，此人之情性也。今人饥，见长而不敢先食者，将有所让也；劳而不敢求息者，将有所代也。夫子之让乎父，弟之让乎兄；子之代乎父，弟之代乎兄，此二行者，皆反于性而悖于情也。然而孝子之道，礼义之文理也。故顺情性则不辞让矣，辞让则悖于情性矣。用此观之，然则人之性恶明矣，其善者伪也。（《荀子·性恶篇》）

即使孟子本人的学说也不见得完全可信，战国末期的荀子即对其性善论提出了挑战。孟子认为"人们要回归善良的本性"（收其放心），"人本性善良，作恶是因为丧失了自己的本性"。荀子没有机械地接受这种见解，而是首先思考什么是本性，认为先天就具备的并非后天学习的才是本性，那么人能够压抑生来就有的饮食欲望而让乎父兄，完全是后天的教养战胜先天本性的结果，所以人之性是恶的。荀子其实就是参与讨论了文本所表述的内容，他对孟子的理解程度也就远远超越了常人。另外，客观上版本传抄印刷的错误，原作者自身主观上的笔误、辞不达义，都会妨碍我们对于文本的理解，这就需要我们综合各种语境材料，参与文本内容的表述，找到文本的讹误。"参与原则"显然已被后代优秀的训诂学家所继承。《战国策·赵策》传世本："左师触詟愿见太后，太后盛气而揖之。"王念孙认为，"触詟"当作"触龙言"，"揖"当作"胥"，而1973年湖南长沙马王堆汉墓出土的帛书，"触詟"正作"触龙言"，"揖"正作"胥"，充分证明了王念孙见解的正确性①（对王念孙具体"观境确义"过程的分析，可详参本文第四章第一节）。而达到王念孙这种境界的训诂学家，也不在少数，清姚止庵《素问经注节解·自序》即宣言曰："字之舛讹，会文理以订正之；句法之颠倒，段落之参错，凡属传写纷乱者，通上下文语气以更易之。"②因此，观境确义就要参与文本所表述的内容，就要参与文本内容的表述。

参与原则可以使训释者超越元典作者，根据语境解读出元典作者所未曾意识到的内容。举个简单的例子，环保专家可以从《卖炭翁》解读到唐代都城长安因逐渐缺少水资源而走向衰落的根源：唐人对于秦岭森林的滥砍滥伐。而这很可能是《卖炭翁》的作者杜甫所不曾意识到的。那么，儒家所倡导的"述而不作"

---

① 参见郭成韬：《中国古代语言学名著选读》，中国人民大学出版社，1998年，第207页。
② 〔清〕姚止庵：《素问经注节解》，人民卫生出版社，1983年，第3页。

实为"述中有作"或"寓作于述",就不足为怪了。另外,原作者说出的话,虽然都是在表达他一时一地的感受,但其话语中所蕴含的文化的历史的意义,也有可能远远超出他自己所能够意识到的范围。例如,"CCTV 新闻"频道在 2010 年 3 月 27 日,报道了这样一件事情。女记者询问云南某山村小学一位女学生:"你最大的愿望是什么?"小女孩回答:"希望早点下雨,让爸爸妈妈喝到更多的水。"这件事的背景是当时云南等地持续受旱时间已经超过 5 个月,西南五省市因旱饮水困难人数已经达到 2000 多万人。回答记者询问的小女孩所在的小学每天给每个同学发放一瓶矿泉水。就是这么一瓶水,很多小学生却要省下来送给家里没有水喝的爸爸妈妈,而这位小女孩更是在 6 天里给自己的父母攒下了 4 瓶水。小女孩的话乍听起来普普通通,但是我相信任何一个诠释者只要联系到大旱的背景,联系到中华民族有史以来重视家庭和亲情的文化传统、儒家千百年来所倡导的仁孝思想,那么他对于这句话的理解和解释都不会仅仅停留在简简单单的字面上,他的解释也一定会超出小女孩此时此地所传达的思想感情。

可见,解读者的积极参与,不仅可以更好地理解原作者,也可以超越原作者。没有积极的参与精神与参与意识而一味被动机械地理解则是不足取的。

2.2.2 正名原则

参与原则在语言层面展开,即为正名原则。伽达默尔说:"如果语言要想存在,我们就不能任意地改变语词的含义。"① 语言符号与其所指之间的约定俗成关系,前人早有论述,符号与其所指之间的对应一旦受到社会的认可,这种"名""实"对应关系就不可以被随意打破,人们必须客观地看待语言符号及其组合规则。因此,根据语言符号的这种约定性,我们一方面不能作出有违语言符号约定性的训诂,另一方面,根据语言符号的约定性,通过反观语境,我们却有可能通过"正名"揭露名实不符的种种情况,从而超越文本,达到一种更深层次的认知,即"知言"。"知言"源于孟子:

> 曰:"敢问夫子之不动心,与告子之不动心,可得闻与?""告子曰:'不得于言,勿求于心;不得于心,勿求于气。'不得于心,勿求于气,可。不得于言,勿求于心,不可。"(《孟子·公孙丑上》)

赵岐注曰:

---

① [德]伽达默尔:《真理与方法》,洪汉鼎译,上海译文出版社,2004 年,第 525 页。

不得者，不得人之善心善言也。求者，取也。告子为人，勇而无虑，不原其情，人有不善之言加于己，不复取其心有善也，直怒之矣。孟子以为不可也。告子知人之有恶心，虽以善辞气来加己，亦直怒之矣，孟子以为是则可，言人当以心为正也。告子非纯贤，其不动心之事，一可用，一不可用也。

这里，孟子揭示了外在语言与内在情感相乖违的情况。又：

"敢问夫子恶乎长？"曰："我知言，我善养吾浩然之气。"……"何谓知言？"曰："诐辞知其所蔽，淫辞知其所陷，邪辞知其所离，遁辞知其所穷。（《孟子·公孙丑上》）

赵岐注曰：

孟子曰：人有险诐之言，引事以褒人，若宾孟言雄鸡自断其尾之事，能知其欲以誉子朝蔽子猛也。有淫美不信之辞，若骊姬劝晋献公与申生之事，能知欲以陷害之也。有邪辟不正之辞，若竖牛观仲壬赐环之事，能知其欲行谮毁，以离之于叔孙也。有隐遁之辞，若秦客之廋辞于朝，能知其欲以穷晋诸大夫也。若此四者之类，我闻能知其所趋也。

从赵注看，孟子之意是说他能够从对话语境、事件背景等方面而窥知说话者的真意之所在，即如赵岐所言"我闻人言能知其情之所趋"。只有听其言而正其名，才能够判断出他的话是不是险诐、淫美、邪辟，或是隐遁的，也才算得上真正解读了对方的话语。对此，荀子也有类似的切中肯綮的论述："'见侮不辱''圣人不爱己''杀盗非杀人也'，此惑于用名以乱名者也。验之所为有名，而观其孰行，则能禁之矣。'山渊平''情欲寡''刍豢不加甘，大钟不加乐'，此惑于用实以乱名者也。验之所缘以同异，而观其孰调，则能禁之矣。'非而谒楹'，'有牛马非马也'，此惑于用名以乱实者也。验之名约，以其所受，悖其所辞，则能禁之矣。凡邪说辟言之离正道而擅作者，无不类于三惑者矣。"（《荀子·正名篇》）

2.2.3 历史性原则

从今天的辩证唯物主义观点来看，事物总是处于各种联系当中并时时刻刻都在发展变化，那么"观境确义"同样应该具有历史的眼光。孟子也注意到了这一点：

孟子谓万章曰:"一乡之善士斯友一乡之善士,一国之善士斯友一国之善士,天下之善士斯友天下之善士。以友天下之善士为未足,又尚论古之人。颂其诗,读其书,不知其人,可乎?是以论其世也。是尚友也。"(《孟子·万章下》)

孟子认为仅仅"颂其诗,读其书,不知其人"是不够的,还要"知其人""论其世",了解作者的生平事迹、思想状况,考察作者生活的时代背景,即只有把文献置于产生它的历史环境中去考察,对历史语境有了深入的了解,才能真正把握文献本身的内涵和价值,真正懂得作者的思想和情感。孟子本人对于上古典籍的解读,鲜明地体现了这种历史性原则,如:

公孙丑问曰:"高子曰:'《小弁》,小人之诗也。'"孟子曰:"何以言之?"曰:"怨。"曰:"固哉!高叟之为诗也。有人于此,越人关弓而射之,则己谈笑而道之,无他,疏之也。其兄关弓而射之,则己垂涕泣而道之,无他,戚之也。《小弁》之怨,亲亲也。亲亲,仁也。固矣夫,高叟之为诗也。"曰:"《凯风》何以不怨?"曰:"《凯风》,亲之过小者也。《小弁》,亲之过大者也。亲之过大而不怨,是愈疏也。亲之过小而怨,是不可矶也。愈疏,不孝也。不可矶,亦不孝也。孔子曰:'舜其至孝矣,五十而慕。'"(《孟子·告子下》)

《小弁》是《诗经·小雅》的篇名,齐国人高子因为诗中有怨亲之辞,就简单地判定为"小人之诗"。孟子则追溯该诗的历史语境,指出:"伯奇(《小弁》诗作者,幽王太子宜臼。幽王嬖爱褒姒而宜臼被废),仁人,而父虐之,故作《小弁》之诗曰:何辜于天?亲亲而悲怨之辞也。"这是和与己无关的外国蛮人弯弓射己时"谈笑道之",而一旦射人者变成自己兄长的时候就会"垂涕泣而道之",道理是一样的。而与同为孝子之诗的《凯风》的"不怨"相比,《凯风》之诗,是亲之过小者,《小弁》之诗,则是亲之过大者,亲之过大而不怨慕之,是益疏其亲。亲之过小而怨之,就失之于过分激烈了。那么,高叟说诗,不考求历史语境,被孟子讥讽为固陋,就不足为奇了。再如:

万章问曰:"人有言'至于禹而德衰,不传于贤而传于子',有诸?"孟子曰:"否,不然也。天与贤,则与贤;天与子,则与子。昔者舜荐禹于天,十有七年,舜崩。三年之丧毕,禹避舜之子于阳城,天下之民从之,若尧崩之后不从尧之子而从舜也。禹荐益于天,七年,禹崩。三年之丧毕，益避禹之子于箕山之阴，朝觐讼狱者不之益而之启，曰：'吾君之子也。'讴歌者不讴歌益而讴歌启，曰：'吾君之子也。'丹朱之不肖，舜之子亦不肖。舜之相尧，禹之相舜也，历年多，施泽于民久。启贤，能敬承继禹之道。益之相禹也，历年少，施泽于民未久。舜、禹、益相去久远，其子之贤不肖皆天也，非人之所能为也。莫之为而为者，天也。莫之致而至者，命也。匹夫而有天下者，德必若舜、禹而又有天子荐之者，故仲尼不有天下。继世而有天下，天之所废，必若桀、纣者也，故益、伊尹、周公不有天下。伊尹相汤以王于天下，汤崩，太丁未立，外丙二年，仲壬四年。太甲颠覆汤之典刑，伊尹放之于桐三年。太甲悔过，自怨自艾，于桐处仁迁义三年，以听伊尹之训己也，复归于亳。周公之不有天下，犹益之于夏，伊尹之于殷也。孔子曰：'唐、虞禅，夏后、殷、周继，其义一也。'"（《孟子·万章上》）

孟子的学生万章问，有人说禹的德行衰微，不传位给贤人而自传于其子，有这回事没有？孟子就详细说明了相关的历史背景，得出"唐、虞禅，夏后、殷、周继"都是顺应天意，顺应民心的结果，因此只能说是"天与子，则与子"，传贤还是传子，并不是禹说了算的。在《论语》中，亦可检得通过考求历史语境来探寻语义的例子，如：

樊迟问仁。子曰："爱人。"问知。子曰："知人。"樊迟未达。子曰："举直错诸枉，能使枉者直。"樊迟退，见子夏曰："乡也吾见于夫子而问知，子曰：'举直错诸枉，能使枉者直。'何谓也？"子夏曰："富哉言乎！舜有天下，选于众，举皋陶，不仁者远矣。汤有天下，选于众，举伊尹，不仁者远矣。"（《论语·颜渊》）

樊迟问仁，孔子说"爱人"。问知，孔子说"知人"，樊迟不理解，孔子申说道："举直错诸枉，能使枉者直。"樊迟仍不明白，只好问子夏。子夏一下子就明白了孔子的话是对先圣事迹的总结，于是把历史背景讲给愚鲁的樊迟，终于让他明白了孔子话语的含义。又如：

叔孙武叔语大夫于朝曰："子贡贤于仲尼。"子服景伯以告子贡。子贡曰："譬之宫墙，赐之墙也及肩，窥见室家之好。夫子之墙数仞，不得其门而入，不见宗庙之美，百官之富。得其门者或寡矣。夫子之云，不亦宜乎！"（《论语·子张》）

鲁国大夫叔孙州仇说:"子贡贤于仲尼。"子贡得知后作了一番解读,用形象的语言说明了当时普通人根本无法得窥孔子学说之美妙的社会环境,从而得出叔孙州仇之语合乎这一情理的结论。

2.2.4 大压小原则

大压小原则是具体操作层面的,凡著文立说,层次有深浅,语境有大小,训诂应该遵从文本之主旨,字词之意应服从句子,句子之意应服从段落,段落之意应服从篇章大旨。概言之,小语境须服从于大语境,亦即低一级的话语单位之义应从属于高一级话语单位义。孟子的"不以文害辞,不以辞害志"说即昭明了这个道理:

咸丘蒙曰:"舜之不臣尧,则吾既得闻命矣。《诗》云:'普天之下,莫非王土。率土之滨,莫非王臣。'而舜既为天子矣,敢问瞽瞍之非臣如何?"曰:"是诗也,非是之谓也。劳于王事,而不得养父母也。曰:'此莫非王事,我独贤劳也。'故说诗者不以文害辞,不以辞害志。以意逆志,是为得之,如以辞而已矣,《云汉》之诗曰:'周余黎民,靡有孑遗。'信斯言也,是周无遗民也。孝子之至,莫大乎尊亲。尊亲之至,莫大乎以天下养。为天子父,尊之至也。以天下养,养之至也。诗曰:'永言孝思,孝思惟则。'此之谓也。《书》曰:'祗载见瞽瞍,夔夔斋栗,瞽瞍亦允若。'是为父不得而子也。"(《孟子·万章上》)

赵岐注"文,诗之文章所引以兴事也。辞,诗人所歌咏之辞"不甚了了,请看清代焦循的解释:

《正义》曰:《说文·文部》云:文,错画也。《序》云:仓颉之初作书,盖依类象形,故谓之文。"宣公十五年"《左传》云:故文反正为乏。《国语·晋语》云:夫文,虫皿为蛊。是文即字也。段氏玉裁《说文解字注》云:词意内而言外也,从司言。有是意于内,因有是言于外,谓之词。意者,文字之义也,言者,文字之声也,词者,文字形声之合也。词与辛部之辞,其意迥别。辞者,说也。从辛,辛犹理辜,谓文辞足以排难解纷也。然则辞谓篇章也,词者意内而言外,从司言,此谓摹绘物状及发声助语之文字也。积文字而为篇章,积词而为辞。孟子曰:不以文害辞,不以词害志也。孔子曰:言以足志,词之谓也。文以足言，辞之谓也。①

　　这段话对于"文""辞"解说甚详，孟子之"文"即文字，是音义结合体的语言基本单位"词"的形式；"辞"是"排难解纷"的交际话语，它的形式即篇章。积文字而为篇章，积词而为辞。那么，孟子所说"不以文害辞，不以辞害志"，意思就是不以局部文字之义妨害理解篇章之义，不以篇章表达形式的含义妨害理解特定语境之下作者的思想情感。至于"以意逆志"（宋孙奭疏：以己之心意而逆求知诗人之志，是为得诗人之辞旨），乃是我们在上文所论及的设身处地、积极参与的"观境确义"的参与原则的一种体现。

　　"大压小原则"同样被后代眼界开阔多有成就的训诂学家所继承，如清姚止庵《素问经注节解·凡例》云："王（王冰）注类多随文顺释。拙解则必会通大意而后诠释本文，或注明本文而后补出全旨，使观者融会心胸，庶不致有偏泥之害也。"② 因为有这种认识，《素问经注节解》常常有超出王冰注解之处。《素问·四气调神论》："春三月，此谓发陈。"姚注："发，发舒也。陈，陈积也。谓发舒其去冬之所陈积也。（王）注言气潜发散，陈其姿容，是陈与发无辨矣。"③ 如果孤立地从本句看，王冰注"发陈"同义连用，似乎更合乎古人的用词规律，但是，联系全文，尤其是"夏三月，此谓蕃秀""秋三月，此谓容平""冬三月，此谓闭藏""圣人不治已病治未病，不治已乱治未乱"，我们就不难看出姚注的合乎题旨，所谓字词之对文的小语境理当遵从春夏秋冬四季因应的大语境。再如：《古书句读释例》："卫侯占梦嬖人求酒于大叔僖子不得与卜人比而告公曰君有大臣在西南隅弗去惧害乃逐大叔遗遗奔晋（《左传·哀公十六年》）：《杜注》云：'以能占梦见爱。'以'占梦嬖人'连文。武亿云：'"卫侯占梦"直绝句。"嬖人"下属"求酒于大叔僖子"为一句，"不得"为一句。与卜人比而告公云云，情事自见。杜曲解，不可从。'树达按武说是也。"④ 按照杜预的理解，"占梦嬖人"连言固然在本句内可通，但是如果把它放在前后句群当中看，却与情理相乖，因为"占梦嬖人"即"卜人"，嬖人与他自己如何勾结呢？显然，为卫侯占梦的并非就是嬖人。清代著名小学家武亿从段落之语境出发，就可以轻易地否定杜预仅仅从本句出发作出的理解，也体现出了"观境确义"的

---

① 〔清〕焦循：《孟子正义》，中华书局，1957年，第377页。
② 〔清〕姚止庵：《素问经注节解》，人民卫生出版社，1983年，第9页。
③ 〔清〕姚止庵：《素问经注节解》，人民卫生出版社，1983年，第5页。
④ 杨树达：《古书句读释例》，中华书局，2003年，第5—6页。

"大压小原则"。

2.2.5 具体性原则

在现代语言学的理论体系中,"语言"和"言语"是截然不同的两个术语,根据索绪尔对语言与言语的区分,语言是全民的、概括的、静态的符号系统,具有一般性的特点;言语是个人的、具体的、动态的对语言符号加以运用的一种现象,具有特殊性的特点。反映在词义上,则有概括义与具体义之别。而在中国传统语言文字学当中,"语言"一词在不同的语境里可以分别指称上述两个概念。但是,这并不意味着中国先哲对于作为"言语"的典籍语言之特殊性没有认识,实际上,孟子十分擅长根据文本语言的特殊性,把握言语对象的特点,具体问题作具体分析,从具体语境中确定词的具体义,如:

徐子曰:"仲尼亟称于水,曰:'水哉水哉!'何取于水也?"孟子曰:"原泉混混,不舍昼夜,盈科而后进,放乎四海。有本者如是,是之取尔。苟为无本,七八月之间雨集,沟浍皆盈,其涸也。可立而待也。故声闻过情,君子耻之。(《孟子·离娄下》)

宋孙奭疏云:"《论语》云:'子在川上曰:逝者如斯夫,不舍昼夜。'是仲尼常称于水者也。"徐子不理解,就问孟子,孔子屡次称赞水,对于水有什么可取的呢?孟子说,孔子赞美的水,是有本之水,不是无本之水。水不舍昼夜而进,至于四海者,有原本也。若周七八月,夏五六月,天之大雨,潦水卒集,大沟小浍皆满,然其涸也可立待之者,无本也。孟子的解读,当然有他自己哲学的发挥在里面,即所谓"声誉名闻,有或过于情实,君子羞耻之,亦无本之水"(而据《荀子·宥坐》《大戴礼记·劝学》《说苑·杂言》《孔子家语·三恕》等其他典籍,孔子观水、赞水,是因为水有道、德、勇、正、法、善化等美德),但他对于孔子赞美之水特殊性的认识,实体现了"观境确义"的具体性原则。孟子常常把具体性原则运用于辩论当中,从而深入剖析对方的言论,指出其荒谬所在,如:

任人有问屋庐子曰:"礼与食,孰重?"曰:"礼重。""色与礼,孰重?"曰:"礼重。"曰:"以礼食则饥而死,不以礼食则得食,必以礼乎?亲迎则不得妻,不亲迎则得妻,必亲迎乎?"屋庐子不能对。明日之邹,以告孟子,孟子曰:"于答是也何有?不揣其本,而齐其末,方寸之木,可使高于岑楼;金重于羽者,岂谓一钩金与一舆羽之谓哉!取食之重者与礼之轻者而比之,奚翅食重?取色之重者与礼之轻者而比之,奚翅色重?"往应之曰:"'紾兄之臂而夺之食,则得食,不紾则不得食,则将紾之乎?逾东家墙而搂其处子,则得妻,不搂则不得妻,则将搂之乎?'"(《孟子·告子下》)

任国之人问孟子弟子屋庐连,礼与食,色与礼,何者为重。屋庐连回答,礼重。任国人就说:"如果按照礼节求饭吃,就吃不上而饿死,而不按礼节求饭吃,却可以吃上饭,那也一定要按礼节行事吗?如果按亲迎礼娶亲,就娶不到妻子,不按亲迎礼,却可以娶到妻子,那也一定要行亲迎礼吗?"屋庐连不能回答而见孟子。孟子说,事物在条件相当的情况下才能比较,一小块金子,怎能重于一大车的羽毛呢?取食、色之重者比礼之轻者,那当然食、色更重要啦。凡事须临事量宜,权其轻重,以礼为先,食、色为后;若有偏殊,则须从其大者。孟子这段议论的关键,其实是指出了"食""色""礼"不仅有语言层面的概括义,也有言语层面的具体义,在一定的语境当中对它们进行比较,当然应当比较其具体义。再如:

> 孟季子问公都子曰:"何以谓义内也?"曰:"行吾敬,故谓之内也。""乡人长于伯兄一岁,则谁敬?"曰:"敬兄。""酌则谁先?"曰:"先酌乡人。""所敬在此,所长在彼,果在外非由内也。"公都子不能答,以告孟子。孟子曰:"敬叔父乎?敬弟乎?彼将曰:'敬叔父。'曰:'弟为尸则谁敬?'彼将曰:'敬弟。'子曰:'恶在其敬叔父也?'彼将曰:'在位故也。'子亦曰:'在位故也。'庸敬在兄,斯须之敬在乡人。"(《孟子·告子上》)

儒家思想,向来主张爱有等差,对于伯兄的爱自然超过乡人。孟季子以乡人长于伯兄一岁,则酌酒时先酌乡人,认为义决定于外在,并非发自于内心。孟子则区分话语对象在不同环境下的特殊性,指出平时的恒久敬爱("庸敬")在伯兄,在特殊场合下的敬爱("斯须之敬")才在乡人。

埃米里奥·贝蒂《作为精神科学一般方法论的诠释学》曾经指出:"理解现象是一种三位一体的过程:在其对立的两极我们发现作为主动的、能思的精神的解释者,以及被客观化于富有意义形式里的精神。这两极并不直接联系和接触,而是通过这些富有意义形式的中介,在这些形式里,一个被客观化的精神面对一个作为不可改变的他在东西的解释者。"① 实际上,他是把解释分解成了如下三

---

① [意大利]埃米里奥·贝蒂:《作为精神科学一般方法论的诠释学》,洪汉鼎译,见洪汉鼎主编:《理解与解释——诠释学经典文选》,东方出版社,2001年,第129页。

个关系密切的要素：解释者——解释对象（富有意义的形式）——解释内容（作品中的原有精神）。

再来观察《孟子》一书所体现出的"观境确义"思想，可以发现"观境确义"五原则也是三位一体的。参与原则、正名原则指向解释者，而解释者是主动的、能思的，那么解释者的态度决不能是单纯被动的接受，而必须是积极的参与。具体性原则主要指向解释内容，而解释内容是被客观化了的，这一客观性决定了它不可以被主观曲解，因而需要具体问题具体分析。历史性原则、大压小原则主要指向解释对象即文本或者言语的形式，解释者需要积极参与，而解释内容则具有客观自主性，如何协调与统一解释者与解释内容的矛盾，关键即在于历史地看待解释对象、采取正确的操作步骤去分析它。可见，《孟子》一书所体现出的"观境确义"思想是极其丰富与可贵的，在今天看来不仅仅让人感觉不到丝毫的过时或落后，相反地，它对于我们在新的时代诠释经典方面依然富有启发性。

2.3　汉代经师的语境观念

以上我们讨论了先秦哲人的"观境确义"思想，而训诂学家的语境观念，则可以在最早的传世传注类著作《毛诗故训传》《毛诗笺》当中发现。毛亨、郑玄等文献训诂成就尤巨的大师们，头脑中是有着语境观念的，他们许多的训诂实践，实际上都贯彻着"观境确义"思想。这一点我们可以在毛亨、郑玄为《诗经》所做的注释中找到充分的证据。如，《诗经·大雅·生民》首章：

> 厥初生民，时维姜嫄。生民如何？克禋克祀，以弗无子。履帝武敏歆，攸介攸止。载震载夙，载生载育，时维后稷。

对其中的"敏"字，毛亨的解释与三家诗不同，章太炎先生说："'履帝武敏'，三家诗训'敏'为'拇'，'毛则训"敏"为"疾"，意谓"敏"训"拇"，则必改为"履帝敏武"，于义方顺'。"① 章先生解说了毛亨异于三家的理据，即，如果训"敏"为"拇"，就只能说成"足大指的痕迹"，而不能说成"痕迹足大指"，因为后者在语义上不通。这其实表明，毛亨已经注意到了上下文语义之间相互依存、相互制约的关系。后来孔颖达《毛诗正义》据《毛传》阐释说："禋祀郊禖之时，其夫高辛氏帝率与俱行，姜嫄随帝之后，践履帝迹，

---

① 参见章太炎：《国学述闻》，陕西师范大学出版社，2008年，第95页。

行事敬而敏疾,故为神歆飨。"就可以明显看出这种解释在语义上的融通了。

又如毛亨为《周南·关雎》"琴瑟友之"一句下的注释是"宜以琴瑟友乐之",对比原诗,除"宜以"两字是点出句型结构而外,传文又加了一个"乐"字,而这个字正取自下章"钟鼓乐之"一句。孔颖达的疏中明确指出,从表达方式而言,下章"与此章互言",《毛传》这一解释是"逆取下章之意也"。这就是说,《毛传》在这里是将两章的意思合在一起进行解释。之所以能这样解释,正是基于毛亨对诗的内容和语境的把握:他首先是阅读了全诗,把握住了全诗的主题,在充分符合全诗的思想脉络之后,才对具体的字词句下注,这样,他所做的解释也才会准确无误。所谓"探下章为训"正是"观境确义"的典型体现。

在《毛传》对词语的解释中,我们也可以体会到他对于语境的利用。如在《魏风·伐檀》三章诗中,分别有"坎坎伐檀兮,寘之河之干兮""坎坎伐辐兮,寘之河之侧兮""坎坎伐轮兮,寘之河之漘兮"几句。对于其中的"干""侧""漘"字,《毛传》分别作了这样的训释:"干,厓也";"侧,犹厓也";"漘,厓也"。查《说文》,这三个词的含义却并不如此:"侧,旁也";"漘,水厓也";"干,犯也"。阅读全诗,再认真思考《毛传》对这三个词的训释,我们完全可以体会到,毛传这是根据全诗背景读"干"为"岸"的。孔《疏》认为此诗"言君子之人不得进仕,坎坎然身自斩伐檀木,置之于河之厓,欲以为轮辐之用。此伐檀之人既不见用,必待明君乃仕,若待河水澄清,且有波涟猗然也。"诗人反复咏叹,使用了重章叠句的方式,"干""侧""漘"都与"河"组合,表示放置檀木之处,其所指理当相同。与之相类似,毛亨解释"辐""轮"两个字,也充分考虑了语境的因素,分别解释为"辐,檀辐也。""檀可以为轮。"如此解说,不仅与首章呼应,而且让读者可以了解到诗人使用"辐""轮"二字的理据所在。

郑玄的《毛诗笺》也同样注意从文本的语境出发进行训释。《诗经·齐风·载驱》:

载驱薄薄,簟茀朱鞹。鲁道有荡,齐子发夕。四骊济济,垂辔沵沵。鲁道有荡,齐子岂弟……

对于"岂弟",郑玄解释:"此岂弟犹言发夕也。岂读当为闿。弟,《古文尚书》以弟为圛。圛,明也。"这里,郑玄根据《诗经》善用"重章以申殷勤"的表达手法,联系前章"鲁道有荡,齐子发夕"之文,又从《古文尚书》找到了语言上的证据,从而作出了比较合理的解释,就是因为在他的头脑中具有"语境"观念,能根据语境确定语义。对这一解释,近代著名学者王国维也曾给予肯定:"《书·洪范》'曰驿',《史记·宋微子世家》用今文,作'曰涕',古文作'曰圛',此郑君所本也。"① 郑玄是善于将全诗的语境与其所使用的表达手法结合起来进行解释的。又如《周南·卷耳》前三章:

> 采采卷耳,不盈顷筐,嗟我怀人,寘彼周行。
> 陟彼崔嵬,我马虺隤。我姑酌彼金罍,维以不永怀!
> 陟彼高冈,我马玄黄。我姑酌彼兕觥,维以不永伤!

他在第三章之下解释说:"此章为意不尽,申殷勤也。"这就是说,郑玄认为,此章与上一章虽在字词诗句上有所区别,但就其诗意而言,是完全一样的,不过是因为作者感情强烈,只吟唱一遍无法将自己的情感充分地表达出来,就采用了改变文词而不变意义的表达方式"重章"而已。这一结论的得出自然也是"观境确义"的结果。这些都充分说明,汉代人对于进入到言语中的字词的训释,是时刻本着"观境确义"这一原则的。

萧璋先生说:"要想全面深入地研究毛传,首先就应该理解清楚孟子说诗的几句名言:'不以文害辞,不以辞害志,以意逆志,是为得之'。因为一方面这是一般都承认的读诗的原则,离开这个原则,就得不到诗意,另一方面研究毛诗的又认为毛传恰恰最能体现这个原则。因此,如果原则搞不清楚,就必然影响对毛传的理解,以至歪曲诗意。反之,原则搞清楚了,对毛传就能知其所以然,特别是在解说诗句方面,如何具体体现原则,采用什么方法等问题就自然可以得到解决,从而加深了对诗意的理解。"②"毛传不仅重视诗序,其解诗亦如孟子之能结合经文整体,又不违反语言规律。"③ 萧先生这些论述,其实说明毛亨秉承了孟子不少"观境确义"的思想,并且把它们作为解诗的指导原则。但令人略感欠缺的,就是汉代训诂学家并没有明确提出有关"观境确义"的理论。朱小健先生曾在《训诂学史》课堂讲义中指出,汉代是训诂学史上的权威判定阶段,其训诂学特色是"注重师承、存古不绝,治学严谨、学风质朴,范围较窄、开拓不力。"那么,汉代经师们把提出"观境确义"理论的任务交予后人,也就不值得奇怪了。

---

① 王国维:《观堂集林》(外二种),河北教育出版社,2001年,第761页。
② 萧璋:《谈毛传解说诗句》,见《文字训诂论集》,语文出版社,1994年,第65页。
③ 同上,第70页。

3 唐宋"观境确义"的理论自觉

魏晋隋唐时期是训诂学积累时期，唐初孔颖达、贾公彦等注疏典籍，产生了"五经""七经"之名，孔颖达《五经正义》标志着南、北经学的统一，成为由汉至唐注经的集大成者。《五经正义》首创了"文势"说，对毛亨、郑玄等人的语境观念多有阐发。那么，用现代人的视角总结《五经正义》"文势"说的具体内容，可以让我们较为全面地了解汉唐人"观境确义"的理念。宋代是训诂学的变革时期，理学家们敢于怀疑古人的结论，反对"疏不破注"，更加注重经文自身的语言环境，其训诂学的集大成者朱熹，对于《诗经》"小序"就作过彻底的颠覆。朱熹文集中也每每提及"文势""语脉"，以此为线索进行考察，可以窥见朱熹对"文势"说的继承发展。

3.1 《五经正义》的"文势"说

3.1.1 《五经正义》中的"文势""义势"等术语

《五经正义》中，以"文势""义势"等术语明确指称语境的句子颇多，如《礼记·曲礼上》："適墓不歌，哭日不歌。送丧不由径，送葬不辟涂潦。"《正义》："'送葬不辟涂潦'者，前文'送丧'，此云'送葬'，上下文势皆据他人，知者，以上'適墓不登垄'，'入临不翔'，及'哭日不歌'，以文类之，故知此等皆据他人也。"① 指明上下文视角相同，故此处语境皆据他人而言。再如《礼记·文王世子》："大乐正学舞干戚，语说，命乞言，皆大乐正授数。"注："学以三者之舞也。戚，斧也。语说，合语之说也。数，篇数。"《正义》曰："此经与前经重序其事，文势相似，前经小乐正乃教威仪，事浅，故云'诏之东序'。此大乐正所教义理既深，故'大乐正授数'。知者，文承东序之下，大乐正授数

---

① 以下《五经正义》所引例证，根据的底本为清阮元校勘《十三经注疏》，中华书局1980年影印本，并部分参照了李学勤主编《十三经注疏》整理本，北京大学出版社，1999年。

之时，亦在东序，大司成论说在东序。"指出了上下经文所记的事理相类，语境相当。又如《毛诗正义·周南·关雎》："是以《关雎》乐得淑女以配君子，忧在进贤，不淫其色。哀窈窕，思贤才，而无伤善之心焉，是《关雎》之义也。"郑笺："'哀'盖字之误也，当为'衷'。'衷'谓中心恕之，无伤善之心，谓好逑也。"《正义》："笺'哀盖'至'好逑'。《正义》曰：以后妃之求贤女，直思念之耳，无哀伤之事在其間也。经云'钟鼓乐之'，'琴瑟友之'，哀乐不同，不得有悲哀也，故云'盖字之误'。""此序是毛置篇端，若毛知其误，自当改之，何须仍作哀字也？毛无破字之理，故知从哀之义。毛既以哀为义，则以下义势皆异于郑。"认为毛郑二人因为对于"哀"字的理解不同，导致了他们在以下义理思路上的不甚相同。可见，所谓的"文势""义势"或指写作视角、或指所述之事、或指义理思路等等，均为语境之要素。

据我们的统计，《五经正义》言"文势"者凡53例，其中《毛诗正义》30例，《尚书正义》7例，《礼记正义》4例，《周易正义》4例，《左传正义》8例。言"义势"者7例，其中《毛诗正义》5例，《尚书正义》1例，《左传正义》1例。另有"观文为说""观文而说""观文之势而为训""观文为义""观文验注"等明确提出观"文"（语境）而确义的说法多种。而贯彻这种观境确义思想进行的具体说明和论证则更加不胜枚举。以下仅以《春秋左传正义》为例，对于《五经正义》"文势"说的内容加以总结。

3.1.2 "文势"说的内容——以《春秋左传正义》为例

3.1.2.1 对上下文语义联系的体认

1. 根据同现词语（连文）进行语义选择

词语之间只有具有语义上的联系，才有相互搭配的可能。反过来讲，根据有相互搭配关系的同现词语，进行语义的选择，就成为行之有效的确义手段。《正义》常常以"连文"表示词语的同现关系，并作为考求语义的依据：

> 九月，考仲子之宫，初献六羽。注：成仲子宫，安其主而祭之。《正义》曰："考，成"，《释诂》文也。……注以祭文不见，故辨之云："成仲子宫，安其主而祭之。"以其与"献羽"连文，知"考"谓祭以成之，非谓始筑宫成也。（《隐公五年》）

因为"考"与"献羽"同现，所以可推知它的意思是"祭以成之"，而非指实体建筑的刚刚落成。又如：

> 戎伐凡伯于楚丘以归。注：但言以归，非执也。《正义》曰：传例"有钟鼓曰伐"。此既言"伐"，知其鸣钟鼓也。杜意言"以归"者，以彼随己而已，非囚执之辞，故云"但言以归，非执也"。杜必知"以归非执"者，《谷梁传》云："以归，犹愈乎执也。"又昭十三年"晋人执季孙意如以归"，若"以归"是"执"，何须别起"执"文。明直言"以归"者非"执"也。至如定四年"以沈子嘉归"，经云"杀之"；哀七年"以邾子益来"，传云"囚诸负瑕"。既有"囚"、"杀"之文，容或是"执"。若直言"以归"，无"囚"、"杀"之事者，则非执者也。《春秋》有文同事异，此即其类也。刘君引沈子、邾子云"以归者皆执"，以规杜氏，非其义也。（《隐公七年》）

《春秋》有文同事异者，区分的标尺就是看相关词语是否同现。同样的"以归"，有"囚"、"杀"之类字眼的，可能是"执"，直接言"以归"的，就不能说明"执"，因为若"以归"是"执"，昭十三年"晋人执季孙意如以归"，何须别起"执"文？又：

> 奉酒醴以告曰'嘉栗旨酒'，谓其上下皆有嘉德而无违心也。所谓馨香，无谗慝也。注：嘉，善也。栗，谨敬也。《正义》曰："嘉，善"，《释诂》文也。杜训栗为谨敬，言善敬为酒。案《诗》"实颖实栗"，与田事相连，故栗为穗貌。此栗与嘉善旨酒相类，故栗为谨敬之心，即《论语》云："使民战栗"，与此相似。刘炫以栗为穗貌而规杜过，于理恐非。（《桓公六年》）

"栗"与田事相连，则训为穗貌，与嘉善旨酒相连，则训为谨敬之心。《正义》对同现词语的制约作用运用得极为普遍，兹再陈数例：

> 公以金仆姑射南宫长万，金仆姑，矢名。《正义》曰：用之射人，必知是矢。（《庄公十一年》）

> 虢公为王宫于玤，王与之酒泉。郑伯之享王也，王以后之鞶鉴予之。注：后，王后也。鞶，带而以鉴为饰也。《正义》曰：鞶是带也，鉴是镜也，此与定六年传皆鞶鉴双言，则鞶鉴一物，故知以镜饰带。（《庄公二十一年》）

> 戊寅，大夫宗妇觌，用币。注：宗妇，同姓大夫之妇。《正义》曰：襄二年葬齐姜，传称齐侯使诸姜宗妇来送葬，诸姜是同姓之女，知

宗妇是同姓大夫之妇也。(《庄公二十四年》)

2. 从上下文语义的协调与呼应确定语义

在同一篇章，同一言语单位之内，语义应该是协调和连贯的，相互呼应的，因此，《正义》常能从上下文语义的协调与呼应确定语义：

  楚子朝其大夫曰："晋，吾仇敌也……若吾以韩起为阍，以羊舌肸为司官，足以辱晋，吾亦得志矣。可乎？"大夫莫对。薳启彊曰："可。苟有其备，何故不可？……其馀四十县遗守四千，奋其武怒，以报其大耻，伯华谋之，中行伯、魏舒帅之，其蔑不济矣。君将以亲易怨，实无礼以速寇，而未有其备，使群臣往遗之禽，以逞君心，何不可之有？"王曰："不穀之过也，大夫无辱。"《正义》曰：启彊发首言"可"，此云"何不可之有"，言其可也，绍上可之言。服虔云：何不可之有如是。大不识文势。(《昭公五年》)

楚子想要侮辱晋国的重臣，薳启彊说"可"，然后却极力罗列晋国公室的和睦、国力的强大，可见他说"可"是反话正说而已，用今天的说法，即反语，结尾他说"何不可之有"与开头呼应，同样也是反语，字面意思自然也是"可"，是"有什么不可以"的意思。服虔却不能体会这种上下文口吻、语义的联系，解释"何不可之有"为反话反说，"何不可之有如是"。所以《正义》批评他大不识文势。

  将虢是灭，何爱于虞？且虞能亲于桓、庄乎，其爱之也？《正义》曰：爱之谓爱虞也。虞岂能亲于桓、庄乎，其当爱此虞也？服虔"其"作"甚"。注云："爱之甚，当谓爱桓、庄之族甚也。"爱之若甚，何以诛之？且文势不顺，又改字失真，缪之甚也。(《僖公五年》)

《正义》指出宫之奇这段话本为陈说晋虞关系之语，若"之"指桓庄，则陈说落脚于晋公族内部之关系，那就会造成上下文语义关系不相协调。再说，爱之若甚，怎么会"诛之"？文势不顺。

  公以金仆姑射南宫长万，公右歂孙生搏之。宋人请之，宋公靳之。注：戏而相愧曰靳。鲁听其得还。《正义》曰：服虔云"耻而恶之曰靳"。传称"宋人请之"，若是耻恶其人，不应为之请鲁。故杜以为"戏而相愧曰靳"。(《庄公十一年》)

若是耻恶其人，不应为之请鲁。而杜注不仅显得上下文义连贯，而且这样理解，历史情节显得更生动、更细致具体。

> 秋，子元以车六百乘伐郑，入于桔柣之门。注：桔柣，郑远郊之门也。《正义》曰：此已入一门矣。又云"入自纯门"，又是入一门矣。复言"县门不发"，则更有一门矣。不发是城门，则知纯门，外郭门；桔柣，远郊门也。《尚书·费誓序》云"东郊弗开"，是郊有门也。（《庄公二十八年》）

通过下文的情节，我们知道了子元伐郑先后历三门，再加上典籍的佐证，可推知桔柣之门是郑远郊之门。从上下文语义的协调与呼应探求语义也是《正义》惯用的方法，兹再具数例：

> ①郑之如秦也，言于秦伯曰："吕甥、郤称、冀芮实为不从，若重问以召之。注：三子，晋大夫。不从，不与秦赂。问，聘问之币。《曲礼》云："凡以弓剑苞苴箪笥问人者"，郑玄云："问，犹遗也。"重问，谓多以财货遗之也。下云"币重而言甘"，故云"问，聘问之币"也。（《僖公十年》）

> ②"六鹢退飞，过宋都"，风也。周内史叔兴聘于宋，宋襄公问焉，曰："是何祥也？吉凶焉在？"注：祥，吉凶之先见者。《正义》曰：《中庸》云"国家将兴，必有祯祥；国家将亡，必有妖孽"。则事之先见，善恶异名，吉之先见谓之祥，凶之先见谓之妖。此总云祥者，彼对文耳。（《僖公十六年》）

> ③齐侯曰："室如悬罄，野无青草，何恃而不恐？"注：如，而也。时夏四月，今之二月，野物未成，故言居室而资粮县尽，在野则无蔬食之物，所以当恐。《正义》曰：服虔云："言室屋皆发撤，榱橼在，如县罄"。孔晁曰："县罄，但有桷无覆。"盖杜以下云"野无青草"，言在野无青草可食，明此在室无资粮可啖，故改"如"为"而"，言"居室而资粮县尽"。刘炫云"如罄在县，下无粟帛"。炫乃以服义规杜，非也。（《僖公二十六年》）

3. 从具体语境中揭示词语细微和具体的语义

经学之训诂贵专。毫无疑问，对典籍的深入理解应当建立在的具体语境中词语细微和具体语义的揭示。《正义》不乏此类具体语义的探求之例，其每言"观文为说"，大率为解说具体语境下"专"义之标志，如：

> 臧哀伯谏曰:"君人者将昭德塞违以临照百官,犹惧或失之,故昭令德以示子孙。是以清庙茅屋,大路越席,大羹不致,粢食不凿,昭其俭也。注:大路,玉路,祀天车也。《正义》曰:路训大也,君之所在,以大为号,门曰路门,寝曰路寝,车曰路车,故人君之车通以路为名也。《周礼·巾车》"掌王之五路",郑玄云:"王在焉曰路。"彼解天子之车,故云王在耳。其实诸侯之车亦称为路。大路,路之最大者,《巾车》五路,玉路为大。故杜以玉路为大路。《巾车》云:"玉路,锡樊缨,十有再就,建大常,十有二斿,以祀。"故云祀天车也。越席,结蒲为席,置于玉路之中以茵藉,示其俭也。经、传言大路者多矣,注者皆观文为说。(《桓公二年》)

"经、传言大路者多矣,注者皆观文为说",孔颖达的这段议论算是精辟地概括了"大路"一词之所以在经传不同语境中所指不尽相同的状况及其深层原因。

再如:

> 昔帝鸿氏有不才子,掩义隐贼,好行凶德,丑类恶物顽嚚不友,是与比周,天下之民谓之浑敦。注:比,近也。周,密也。《正义》曰:比,是相近也。周,是亲密也。唯是亲爱之义,非为善恶之名。《论语》云:"君子周而不比,小人比而不周。"以君子小人相对。故郑玄云:"忠信为周,阿党为比。"观文为说也。(《文公十八年》)

同是"比""周",在《论语》用于君子和小人的对比当中,故一为阿党,一为忠信,褒贬分明。而在《左传》此处的语境,都用来形容帝鸿氏之不才子浑敦,都是指对于同类的亲近之义。又如:

> 冬,公如晋听政。晋侯享公,公请属鄫。晋侯不许。孟献子曰:"以寡君之密迩于仇雠,而愿固事君,无失官命。注:晋官徵发之命。《正义》曰:二年,郑子驷以君初丧,云"官命未改"。此鲁以国小赋重,恐失官命。二者官命虽同,而主意有异。故杜彼以未葬解之,此以徵发解之。观文为说。(《襄公四年》)

当然,即使没有"观文为说"的标志,《正义》也时时在贯彻这种"经学之训诂贵专"的思想,如:

> 公曰:"牺牲玉帛,弗敢加也,必以信。"对曰:"小信未孚,神弗

福也。"注：孚，大信也。《正义》曰：孚亦信耳，以言"小信未孚"，故解孚为大信以形之。(《庄公十年》)

《正义》从词语的照应、语义的关联出发，把具体语境中的具体词义作出了解释，从而能够让读者对"孚"字有准确和深刻的理解。又如：

> 凡师，敌未陈曰败某师，皆陈曰战，大崩曰败绩，得儁曰克，覆而败之曰取某师。《正义》曰：取谓尽取，无遗漏之意也。哀九年"宋皇瑗取郑师于雍丘"，传称："皇瑗围郑师，每日迁舍，垒合，郑师哭。"是自知尽死，无逃逸之路也。又曰"使有能者无死"，是其合军之内，死生在宋也。取状如此，而云覆而败之，知其如罗网掩覆，一军皆见禽制，故以取为文。服虔云："覆，隐也，设伏而败之。谓攻其无备，出其不意，敌人不知，败之易，故曰取。"即如服言，与未陈何异？而别以为例，为之取也？荀吴败狄于大原，於越败吴于檇李，并攻其无备，出其不意，而经不言取。郑二公子败燕师于北制，郑人大败戎师，是设伏败之，而传不言取。服谓此为取何也？宋围郑师，垒合而哭，自知必败，非敌人不知，而书取何也？(《庄公十一年》)

《正义》分析了"覆"字用例（释经之传）所展现的具体情节，并从与之相对术语的分析比较之角度拨正了服虔的说法，就使读者对"覆"字的所指有了直观生动的印象。

3.1.2.2 对体例、文例的揭示

1. 通过对经传体例的揭示确定语义

无论春秋经还是左氏传，其写作都有着严谨的体例，二者之间的关系更是密不可分。对此，《正义》显然给予了充分的重视，因而常常能够通过揭示经传体例及经与传的相互关系来确定语义。如：

> 公既视朔，遂登观台以望。而书，礼也。凡分、至、启、闭，必书云物，为备故也。注：云物，气色灾变也。传重申周典。不言公者，日官掌其职。《正义》：《左传》诸所发凡，皆是周之旧典。既言"礼也"，更复发凡，是重申周典也。直言"必书云物"，不更云"公"，是日官掌其职，非公所当亲也。刘炫规云："书云物'亦是公亲为之，但上文有'公既视朔'，故下文去'公'字耳。"今删。定知不然者，上言"公既视朔"，是传家之语，下云"必书云物"，是周公旧凡。旧凡之

文，包诸侯、天子，若诸侯称"公书云物"，则天子当称"王书云物"。是知旧凡元无"王"、"公"之文，日官掌其事。若以上文有"公既视朔"，故知公字，然则周公旧凡岂豫知自公既视朔，没去公字乎？苟生异见，妄规杜氏，非也。（《僖公五年》）

《正义》言"《左传》诸所发凡，皆是周之旧典。既言'礼也'，更复发凡，是重申周典也"。揭示出在写作体例上，发凡之语不同于普通的传家（即左氏）之语，理解周公旧凡不能与传家的普通叙述相混淆，刘炫不区分左氏的一般叙述"公既视朔，遂登观台以望"与周之旧典"凡分、至、启、闭，必书云物"，就犯了"周公旧凡岂豫知自公既视朔，没去公字乎"的可笑错误。再如：

九年，春，王三月，"癸酉，大雨霖以震"。书，始也。庚辰，大雨雪"，亦如之。书，时失也。凡雨，自三日以往为霖。注：此解经书霖也。而经无霖字，经误。《正义》曰：传发凡以解经，若经无"霖"字，则传无由发，故知经误。然则经当如传言"大雨霖以震"，不当云"大雨震电"。是经脱"霖以"二字，而妄加"电"也。（《隐公九年》）

《正义》阐发了杜预据经传之关系判出经之误的道理，传是解释经的，如果经里没有"霖"字，那么"凡雨，自三日以往为霖"的解释就无由发出。又如：

公子遂如京师，遂如晋。如京师报宰周公。（经）东门襄仲将聘于周，遂初聘于晋。（传）注：公既命襄仲聘周，未行，故曰"将"，又命自周聘晋，故曰"遂"。自入春秋鲁始聘晋，故曰"初"。《正义》曰：经书实行之事，传说将命之初，故云命之将聘于周，未行，又命之遂聘于晋，令其从周即去，更不回也。贾、服不晓传意，解为先聘晋，后聘周，故杜详说之。（《僖公三十年》）

《正义》指出贾、服不晓传意，解为襄仲（即公子遂）先聘晋，后聘周，与《春秋》不符，而杜预从维护经传的统一性出发，对此作出了详细的解说。又如：

八月，丁卯，大事于大庙，跻僖公，逆祀也。《正义》曰：昭十五年"有事于武官"，传称"禘于武官"。有事是禘，则知大事亦是禘也。（《文公二年》）

《正义》据传解释经的关系，由"有事是禘"，即传以"禘"解释"事"，类推出"大事亦是禘"，即传中相似情景下的"大事"也就是"禘"。不仅如此，《正义》还常常依据汉晋之注的体例及其与经传的关系解读经典，如：

> 穆姬闻晋侯将至，以大子罃、弘与女简、璧登台而履薪焉。使以免服衰绖逆，且告曰……注：免、衰、绖，遭丧之服，令行人服此服迎秦伯，且告将以耻辱自杀。《正义》曰：初死则有免服，成则衰、绖，皆为遭丧之服。传文于此或有曰："上天降灾，使我两君相见不以玉帛，而以兴戎。若晋君朝以入，则婢子夕以死；夕以入，则朝以死。唯君裁之。"《左传》本无此言，后人妄增之耳。何以知其然？二十二年传曰："寡君之使婢子侍执巾栉。"杜云："婢子，妇人之卑称。"若此有婢子，不当舍此而注彼也。又此注云且告夫人"将以耻辱自杀"，若有此辞，不烦彼注。服虔《解谊》，其文甚烦，传本若有此文，服虔必应多解，何由四十馀字不解一言？亦至二十二年始解婢子，明是本无之也。今定本亦无。（《僖公十五年》）

是以杜注之体例及服虔注文的行文特点作为探寻典籍原貌的证据。又如：

> 九月，考仲子之宫，初献六羽。注：成仲子宫，安其主而祭之。《正义》曰："考，成"，《释诂》文也。言"初献六羽"者，谓初始而献，非在后恒用。知者，案宣十五年"初税亩"，杜云"遂以为常，故云初"。杜于此不解"初"义，明不与彼同。故《春秋》之经有文同事异，如此之类是也。（《隐公五年》）

2. 通过对文例、辞例的揭示确定语义

所谓文例、辞例，是指文本的体裁特征、句式特征、用词规律以及特殊的表达方式等。通过对文例、辞例的揭示探求语义其实是重视语言意义与语言形式的统一性的一种体现。能从文本的体裁特征入手来解读词语的如：

> 晋侯围曹，门焉，多死。曹人尸诸城上。晋侯患之，听舆人之谋曰："称舍于墓。"注：舆，众也。舍墓，为将发冢。《正义》曰：此"谋"字或作"诵"，涉下文而误耳。其云诵者音韵如诗赋。此称舍于墓，直是计谋之言，不得为"诵"。今定本作"谋"。（《僖公二十八年》）

这里就揭示了语义与表达形式的联系，如果是"诵"，其后句子的音韵当如诗赋。而此处出现的句子却不是整齐的韵文，仅仅是普通的计谋之言。能从文本的句式特征入手来解读词语的如：

> 鲁不弃周礼，未可动也。君其务宁鲁难而亲之。亲有礼，因重固，

间携贰，覆昏乱。注：能重能固，则当就成之。《正义》曰：服虔云："重不可动，因其不可动而坚固之。"杜以此传四句相类，"间携贰"，携贰皆间之，"覆昏乱"，昏乱皆败之，知此重固皆因之，则非因重而固之。（《闵公元年》）

《正义》指出，杜注意识到此处四句相类，所以从句式特征出发对"因重固"作了正确的解读。通过分析用词规律来探求词义，典型的是区分"对文""散文"。汉语中有很多狭义相别、广义相通的近义词语，它们如果在文本对举出现，就是用其狭义，反之，如果单独出现，则常常是用的广义，是笼统的说法。根据这种用词规律，就可以探求词语具体的使用义，如：

周德既衰，官失其守。上之人不能使《春秋》昭明，赴告策书，诸所记注，多违旧章。注：崩薨曰赴，祸福曰告。《正义》曰：文十四年传曰"崩薨不赴，祸福不告"，然则邻国相命，凶事谓之赴，他事谓之告，对文则别，散文则通。昭七年传"卫齐恶告丧于周"，则是凶亦称告也。（《春秋序》）

"赴""告"对举连用，分别指告崩薨告祸福，凶事用"赴"他事用"告"。如果单独用"告"，则也可以兼指凶事。其他的又如：

犹不可禁御，是故闲之以义，纠之以政，行之以礼，守之以信，奉之以仁，制为禄位，以劝其从，严断刑罚，以威其淫。《正义》：严断，言其不放舍也。对文则加罪为刑，收赎为罚；散则刑、罚通也。闲之以下，皆言在上位者行此事治民也。（《昭公六年》）

对文则加罪为刑，收赎为罚；散则刑、罚通也。这里的"刑罚"也是对举连用，故而意义有别，都是狭义的用法。

为政事、庸力、行务，以从四时。注：在君为政，在臣为事，民功曰庸，治功曰力，行其德教，务其时要，礼之本也。《正义》曰：《论语》云："冉子退朝。子曰：'何晏？'对曰：'有政。'子曰：'其事也。如有政，虽不吾以，吾其与闻之。'"于时冉子仕于季氏，称季氏有政，孔子谓之为事。是在君为政，在臣为事也。此对文别耳。（《昭公二十五年》）

以上都是"对文"用其狭义的例子，"散文"用其广义的如：

韩子买诸贾人，既成贾矣，商人曰："必告君大夫。"韩子请诸子产曰:"日起请夫环,执政弗义,弗敢复也。"《正义》曰:贾人即商人也。行曰商,坐曰贾,对文虽别,散则不殊,故商贾并言之。(《昭公十六年》)

再如:

①宋、卫、陈、郑皆火。梓慎登大庭氏之库以望之,《正义》曰:对文则藏马曰厩,藏车曰库。《曲礼》云:"在府言府,在库言库。"郑玄云:"府谓宝藏货贿之处,库谓车马兵甲之处。"又《大学》云:"未有府库,财非其财者",则库亦藏财货,非独车马甲兵也。(《昭公十八年》)

②及河,子犯以璧授公子曰:"臣负羁绁从君巡于天下……"注:羁,马羁。绁,马缰。《正义》曰:《说文》云:"羁,马络头也。"又曰:"马绊。"绁,系也。《少仪》云:"犬则执绁,牛则执纼,马则执靮。"服虔云:"一曰犬缰曰绁,古者行则有犬。"杜今正以绁为马缰者,绁是系之别名,系马系狗皆得称绁,彼对文耳,散则可以通。巡于天下,用马为多,故主于马耳。(《僖公二十四年》)

《正义》指出,服虔拘泥于"绁"的狭义用法,所作的解释明显十分牵强,杜预的注更加切合巡于天下的语境,是因为注意到了词语广义、狭义及对文、散文的区别。根据行文中的用词规律来探求语义的,又如:

其发凡以言例,皆经国之常制,周公之垂法,史书之旧章。仲尼从而脩之,以成一经之通体。其微显阐幽,裁成义类者,诸称"书""不书""先书""故书""不言""不称""书曰"之类,皆所以起新旧,发大义,谓之变例。然亦有史所不书,即以为义者,此盖《春秋》新意,故传不言"凡",曲而畅之也。其经无义例,因行事而言,则传直言其归趣而已。非例也。故发传之体有三,而为例之情有五。《正义》曰:传体有三,即上文发凡正例、新意变例、归趣非例是也。为例之情有五,则下文"五曰"是也。书经有此五情,缘经以求义为例,言传为经发例,其体有此五事。下文五句,成十四年传也。案彼传上文云"春秋之称",下云"非圣人谁能脩之?"圣人指谓孔子,美孔子所脩,成此五事,五事所摄,诸例皆尽。下句释其显者以属之耳。此发传之体有三,上文三言"其"以别之,观文足可知耳。(《春秋序》)

对于"其"的具体所指,《正义》认为只需看到上文对"其"字有规律的运用,"三言'其'以别之,观文足可知耳。"辞例指特殊的表达方式,我们可以理解为后代所说的修辞格。《正义》常常用以揭示语义的辞例有互文、婉文、文倒、重言等,"互文"的辞格,指语句中的上下两部分各举一端、在意义上相互补充或相互发明的表达手法,杜预、服虔等都已注意到了。杜注所揭示的,如:

懿子谓景伯:"若之何?"对曰:"吴师来,斯与之战,何患焉?且召之而至,又何求焉?"吴师克东阳而进,舍于五梧。明日,舍于蚕室。三邑鲁地。公宾庚、公甲叔子与战于夷,获叔子与析朱鉏。注:公宾庚、公甲叔子并析朱鉏为三人,皆同车。传互言之。(《哀公八年》)

服虔的说法,如:

公从之,公入而赋:"大隧之中,其乐也融融!"姜出而赋:"大隧之外,其乐也洩洩!"《正义》曰:赋诗谓自作诗也。中、融,外、洩,各自为韵。盖所赋之诗有此辞,传略而言之也。融融和乐,洩洩舒散,皆是乐之状,以意言之耳。服虔云:"入"言公,"出"言姜,明俱出入,互相见。(《隐公元年》)

《正义》继承了这种分析方法,在探求语义时常常加以灵活的运用,如:

国之大事,在祀与戎。祀有执膰,戎有受脤,神之大节也。《正义》曰:执膰、受脤,俱是于祭末受而执之,互相见也。(《成公十八年》)

再如:

①及子产適晋,赵景子问焉,曰:"伯有犹能为鬼乎?"子产曰:"能。人生始化曰魄,既生魄,阳曰魂。用物精多,则魂魄强。"注:阳,神气也。《正义》曰:以形有质,故为阴;魂无形,故为阳。既以"化"表形,故以"阳"见气。气为阳,知形为阴,互相见也。(《昭公七年》)

②天地之经,而民实则之。则天之明,因地之性,注:日月星辰,天之明也。高下刚柔,地之性也。《正义》曰:则天之明,杜以为日月星辰者,以下传云"为父子兄弟,昏媾姻亚,以象天明",若众星之共北辰,故知天明,日月星也。杜知高下刚柔,地之性者,以下传云:"为君臣上下,以则地义。"则君高臣下,臣柔君刚,地义则地之性也。

传文上下，其理分明，人法天地，其事多种。杜以天明地义，举要而言，故不备显刑罚威狱，温慈惠和。刘炫责杜不具载其文而规其过，非也。此传文，天言则、地言因者，民见地有宜利，因取而法效之，因亦则之义也。既言天之经，不可复言地之经，故变文称义。既言则天之明，不可复言则地之性，故变文言因。因之与则，互相通也，正是变文使相辟耳。（《昭公二十五年》）

有时候，《正义》对于杜注的分析解读，也会用到这种探求方法，如：

> 郑伯请释泰山之祀而祀周公，以泰山之祊易许田。三月，郑伯使宛来归祊，不祀泰山也。注：成王营王城，有迁都之志，故赐周公许田，以为鲁国朝宿之邑，后世因而立周公别庙焉。郑桓公，周宣王之母弟，封郑，有助祭泰山汤沐之邑在祊。郑以天子不能复巡狩，故欲以祊易许田，各从本国所近之宜。恐鲁以周公别庙为疑，故云已废泰山之祀，而欲为鲁祀周公，孙辞以有求也。许田，近许之田。《正义》：《礼记·王制》曰："方伯为朝天子，皆有汤沐之邑于天子之县内。"然则朝宿之邑亦名汤沐。但向京师，主为朝王。从王巡守，主为助祭。祭必沐浴，随事立名，朝宿、汤沐，亦互言之耳。（《隐公八年》）

婉文是有意把言语说得委婉曲折的表达方式，《正义》对此解说得非常充分：

> 三曰"婉而成章"，曲从义训，以示大顺。诸所讳辟，璧假许田之类是也。《正义》：彼注云"婉，曲也。谓屈曲其辞，有所辟讳，以示大顺，而成篇章"。言"诸所讳辟"者，其事非一，故言"诸"以总之也。若僖十六年，公会诸侯于淮，未归而取项，齐人以为讨而止公。十七年，九月，得释始归。讳执止之耻，辟而不言，经乃书"公至自会"。诸如此类，是讳辟之事也。诸侯有大功者，于京师受邑，为将朝而宿焉，谓之朝宿之邑。方岳之下，亦受田邑，为从巡守备汤水以共沐浴焉，谓之汤沐之邑。鲁以周公之故，受朝宿之邑于京师许田是也；郑以武公之勋，受汤沐之邑于泰山祊田是也。隐桓之世，周德既衰，鲁不朝周，王不巡守，二邑皆无所用，因地势之便，欲相与易，祊薄不足以当许，郑人加璧以易许田。诸侯不得专易天子之田，文讳其事。桓元年，经书"郑伯以璧假许田"，言若进璧以假田，非久易也。掩恶扬

善，臣子之义，可以垂训于后。故此二事皆屈曲其辞从其义训，以示大顺之道。是其辞婉曲而成其篇章也。（《春秋序》）

显然，这个解说对于准确解读《春秋》不无关系，《春秋》的作者利用这种特殊的表达方式既记录了史实，又恪尽了臣子之义，足以"垂训于后"。"文倒""重言"属篇章表达方面。"文倒"是《正义》所揭示的一种特殊叙述方法：因为某种需要，提前把后发生的事件写出来。如：

王从之。内史过往，闻虢请命，反曰："虢必亡矣。虐而听于神。"神居莘六月，虢公使祝应、宗区、史嚚享焉。神赐之土田。《正义》曰：《国语》称惠王十五年神降于莘，《年表》惠王五年（阮元《十三经校勘记》曰："宋本五作元，与年表合。"）是鲁庄公之十八年，则此年惠王十五年也。上云七月神降，则今年七月降也。居莘六月，虢公使祝、史享焉，则今年十二月也。内史过往，已闻虢请命，则过至虢亦十二月也。传先说王事使了，后论虢事，以终内史之言，故文倒耳。（《庄公三十二年》）

《正义》告诉读者，《左传》记叙"有神降于莘"的事件，主要是从周王及内史过的角度，其后补叙虢国之事，是为了印证内史的话。揭示"文倒"辞例，有助于读者理清事件的来龙去脉。类似者如：

齐侯将享公，孔丘谓梁丘据曰："齐、鲁之故，吾子何不闻焉……"乃不果享。齐人来归郓、讙、龟阴之田。注：阳虎九年以此奔齐。经文倒者，次鲁事。《正义》曰：八年阳虎入于讙、阳关以叛，九年伐阳关，阳虎奔齐。其时虎以讙去，郓与龟阴亦从之，皆为齐所取，至今始归之。归田之经在赵鞅围卫之后，与传文倒者，传次鲁事，进此归田于上，令与盟事相接故也。（《定公十年》）

还有的"文倒"，则纯粹是从写作时的着眼点考虑，如：

十有六年，春，王正月，戊申，朔，陨石于宋，五。注：陨，落也。闻其陨，视之石，数之五，各随其闻见先后而记之。庄七年，星陨如雨，见星之陨而队于四远，若山若水，不见在地之验。此则见在地之验，而不见始陨之星。史各据事而书。《正义》曰："陨，落"，《释诂》文。《公羊传》曰："曷为先言霣而后言石？霣石记闻，闻其磌然，视之则石，察之则五。"是随闻见先后而记之也。传称"陨星也"，则石

亦是星，而与星陨文倒，故解之。(《僖公十六年》)

"重言"指同一语词或同义语词的反复使用，而这种反复出现的词语往往有特殊的表达作用。对此，《正义》揭示的例子较多，兹略陈两例：

①惠公元妃孟子。孟子卒，继室以声子，生隐公。重言孟子者，服虔云"嫌与惠公俱卒"，故重言之。(《隐公元年》)

②二十七年，春，胥梁带使诸丧邑者，具车徒以受地，必周。使乌馀具车徒以受封，乌馀以其众出，使诸侯伪效乌馀之封者，而遂执之，尽获之。皆取其邑而归诸侯，诸侯是以睦于晋。《正义》曰：古本亦有不重言"诸侯"，今定之本重有"诸侯"。若重言"诸侯"，则天下诸侯以此事故皆睦于晋也。(《襄公二十七年》)

3.1.2.3 对句法制约关系的利用

中国古代虽然没有明确的语法理论，但是经学家们的头脑中对于文本语言的句法关系还是有着一定程度的认识的。《正义》就常常利用句法的制约作用解释具体语境下的词语，如：

晋饥，秦输之粟；秦饥，晋闭之籴，故秦伯伐晋。卜徒父筮之，吉。注：徒父，秦之掌龟卜者。卜人而用筮，不能通三《易》之占，故据其所见杂占而言之。《正义》曰：徒父以卜冠名，知是掌龟卜者。(《僖公十五年》)

"大名冠小名"在上古汉语中是一种常见的词序，"徒父以卜冠名"，自然就可以据以推知这个人的身份。又如：

不然，《周易》有之，言若不尔，《周易》无缘有龙。在《乾》之《姤》，曰"潜龙勿用"；其《同人》曰，"见龙在田"；其《大有》曰，"飞龙在天"；其《夬》曰，"亢龙有悔"；其《坤》曰，"见群龙无首，吉"；《坤》之《剥》曰，"龙战于野"。《正义》曰：传例上下虽不用筮，但指此卦某爻之义者，即以某爻之变，更别为卦，即云此卦之某卦。则此《乾》之《姤》，宣十二年"《师》之《临》"，是也。刘炫云：杜以"之"为"適"。炫谓《易》之爻变则成一卦，遂以彼卦名爻，《乾》之初九，《姤》卦。爻九二，《同人》。爻九五，《大有》。爻上九《夬》卦。爻用九全变则成《坤》卦，故谓用九为《坤》。蔡墨此意取《易》文耳，非揲蓍求卦，安有之適之义？若以之为之適，则其非之适之意,何以言其《同人》其《大有》? 此本当言初九,九二。但以爻变成卦,即以彼卦名爻,其意不取于之适。所言其《同人》,其《大有》,犹引《诗》言其二章,其三章。先引初九,故言《乾》卦之《姤》,爻初九。言《乾》以下,不复须云《乾》。故言其《同人》、其《大有》,就《乾》卦而其之,其此《同人》爻,其此《大有》爻,以下文势悉皆若是也。(《昭公二十九年》)

对于"在《乾》之《姤》"的"之"字用为实词还是虚词,《正义》认为可以从其下与之相并列的"其《同人》……""其《大有》"……"其《夬》"……"其《坤》……""《坤》之《剥》……"等句子的句法关系看出。用今天的语法术语,我们可以说"其"相当于一个定语加"之"("之"的用法是放在定语和名词之间,把定语介绍给名词①),"其《同人》""其《大有》"等是定中结构,"《乾》之《姤》"自然也该是定中结构,所以"之"是虚词,"《乾》以下,不复须云《乾》。故言其《同人》、其《大有》,……以下文势悉皆若是也。"又如:

  元年,春,楚子围蔡,报柏举也。蔡人男女以辨,使疆于江、汝之间而还。注:楚欲使蔡徙国在江水之北,汝水之南,求田以自安也。蔡权听命,故楚师还。《正义》曰:服虔云:"蔡使楚进疆于故江国与汝水之间。"其意言蔡割地以赂楚也。杜不然者,以昭七年传申无宇云……且汝水、江国,不可共文。故杜以为楚使蔡徙其国都于江北、汝水之南,目择疆宇。欲令迁都近楚,为楚属国。蔡人冀令楚去,心虽不肯,权宜许之。(《哀公元年》)

《正义》认为"江、汝"在句子中相比并,共同与其他词语发生句法的联系,所以其意义也应当相类,"汝"既是水名,"江"也当是水名。众所周知,汉语句法常常没有形式上的标志,因此相似的言语形式可能分属不同的句法结构。对于一些比较特殊的语法意义,《正义》常常能够用平实的语言揭示出其赖以存在的语法结构,这与我们今天的语法分析并无本质的不同。如:

  臧哀伯谏曰:"君人者将昭德塞违以临照百官,犹惧或失之,故昭令德以示子孙……"《正义》:君人,谓与人为君也。(《桓公二年》)

---

① 参见王力主编:《古代汉语》,中华书局,1981年,第458页。

《正义》实际上指出了"君"用作动词,"君人"是一种特殊的动宾关系,表示"作人们的国君"。再如:

> 秋,七月,壬辰朔,日有食之,既。杜:然圣人不言月食日,而以自食为文,阙于所不见。《正义》:圣人不言月来食日,而云有物食之,以自食为文,阙于所不见。(《桓公三年》)

"圣人不言月来食日,而云有物食之"指明了"日有食之"的语法结构,相当于今天我们所说的兼语省略。后来的"日食"之"食"则是被动用法,表示"被吃",而不是"吃"。又如:

> 夏,四月,四卜郊,不从,乃免牲。注:龟曰卜。不从,不吉也。卜郊不吉,故免牲。免犹纵也。《正义》曰:"龟曰卜",《曲礼》文也。《洪范稽疑》云"龟从筮从",谓从人之心也,人心欲吉,不从是不吉也。(《僖公三十一年》)

通过添加省略成分,《正义》完成了对"龟从筮从"的句法分析。对于语法结构的层次关系,有可能产生歧义的,《正义》也时有分析,如:

> 宋华父督见孔父之妻于路,目逆而送之,曰:"美而艳。"《正义》曰:未至则目逆,既过则目送,俱是目也,故以目冠之。美者,言其形貌美;艳者,言其颜色好,故曰"美而艳"。为二事之辞。(《桓公元年》)

如果换成今天的分析方式,《正义》的意思是:"目逆而送之"的结构层次是"目|逆||而送之",而不是"目||逆|而送之"。

3.1.2.4 对写作视角、写作对象的把握

看问题可以有不同的角度,写作也会有不同的着眼点,有着具有明确针对性的写作对象,因此,对写作视角、写作对象的把握,也是探求语义的重要手段,如:

> 春,己亥,围宋彭城。非宋地,追书也。于是为宋讨鱼石,故称宋,且不登叛人也。谓之宋志。注:称"宋",亦以成宋志。《正义》曰:此与隐元年"谓之郑志",义势同也。郑伯实不获段,而经书"克",谓之郑志。言郑伯志于杀,虽实不克段,而书之为克,见郑伯之志也。此彭城实非宋地,而经书为宋,谓之宋志,言宋人志在取之,

虽实非宋地，而系之于宋，成宋人之志也。夫子修《春秋》，而传于此二条，特言"谓之宋志"、"谓之郑志"者，夫子所修《春秋》，或褒或贬，皆是夫子之志，非取国人之心。此宋志、郑志者，以其虽是夫子所修，还取二国本志故也。案下十年戍郑虎牢，传云"非郑地也，言将归焉"，杜云"系之于郑，以见晋志"，即此类也。于此三事，传例已明，故彼不云谓之晋志也。（《襄公元年》）

此年围彭城，是盟主为宋国出头惩治叛人，所以站在宋的立场上，把当时已经不属于宋的彭城表述为"宋彭城"。再如：

左丘明受经于仲尼，以为经者不刊之书也，故传或先经以始事，或后经以终义，或依经以辩理，或错经以合异，随义而发……其发凡以言例，皆经国之常制，周公之垂法，史书之旧章。仲尼从而修之，以成一经之通体。其微显阐幽，裁成义类者，皆据旧例而发义，指行事以正褒贬。《正义》："其微"至"褒贬"。此下尽"曲而畅之"，说新意也。"微显阐幽"，《易·下系辞》文也。微谓纤隐，阐谓着明。旧说云"下云'经无义例'，此释经有义例"。谓孔子修经，微其显事，阐其幽理，裁节经之上下，以成义之般类。其善事显者，若秦穆悔过，贬四国大夫，以例称"人"，观文与常文无异。恶事显著，若诸侯城缘陵，叔孙豹违命，城缘陵依例称诸侯，与无罪文同，叔孙豹去氏，与未赐族者文同，皆是微其显事。阐幽者，谓阐其幽理，使之宣著。若晋赵盾、郑归生、楚比、陈乞及许大子止，皆非亲弑其君，是其罪幽隐，孔子修经加"弑"，使罪状宣露，是阐幽也。诸《春秋》褒贬之例并是也。盖以为皆据旧例而发义。以下论丘明之传微显阐幽乃是经事，故贺沈诸儒皆悉同此。刘炫以微显阐幽皆说作传之意。经文显者，作传本其纤微；经文幽者，作传阐使明著。显者，若"天王狩于河阳"，观经文，足知王是天子，狩是出猎，但不知天子何故出畿外狩耳，故传发"晋侯召王"，是其微显也。幽者，若"郑伯克段于鄢"，观经不知段是何人，何故称克，故传发"武姜爱段"，是阐其幽也。丘明作传，其有微经之显、阐经之幽，以裁制成其义理比类者，皆据旧典凡例而起发经义，指其人行事是非，以正经之褒贬，例称"得隽曰克"，传言"如二君，故曰克"，是其据旧例发义也；晋侯召王使狩，郑伯不教其弟，仲尼没其召王，显称郑伯，丘明正述其事，先解经文，是指其行事以正褒贬也。此二事尤

明者耳，其馀皆是新意也。此序主论作传，而贺沈诸儒皆以为经解之，是不识文势而谬失杜旨。(《春秋序》)

《正义》指出，这段序文是在陈说左丘明从孔子受经，然后如何阐发经义的。贺沈诸儒连这段话的陈述对象是《传》都搞不清楚，实在是没有弄明白语境（不识文势）。又如：

畏君之震，师徒桡败。吾子惠徼齐国之福，不泯其社稷，使继旧好，唯是先君之敝器、土地不敢爱。子又不许。请收合馀烬，背城借一。敝邑之幸，亦云从也，况其不幸，敢不唯命是听？注：言完全之时，尚不敢违晋，今若不幸，则从命。《正义》曰：言于先完全福幸之时，尚不违晋，故言"亦云从也"，是指其实事。刘炫以为齐人请战，言敝邑脱或有幸战胜，亦云从也，虚称未然之事。乖违文势上下，苟异杜氏，而规其过，非也。（《成公二年》）

《正义》的意思是，这段话，包括"敝邑之幸……况其不幸……"都是陈述客观实情的。而刘炫把"敝邑之幸"解读成"言敝邑脱或有幸战胜"，则成了尚未发生的"未然之事"，将此未然之事插入对客观实事的叙述之中，显然与语境（文势上下）不符。

《春秋》及《左传》的写作对象，在上下文中有不少是相类似的，对此，《正义》常常进行统计、然后加以归纳或比较，以求准确地进行解读。统计之后加以归纳的如：

其少也，周史有以《周易》见陈侯者，陈侯使筮之，遇观之否。《正义》曰：此注坤下巽上观，坤下乾上否及六四爻变，诸如此辈，皆据《周易》之文知之。刘炫《规过》云："观之否者，为观卦之否爻；屯之比者，屯卦之比爻，皆不取后卦之义。"今删定以为不然。何者？以闵元年毕万筮仕，遇屯之比，云"屯固比入"。僖十五年，晋献公筮嫁伯姬，得归妹之睽，云"士刲羊，亦无衁"，归妹上六爻辞；又云"归妹、睽孤，寇张之弧"，睽之上九爻辞；又云"归妹之睽，犹无相也"。昭五年明夷之谦，云"明夷于飞"，"垂其翼"，又云"谦不足，飞不翔"。此之等类，皆取前后二卦以占吉凶，今人之筮亦皆如此。故贾、服及杜并皆同焉。刘炫苟异前儒，好为别见，以规杜氏，非也。（《庄公二十二年》）

刘炫认为，"遇观之否"中，"观"为卦名，"否"指其爻名。而《正义》对《左传》中"遇某之某"的格式作了统计，"之某"的"某"均为卦名，如"遇屯之比"，其后云"屯固比入"，"屯"与"比"对等，又如"归妹之睽"，其后既云"士刲羊，亦无衁"的归妹上六爻辞，又云"归妹、睽孤，寇张之弧"的睽之上九爻辞。以此类推，"遇观之否"中的"否"自当也是卦名。再如：

> 三十有二年，春，城小穀。注：小穀，齐邑，济地穀城县城中有管仲井。大都以名通者，则不系国。《正义》曰：传称"为管仲"，知是齐邑，管仲所食采邑也。吴灭州来，晋灭下阳，如此之类，皆不系国，知大都以名通者，则不系国也。华亥、向宁入于宋南里以叛，南里非大都，不得以名通，故系之宋耳。贾逵云："不系齐者，世其禄。"然则彼不系者，岂皆世其禄乎？（《庄公三十二年》）

"吴灭州来，晋灭下阳，如此之类，皆不系国，知大都以名通者，则不系国也"是从正面进行归纳，"华亥、向宁入于宋南里以叛，南里非大都，不得以名通，故系之宋耳"则举出相对的情况。统计之后加以归纳，然后进行比较分析的，又如：

> 夏，四月，公会宋公、卫侯、陈侯、蔡侯伐郑。注：春既谋之，今书会者，鲁讳议纳不正。蔡常在卫上，今序陈下，盖后至。《正义》：诸侯之序，以大小为次班序，《谱》称自隐至庄十四年，四十三岁征伐盟会者，凡十六国，时无霸主，会同不并，无有成序，其间蔡与卫凡七会，六在卫上，唯此处在陈下，故以为盖后至也。（《桓公十六年》）

诸侯相会，七次中蔡侯有六次列于卫侯之上，因此蔡先于卫可视为惯例，唯一次于卫侯之后的一次，就应该解释为这次会合中蔡侯迟到了。又如：

> 二十有九年，春，新延厩。《正义》曰：马之所处谓之厩。延是厩之名，名之曰延，其义不可知也。《公羊传》曰："新延厩者何？脩旧也。谓旧厩敝坏不可，因而补治，故言'新'，为更造之辞也。"传言"新作延厩"，而经无"作"字。僖二十年"新作南门"，定二年"新作雉门及两观"，皆言"新作"，而此独无作，是作传之后转写阙文也。（《庄公二十九年》）

经文其他地方，作为"更造之辞"的"新"，总是和"作"连用，唯独此处没有"作"字（与之相应的传文亦有"作"），因此必是作传之后转写阙文，有所脱漏。值得注意的是，《正义》还把这种统计比较的方法用于提炼概括语词的用法和意义，而这是符合语言的约定性规律的。如：

①遂伐楚，次于陉。注：遂，两事之辞。《正义》曰：桓八年，"祭公来，遂逆王后于纪"。《公羊传》曰："遂者何？生事也。谓本无向纪之心，至鲁始生意也。"《谷梁传》曰："遂，继事之辞也。"此云"两事之辞"。谓既有上事，复为下事，不以本谋有心无心为异也。此齐侯先有伐楚之心，因行而侵蔡耳。三十年"襄仲将聘于周，遂初聘于晋"，桓十八年"公将有行，遂与姜氏如齐"，如此之类，本谋为二事也。六年诸侯伐郑，"楚人围许，诸侯遂救许"，庄十九年"公子结媵陈人之妇于鄄，遂及齐侯、宋公盟"，如此之类，本无谋而因事便行也。但是两事，皆称为遂，故曰"两事之辞"，不别本谋与否。(《僖公四年》)

②楚子使师缙示之俘馘。注：师缙，楚乐师也。《正义》曰：书传所言师旷、师曹、师蠲、师触之类，皆是乐师，知此师缙亦乐师也。(《僖公二十二年》)

3.1.2.5 对篇章旨意及史实背景制约作用的重视

文本中字词、语句的使用和调遣，总是为了篇章旨意的表达，因此对于语词的解读应该着眼于篇章大旨。而《春秋》经传又都十分善于运用微言大义的笔法，《正义》也就常常从篇章旨意入手解读词语之深意，如：

齐寺人貂始漏师于多鱼。注：寺人，内奄官竖貂也。多鱼，地名，阙。齐桓多嬖宠，内则如夫人者六人，外则幸竖貂、易牙之等，终以此乱国。传言貂于此始擅贵宠，漏泄桓公军事，为齐乱张本。《正义》曰：《周礼》内宰之属有内小臣……言"漏师"者，漏泄师之密谋也。漏师已是大罪，此云"始"者，言其终又甚焉，故言"始"以为齐乱张本。(《僖公二年》)

杜注已经指出"传言貂于此始擅贵宠，漏泄桓公军事，为齐乱张本"，《正义》更进一步分析一个普普通通的"始"字，揭示出其"云'始'者，言其终又甚焉"的深意。又如：

秦伯曰："国谓君何？"对曰："小人戚，谓之不免。君子恕，以为必归。小人曰：'我毒秦，秦岂归君？'君子曰：'我知罪矣，秦必归君。贰而执之，服而舍之，德莫厚焉，刑莫威焉！服者怀德，贰者畏刑。此一役也，秦可以霸。纳而不定，废而不立，以德为怨，秦不其然。'"秦伯曰："是吾心也。""此一役也"注：言还惠公，使诸侯威服，复可当一事之功。《正义》：服虔云：一役者，谓韩战之役。知不然者，吕甥之言劝秦伯而纳晋侯，假称君子之意。若纳晋君，可以更当一役之功。欲深劝秦伯，若直论韩战之役，于秦未有深利，何肯纳也？故杜别为其说。刘炫以服义规之，虽于理亦通，未为殊绝。（《僖公十五年》）

《正义》认为，刘炫服虔以"此一役也"为韩之战，虽然在事理上也说得过去，但是和阴饴甥游说秦伯的意图不相切合，只说一个韩之战，怎能突出秦伯在诸侯中建立的威信和恩德呢？所以服虔的解读文理虽通，却不达说者之意。《春秋》经传所记，都是一定历史背景之下的事件，因而常常是互相关联的，解读历史事件，不能够摆脱其背景史实的制约。《正义》每每指出这种互有的联系，如：

六年春，郑人来渝平，更成也。注：渝，变也。公之为公子，战于狐壤，为郑所执，逃归，怨郑。郑伐宋，公欲救宋，宋使者失辞，公怒而止。怨宋则欲厚郑，郑因此而来，故经书"渝平"，传曰"更成"。《正义》曰："渝，变也"，《释言》文。变平者，变更前恶而复为和好。变即更之义，成则平之训，故传解"渝平"谓之"更成"。自狐壤以来与郑不和，今日复和，故曰"更成"，言更复狐壤以前之好也。服虔云："公为郑所获，释而不结平，于是更为约束以结之，故曰渝平。"案传，公赂尹氏而与之逃归，非郑所释，安得释而结平也？（《隐公六年》）

对于鲁郑二国的这次通好，杜预和服虔都注意从历史渊源上加以解读，但《正义》指出服虔所说与史实不符，隐公在狐壤之战被郑国军队俘虏之后，并非被释放，而是通过贿赂尹氏和他一起逃回的，所以，"渝成"是指"更复狐壤以前之好"而已。

3.1.2.6 对文化、义理材料的征引

古代作品与古代文化密不可分，因此文化、义理材料，往往也是解读语词含义的佐证。《正义》常常从古代社会的礼法制度、观念、风俗等入手进行诠释，如：

公曰："晋，吾宗也，岂害我哉？"对曰："大伯、虞仲，大王之昭也；大伯不从，是以不嗣。虢仲、虢叔，王季之穆也；为文王卿士，勋在王室，藏于盟府。注：王季者，大伯、虞仲之母弟也。虢仲、虢叔，

王季之子，文王之母弟也。仲、叔皆號君字。《正义》曰：大伯、虞仲辟季历適荆蛮，若有適庶，不须相辟，知其皆同母也。《周本纪》云："古公有长子曰大伯，次曰虞仲。大姜生季历。"如《史记》之文，似王季与大伯别母，马迁之言疏缪耳。（《僖公五年》）

大伯、虞仲、王季均为大王之子。在商周宗法社会，庶妻之子与嫡妻之子的地位不可同日而语，大伯、虞仲、王季若有庶嫡之分，大伯、虞仲则无须避走以使小弟王季继位，所以知道大伯、虞仲与王季一样，是大姜之子。再如：

陈及郑平。十二月，陈五父如郑莅盟。及郑伯盟，歃如忘。注：志不在于歃血。释文：服虔云："如，而也"。《正义》曰：歃谓口含血也。当歃血之时，如似遗忘物然，故注云志不在于歃血也。服虔云："如，而也。虽歃而忘其盟载之辞，言不精也。"盟载之辞在于简策，祝史读以告神，非歃者自诵之，何言忘载辞也？且忘否在心，五父终不自言已忘，洩伯安知其忘而讥之？（《隐公七年》）

其中，"歃如忘"的"如"，服虔释为"而"。《正义》认为，依照当时的盟誓制度，盟载之辞是由祝史来读的，无需歃者自诵，因此不可能歃而忘其盟载之辞，"如"就是用作它的常用义，"歃如忘"即歃血之时，如似遗忘物然，"如忘"形容心不在焉的样子。又如：

四月，甲辰，郑公子忽如陈逆妇妫。辛亥，以妫氏归。甲寅，入于郑。陈针子送女，先配而后祖。针子曰："是不为夫妇，诬其祖矣。非礼也，何以能育？"注：针子，陈大夫。礼，逆妇必先告祖庙而后行。故楚公子围称告庄、共之庙。郑忽先逆归而后告庙，故曰"先配而后祖"。《正义》曰：先配后祖多有异说，贾逵以"配"为"成夫妇"也。《礼》：齐而未配，三月庙见，然后配。案《昏礼》：亲迎之夜，衽席相连。是士礼不待三月也。禹娶涂山，四日即去，而有启生焉，亦不三月乃配，是贾之谬也。郑众以配为同牢食也，先食而后祭祖，无敬神之心，故曰"诬其祖也"。案《昏礼》：妇既入门，即设同牢之馔。其间无祭祀之事。先祭乃食，《礼》无此文，是郑之妄也。郑玄以祖为軷道之祭也，先为配匹而后祖道，言未去而行配。案传既言"入于郑"，乃云"先配而后祖"，宁是未去之事也？若未去先配，则针子在陈讥之，何须云送女也？此三说皆滞。故杜引楚公子围告庙之事，言"郑忽先逆

妇而后告庙，故曰先配而后祖"。(《隐公八年》)

《正义》依据礼法旧典，一一拨正贾逵、郑众、郑玄对"先配而后祖"的误解，从而维护了杜预的观点。另一方面，《正义》也常常从哲学、逻辑、日常生活事理方面入手解读经典，如：

晋范文子反自鄢陵，使其祝宗祈死，曰："君骄侈而克敌，是天益其疾也。难将作矣！爱我者惟祝我，使我速死，无及于难，范氏之福也。"六月戊辰，士燮卒。注：传言厉公无道，故贤臣忧惧，因祷自裁。《正义》曰：刘炫以为士燮及昭子之卒，適与死会，非自杀。今知非者，以传云使祝宗祈死，又云"祝我使我速死，无及于难"，是其欲死之意；叔孙昭子心怀忧惧，亦与此同，身皆并卒，故知自裁。若其二人之死，適与死会，《春秋》之内，唯有两人愿死，何得身死皆与相当？故杜斟酌传文，以为自杀。刘以为偶然而死，以规杜失，非也。何休《膏肓》以为人生有三命：有寿命以保度，有随命以督行，有遭命以摘暴。未闻死可祈也。故杜以为因祷自裁也。传记此事者，欲见厉公无道，贤臣忧惧。(《成公十七年》)

《左传》记载了范文子与叔孙昭子的特殊死亡过程，即在祈祷请死之后卒。对此，杜预认为二人是在请死之后自裁，而刘炫则以为二人不是自杀，而是恰好在请死之后就死去的。为了说明这一问题，《正义》引用了当时哲学上流行的三命说。《孟子·尽心章句上》赵岐注："命有三名：行善得善曰受命；行善得恶曰遭命；行恶得恶曰随命。"《白虎通·寿命》："命者何谓也？人之寿也。天命已使生者也。命有三科以记验，有寿命以保度，有遭命以遇暴，有随命以应行。"《论衡·命义篇》："说命有三，一曰正命，二曰随命，三曰遭命。"受命即正命，是人一出生就禀承的上天所赋予的寿夭贵贱不同的命；随命是行善得寿得贵，行恶得夭得贱，随所行而善恶果报不同的命运。遭命与随命相对而言，是行善反而得夭贱，行恶反而得贵寿，因与果相违的特殊命运。三命说在汉代成为学者的共识，如董仲舒《春秋繁露》、严君平《老子指归》、王符《潜夫论》、郑玄《礼记》注等均有此种观念，《正义》引三命说来说明"未闻死可祈也"，应该说还是有一些说服力的。再如：

北戎侵郑。郑伯御之，患戎师，曰："彼徒我车，惧其侵轶我也。"
公子突曰："使勇而无刚者尝寇而速去之。君为三覆以待之。戎轻而不整,贪而无亲,胜不相让,败不相救。先者见获,必务进;进而遇覆,必速奔;后者不救,则无继矣。乃可以逞。"《正义》曰:尝寇速去,知戎必逐之。逐其去者,必有所获。获谓获郑人也。在先者见逐有所获,不复顾后,必务在速进。谓弃其后者,独自先进。进而遇覆,必速回奔走。后者不救,则是无继续矣。无继则易败,如是乃可以解患。服虔云:"先者见获,言必不往相救,各自务进,言其贪利也。"其言见获者,当谓戎被郑获也。郑人速去以诱之,安得获戎也?在先者已被郑获,重进者将复为虏,各自务进,欲何所贪,而云贪利也?此则不言可解,无故以解乱之。(《隐公九年》)

这里,《正义》严厉批评了服虔解说的不合逻辑不通情理,公子突献计是让郑国勇而无刚者诈败引诱戎人,诈败之时怎能俘获戎人?再说,如果在先的戎人被郑人俘获,后继的戎人却冒着同样被俘获的危险各自务进,这又怎能叫做贪利呢?又如:

乃使荀息假道于虞,曰:"冀为不道,入自颠𫐐,伐鄍三门。冀之既病,则亦唯君故。今虢为不道,保于逆旅,以侵敝邑之南鄙。敢请假道,以请罪于虢。"注:前是冀伐虞至鄍。鄍,虞邑。河东大阳县东北有颠𫐐坂。《正义》曰:服虔以为"冀为不道"、"伐鄍三门",谓冀伐晋也;"冀之既病"、"亦唯君故",谓虞助晋也。将欲假道,称前恩以诱之。案:传荀息以宝假道,公尚虑虞不许。则晋之于虞,旧非与国。若其尝经助晋,则是昔来通好,何忧乎不许,而请进国之美宝,尚畏宫之奇谏乎?故杜以为冀自伐虞,虞自报冀。以虞能报冀,晋不能报虢,言己弱以示其耻,言虞强以说其心。此虽无文,理必然也。(《僖公二年》)

《正义》从情理上推求荀息之"意",此次荀息携宝假道,说明二者以前并非盟国,没有并肩作战的经历,那么虞冀之争理当是他们自己的恩怨,讲述虞国这次辉煌的战史,且表明虞能报冀,晋不能报虢,自然利于博取虞国的欢心。从常理出发、从事件发生的情理出发来解读文本者,又如:

①冬,十月,庚申,改葬惠公。公弗临,故不书。惠公之薨也,有宋师,太子少,葬故有阙,是以改葬。《正义》曰:上云"惠公之季年,败宋师于黄。公立,而求成焉"。则隐公未立之前,惠公败宋师也。今云"惠公之薨也,有宋师",盖是报黄之败来伐鲁也,隐公将兵御

宋，委葬事于太子，故有阙也。服虔以为宋师即黄之师也。是时宋来伐鲁，公自与战，然则隐自败宋，还自求成，传何当属败于惠公而犹言公立也？且薨之与葬相去既远，岂有宋师薨时已来葬时未去？（《隐公元年》）

②楚公子元归自伐郑，而处王宫。斗射师谏，则执而梏之。秋，申公斗班杀子元。注：射师，斗廉也。《正义》曰：杜此注与《谱》并以射师与斗廉为一人，不知何据也。服虔云："射师，若敖子斗班也。"射师被梏，不言舍之，何以得杀子元也？知射师与班必非一人也。杜《谱》以为：斗射师，若敖子；斗班，若敖孙。（《庄公三十年》）

3.1.3 "文势"说的理论价值及拘囿

孔颖达的"文势"说，是古代训诂学家首次提出的关于"语境"的理论。《玉篇·力部》："势，形势也。""形势"即指环境大势。《周礼·地官·载师》："载师，掌任土之法。"郑玄注："任土者，任其力势所能生育，且以制贡赋也。"对于"势"字，孙诒让《正义》云："势，谓形势高下。"① 载师的职责是观察什么样的土地最适合于做什么，如王城之内的土地，适合用来作为府第，城外郭内的土地，适合用来作为种植瓜果蔬菜的场圃，近郊的土地，适合用来作为宅田、士田、贾田，远郊的土地，则适合用来作为官田、牛田、赏田、牧田等等，土地的使用必须与它们的地理位置和环境相符，同样，语言的使用也应当和它们所处的语境相符。孔疏对于"文势""义势""势"的广泛使用，表明他解说典籍时时不忘语境的规定与制约作用。

汉代训诂学关注传承门户，大师们以其学术上的势能，在讲解典籍时根本不需要加以证明，在形式上就表现为一种权威的解说和判定，因此在他们当中杰出者的头脑里，即使存在着语境的观念，也用不着使用有关语境的术语。但是，经过今古文的斗争、经过南北经学的分离之后，当代训诂学家面临着整理前辈训诂成果、统一南北经学的重任，新兴的训诂体式"集解""义疏"如果仍然单纯地以语言解释语言，就必然缺乏说服力，就不能有效地统一人们的认识。因此，先代经师一句简单的解释，往往就需要当代训诂学家谨严的论证，语境术语的产生也就无可避免。如《诗经·大雅·桑柔》："告尔忧恤，诲尔序爵。谁能执热，

---

① 〔清〕孙诒让：《周礼正义》，王文锦、陈玉霞点校，中华书局，1987年，第937页。

逝不以濯？其何能淑，载胥及溺。"对于后两句的解释，郑笺不过做了相应的改写："女若云：此于政事，何能善乎？则女君臣皆相与陷溺于祸难。"孔疏则云："王肃以为，如今之政，其何能善，但君臣相与陷溺而已。如此，理亦可通。笺不然者，以此文承上告教之言，宜为不受之势，故以为假设拒已之辞，示之不可之状，以相者非一人之言，故以为君臣俱陷于祸难。"芮伯刺厉王，上文有"告"有"教"，是正面劝导，那么下文从反面说明如果不听劝导将会带来极端严重的后果，语义连贯，如果把这两句话视为写实，就没有顾及语境，与上下文不符。这样，读者就不仅可以从孔疏看到对典籍意义的确定，还可以看到"观境确义"的过程，而这种类似过程的反复多次出现，就成为解读经典的模式。可见，从这个意义上讲，如果说先代经师们的解经是"授人以鱼"的话，孔疏的"观境确义"就是一种"授人以渔"。

"文势""义势""势"等术语，其实涵盖了已被广泛地注意和利用的各类语境因素。如：

①还无社与司马卯言，号申叔展。叔展曰："有麦麴乎？"曰："无。""有山鞠穷乎？"曰："无。"注：麦麴，鞠穷，所以御湿。欲使无社逃泥水中。无社不解，故曰无。军中不敢正言，故谬语。《正义》曰："麦麴，鞠穷，所以御湿"，贾逵有此言，则相传为此说也。《尚书·说命》云："若作酒醴，尔惟麴糵。"则麦麴，作酒之物。《本草》有芎藭者，是药草之名。观传文势，欲使无社逃于泥水中，而问有此物以否，知是御湿所用，但不知若为用之耳。（《左传正义·宣公十二年》）

其"文势"指语意的趋势。申叔展问："有麦麴乎？""有山鞠穷乎？"其语意之流向必为"欲使无社逃于泥水中"。

②昊天上帝，则不我遗。胡不相畏？先祖于摧。笺云：摧当作"嗺"。嗺，嗟也。天将遂旱，饿杀我与？先祖何不助我恐惧，使天雨也？先祖之神于嗟乎！告困之辞。《正义》曰：笺以先祖于至，于辞不安，故转"摧"为"嗺"。嗺者，咨嗟告困之辞。以上言死亡者已死，遗馀者复病，是天意遂欲饿杀我也，解"则不我遗"之意。相训助也，畏是惧也，故言"何为不助我恐惧，使天雨也"。责其不助已者，责先祖也。先言所责之意乃呼之，既呼即吁嗟告困，故先祖与于嗺共句，为文势然。（《毛诗正义·大雅·云汉》）

其"文势"指歌诗者的情感的合乎逻辑的发展方向。

③有客有客，亦白其马。有萋有且，敦琢其旅。笺云：亦，亦武庚也。《正义》曰：以亦为亦武庚者，此自周人而言有客为彼，此之势则是据周为辞，不宜反以亦己，故为亦武庚也。（《毛诗正义·周颂·有客》）

其"势"则指写诗之视角，表明是站在周的角度上写作的。正如上文所述，在探求、确定或论证具体语境下词语的确切意义时，举凡上下文语义联系、体例与文例、句法、写作视角与写作对象、篇章旨意及写作背景、文化与义理等语境因素，无一不是《正义》所关注所倚重的对象。可见，《正义》不仅创造性地使用了"文势""义势"等指称语境的术语，提出了"观文而说""观文之势而为训"等观境确义的口号，而且关注到了语境的诸多因素并将之灵活地运用到典籍解读当中，使得唐代足以称得起文献训诂学史上"观境确义"理论的自觉时代。"观境确义"理论的确立与广泛应用，对于后世经学、训诂学的影响是十分巨大的，因为从这一理论出发，可以自然地得出解读文献词语具体而确切意义的首要依据是语境，而并不是某个人的权威判定。宋代以后的疑古思潮、清代训诂学的繁荣，可以说都是与《正义》的"文势说"、与"观境确义"思想的确立密不可分的。

当然，从《正义》运用"文势说"的具体情况来看，因为旧有思想的束缚，由于时代的制约，"文势说"自身还是存在着一定局限的。五经《正义》本为统一南北经学而作，但"孔颖达曲阜人，当时北方人多以为北不如南，所以他作注疏多采用南方……后来北并于南，所有王弼、服虔的学说，因此散失无遗"。①疏者其实已经有了一个先入之见，所以在采纳古人学术成果时的标准就是有问题的。再者，孔颖达对于汉代以后有违先儒的异见，也多有非议，如《毛诗正义·序》："其近代为义疏者，有全缓、何胤、舒瑗、刘轨思、刘丑、刘焯、刘炫等。然焯、炫并聪颖特达，文而又儒，擢秀干于一时，骋绝辔于千里，固诸儒之所揖让，日下之无双，于其所作疏内特为殊绝。今奉敕删定，故据以为本。然焯、炫等负恃才气，轻鄙先达，同其所异，异其所同，或应略而反详，或宜详而更略，准其绳墨，差忒未免，勘其会同，时有颠踬。"批评了刘焯、刘炫的轻鄙先达。又如《礼记正义·序》："皇氏虽章句详正，微稍繁广，又既遵郑氏，乃时乖郑义，此是木落不归其本，狐死不首其丘。"批评了皇甫侃的乖违郑玄之义。《左

---

① 章太炎：《国学述闻》，陕西师范大学出版社，2008年，第25页。

传正义·序》：" 习杜义而攻杜氏，犹蠹生于木而还食其木，非其理也。" 是直接批评刘炫研习杜注而指摘杜预之失。而孔氏自己在《尚书正义·序》则宣言曰："谨罄庸愚，竭所闻见，览古人之传记，质近代之异同，存其是而去其非，削其烦而增其简。此亦非敢臆说，必据旧闻。" 显示出了一种所谓 "疏不破注" 的基本原则和态度。以《左传正义》为例，孔疏盲目遵从杜说，代为曲全的例子也不在少数，如：

> 葬僖公，缓作主，非礼也。凡君薨，卒哭而祔，祔而作主，特祀于主。注：文公元年，经书 "四月，葬僖公"。僖公实以今年十一月薨，并闰七月乃葬，故传云 "缓"。（《僖公三十三年》）

依照杜注，是以 "葬僖公缓" 断句。但是其下文语境主要谈的是 "作主"，且十分明显的是， "作主" 谈不上什么非礼，只有 "缓作主" 才可说是非礼。所以应该理解为 "葬僖公，缓作主"。《正义》却无视这一语境制约，为杜注申说曰："经书十二月下云 '乙巳，公薨'。杜以《长历》推之，十一月十二日有乙巳，乙巳非十二月。文元年传曰 '于是闰三月，非礼也'，故至四月，并闰为七月。礼当五月而葬，今乃七月始葬，故传曰 '缓' 也。左氏为传，凡有讥者，皆先言所讥，乃复述其事。自此以下，不论葬缓。既言葬之缓，遂因说作主祭祀之事，皆事与葬连，故文相次耳。" 又如：

> 卫侯贞卜，其繇曰："如鱼窥尾，衡流而方羊裔焉。大国灭之，将亡。阖门塞窦，乃自后逾。" 注：横流方羊，不能自安。裔，水边。言卫侯将若此鱼。（《哀公十七年》）

依照杜注，是以 "衡流而方羊裔焉" 断句。顾炎武《杜解补正》："当以 '裔焉大国' 为句。言其边于大国，将见灭而亡。" ①《经传释词·卷二》"焉" 字条："焉，犹于也。哀十七年左传曰：裔焉大国，灭之将亡。裔，边也。焉，于也。言边于大国，将见灭而亡也。此顾氏宁人说。杜注既失其句，而又失其韵，无庸置辩。" ② 而孔疏曰："刘炫以为卜繇之辞文句相韵，以 '裔焉' 二字宜向下读之。知不然者，诗之为体，文皆韵句，其语助之辞，皆在韵句之下，即齐《诗》云：'俟我于著乎而，充耳以素乎而。' 其王《诗》云：'君子阳阳，左执簧。其乐只且。' 之类是也。此之 '方羊' 与下句 '将亡' 自相为韵。'裔焉'

---

① 转引自杨树达：《古书句读释例》，中华书局，2003 年，第 62 页。
② 王引之：《经传释词》，江苏古籍出版社，2000 年，第 10 页。

二字为助句之辞。且繇辞之例，未必皆韵。此云'阖门塞窦，乃自后逾'，不与'将亡'为韵。又'一薰一莸，十年尚犹有臭'，不与'攘公之羭'为韵。是或韵或不韵，理无定准。"孔颖达为了维护杜注，竟放弃了对于文例的一贯重视，认为"繇词之例，未必皆韵"，"或韵或不韵，理无定准"。实际上"窦""逾"两字虽不与"亡"押韵，但是"羊"字与"亡"字押韵（古音同在阳部），"窦"字与"逾"字押韵（古音同在侯部）。因此只能说是换韵，而不能说是"或韵或不韵"。这样看来，孔疏对典籍意义的确定，确实是名副其实的观境"为训"、"为说"，是牵强地为其遵从的古注而训、而说。

有时，杜预无注，《正义》在解说时也不能完全贯彻自己"观境确义"的思想，如：

> 侨闻君子非无贿之难，立而无令名之患。侨闻为国，非不能事大字小之难，无礼以定其位之患。《正义》曰：侨闻君子非无贿之难，家贫无贿不为难，立于职位而无善名，是为身之大患。言韩子当患无令名，不宜患家无贿也。侨闻为国家者，非不能事大字小之难。事大国，爱小国，不为难也。无礼以定其位，是国之大患。言郑当患位不定，不宜患事晋之难也。（《昭公十六年》）

《经义述闻》"非无贿之难、非不能事大字小之难"条："《正义》以难为难易之难，非也。传言非不能事大字小之难，《正义》乃曰事大国爱小国，不为难，则遗却不能二字矣。今案，难亦患也。之，是也。言君子非无贿是患，而无令名是患；为国非不能事大字小是患，无礼以定其位是患也。襄二十四年传：侨闻君子长国家者，非无贿之患，而无令名之难。彼言无贿之患，此言无贿之难；彼言无令名之难，此言无令名之患。是难即患也。"孔氏本善于从上下文句式的特点探求、确定词义，此处的错误显然是不能完全贯彻自己"观境确义"的思想所致。

3.2 朱熹对"文势"说的继承发展
——以对《晦庵朱文公文集》中的"语脉"分析为例

孔颖达的"文势"说，客观上使得语境成了解读文本的关键依据。无论经学家、训诂学家的解释经典，还是普通读书人的阅读，都必须重视语境的规定与制约作用。到了宋代，疑古思潮开始盛行，学者们就更加致力于从经典本身出发,通过融会贯通来解释文本了,例如朱熹对于四书的注解,就常常能够体现他这种精神的。《论语·为政》:"子曰:为政以德,譬如北辰,居其所而众星共之。"朱熹注:"政之为言正也,所以正人之不正也。德之为得也,得于心而不失也。北辰、北极,天之枢也。居其所,不动也。共,向也,言众星四面旋绕而归向之也。为政以德,则无为而天下归之,其象如此。"朱熹这一注解正是在融会贯通整部《论语》乃至其它儒家经典思想的基础上所作出的。试看:《论语·颜渊》"政者,正也,子帅以正,孰敢不正?"《论语·子路》"子曰:'其身正,不令而行;其身不正,虽令不从。'"《易·乾卦》:"忠信者,谓实得于心,方为德也。"《礼记·乐记》:"礼乐皆得,谓之有德。德者,得也。"可见朱熹的解释其实是字字有来历的,是以经典解释经典。朱熹还常常把文本看成一个有机的整体,他每每论及"语脉",从文本自身深层的内在联系来理解和发挥文本中所蕴涵的思想。《朱子语类·孟子要指》:"孟子若读得无统,也是费力。某从十七八岁读至二十岁,只逐句去理会,更不通透。二十岁已后,方知不可恁地读。元来许多长段,都自首尾相照管,脉络相贯串。只恁地熟读,自见得意思。从此看孟子,觉得意思极通快。""须是时复玩味,庶几忽然感悟到得义理与践履处融会,方是自得。这个意思,与寻常思索而得意思不同。"朱子能够精注《四书》,卓有成就,与他的这种读书方法不无关系。

朱熹《晦庵朱文公文集》有不少论及"语脉""文势"的语言材料。我们认为,考索这些材料,可以帮助我们约略窥到朱子对于"文势"说的继承发展情况。以下我们就以这本书为例展开讨论。

3.2.1 尊重而不迷信文本

孟子所言"尽信《书》,则不如无《书》",无疑应当成为所有读书人恪守的原则。然而,在孟子之后,读书而又真的能够超越其书的,只是少数富有卓见的人物,而朱熹就是这少数人中的佼佼者。朱熹尊重而不迷信前贤留下的文本与旧说,这种态度,可以从《晦庵朱文公文集·与张钦夫论程集改字》中很明显地看出来。作为程氏洛学的后辈[①],朱熹对于程氏的文集自然是很尊重的,他说:

> 伏蒙垂谕向论程集之误,《定性书》《辞官表》两处已蒙收录,其它亦多见纳用,此见高明择善而从,初无适莫,而小人向者妄发之过

[①] 钱穆《国学概论》:"朱子学于延平李侗,号为得洛学正传。"(商务印书馆,1997年,第219页)李侗是杨时的再传弟子,杨时师从二程。

也。然所谓不必改、不当改者，反复求之，又似未能不惑于心，辄复条陈以丐指喻。夫所谓不必改者，岂以为文句之间小小同异、无所系于义理之得失而不必改耶？熹所论出于己意，则用此说可也。今此乃是集诸本而证之，按其旧文然后刊正，虽或不能一一尽同，亦是类会数说而求其文势语脉所趋之便，除所谓"疑当作某"一例之外，未尝敢妄以意更定一点画也。此其合于先生当日本文无疑。①

朱熹斟酌刊正程氏文集之误，一方面集诸本而证，一方面求其文势语脉的贯通，未尝敢妄以意更定一点画，可见其态度之恭敬。但另一方面，在精研文本义理、文势的基础上，他刊正文集之误也毫不手软：

今若有尊敬重正而不敢忽易之心，则当一循其旧，不容复有毫发苟且迁就于其间，乃为尽善。惟其不尔，故字义迂晦者必承误强说而后通，如"遵"误作"尊"，今便强说为"尊其所闻"之类是也。语句刊阙者须以意属读然后备，如"尝食絮羹叱止之"，无"皆"字，则不成文之类是也。此等不惟于文字有害，反求诸心则隐微之间得无未免于自欺耶？且如吾辈秉笔书事，唯务明白，其肯故舍所宜用之字，而更用它字，使人强说而后通耶？其肯故为刊阙之句，使人属读而后备耶？人情不大相远，有以知其必不然矣。改之不过印本字数稀密不匀，不为观美，而它无所害。然则胡为而不改也？

是改正文本之误以足文势通义理？还是刻舟求剑、强说而后通？朱熹认为不可自欺欺人、顽迂不化。

3.2.2 义理文意并重

这里的文意指文本作者在一定语境中所表达出来的意图，而义理则是文本内容所关涉的客观存在的逻辑规律及自然的道德的法则。朱熹向来注重义理的通透，他在《答曾无疑》中说："孝、悌、忠、信，虽只是此一事，然须见得天下义理表里通透，则此孝悌忠信方是活物。如其不然，便是个死底孝悌忠信。"② 对于专守文字不通义理不识语境文脉者，他大加批评道：

---

① 以下所引《晦庵朱文公文集》内容，来自《朱子全书》，朱杰人、严佐之、刘永翔等整理，上海古籍出版社，安徽教育出版社，2002年。
② 见钱穆：《国学概论》，商务印书馆，1997年，第220页。

> 别纸所示，季章议论殊不可晓，恐不至如此之谬，却是仲升听得不分明，记得不子细，语脉间转却他本意。不然，则真非吾之所敢知矣。大抵学问专守文字但务存养者，即不免有支离昏惰之病，欲去此病，则又不免有妄意躐等悬空杜撰之失，而平日不曾子细玩索义理，不识文字血脉，别无证佐考验，但据一时自己偏见，便自主张以为只有此理更无别法，只有自己，更无他人，只有刚猛剖决，更无温厚和平，一向自以为是，更不听人说话，此固未论其所说之是非，而其粗厉激发已全不似圣贤气象矣。(《晦庵朱文公文集·答刘仲升》)

而对于符合义理又顺从文意的解读，他表示出了自己的欣赏之情，如：

> 《春秋序》两处，观其语脉文势，似熹所据之本为是。"先天"二字，卷中论之已详，莫无害于理否？理既无害，文意又协，何为而不可从也？"圣人之用"下着"心"字，语意方足，尤见亲切主宰处，下文所谓"得其意者"是也。不能窥其用心，则其用岂易言哉？故得其意，然后能法其用，语序然也。(《晦庵朱文公文集·与张钦夫·别纸》)

对于那些在义理上尚可通，但不合乎文本语境的理解，朱熹亦持反对态度，他说：

> "其言之不怍"此但谓大言不怍者，其实难副耳。来说理意亦善，但文势稍倒，恐不若依旧说。(《晦庵朱文公文集·答江德功》)

与专守文字者相反，朱熹自己在解读经典文献之语词时，往往直指典籍要旨，直达义理，如：

> 洛书九数而五居中，洪范九畴而皇极居五。故自孔氏传训皇极为大中，而诸儒皆祖其说。余独尝以经之文义语脉求之，而有以知其必不然也。盖皇者君之称也，极者至极之义，标准之名，常在物之中央而四外望之以取正焉者也。故以极为在中之准的则可，而便训极为中则不可。若北辰之为天极，脊栋之为屋极，其义皆然。而礼所谓民极，诗所谓四方之极者，于皇极之义为尤近。顾今之说者既误于此，而并失于彼，是以其说展转迷缪而终不能以自明也。即如旧说，姑亦无问其它，但即经文而读皇为大，读极为中，则夫所谓"惟大作中""大则受之"为何等

语乎？（《晦庵朱文公文集·皇极辨》）

3.2.3　剖析篇章结构

文本的篇章结构是其内在脉络的外现形式，因此朱熹也十分重视通过剖析篇章结构来解释、刊定文献。如：

> 此一节夫子曾子问答之言，而曾氏门人之所记也。疑所谓孝经者，其本文止如此，其下则或者杂引传记以释经文，乃孝经之传也。窃尝考之传文，固多附会，而经文亦不免有离析增加之失。顾自汉以来诸儒传诵莫觉其非，至或以为孔子之所自著，则又可笑之尤者。盖经之首统论孝之终始，中乃敷陈天子诸侯卿大夫士庶人之孝，而其末结之曰：故自天子以下，至于庶人，孝无终始而患不及者，未之有也。其首尾相应，次第相承，文势连属，脉络通贯，同是一时之言无可疑者。而后人妄分以为六七章（今文作六章。古文作七章），又增子曰及引诗书之文，以杂乎其间，使其文意分断间隔，而读者不复得见圣言全体大义，为害不细，故今定此六七章者合为一章，而删去子曰者二，引书者一，引诗者四，凡六十一字，以复经文之旧。（《晦庵朱文公文集·孝经刊误》）

对于同代人的作品，朱熹也常常把其中的词句置于篇章结构的整体中研读，而一旦他发现某些语句游离于篇章脉络之外，便不客气地予以批评，如：

> ①又云"此亦其理之本具于吾性者，而非强为之也。"详此盖欲发明仁不待公而后有之意，而语脉中失之。要之，视天下无一物非仁，与此句似皆剩语，并乞详之如何。（《晦庵朱文公文集·答钦夫仁说》）

> ②来书云，圣人体《易》，至于穷神知化、未之或知之妙。熹疑此语脉中有病。又云生死之际，必不如是之任灭也。熹谓"任灭"二字亦是释氏言之，圣人于死生固非任灭，亦初不见任灭之病。((《晦庵朱文公文集·答李伯谏》)

3.2.4　寻绎语义关系

朱熹既然把文本视为首尾连贯的统一体，就必然能够从文本内部联系紧密的语义关系入手，去探索确认词语的含义。如：

> ①"仁者先难而后获。"先难，克己也。既曰仁者，则安得有己

私,恐此"仁者"字非指仁人而言,语脉犹曰:所谓仁云者,必先难后获,乃可谓之仁。(《答陈安卿》)

《论语·雍也》记载,樊迟问仁,孔子回答道:"仁者先难而后获,可谓仁矣。"有人把这里的"仁者"理解为仁人,朱熹认为既然称为"仁人",他就没有己私了,也就无须先难克己了,所以从语脉上看,"仁者"即"仁","者"不过是一个语气词罢了。

②来书所论为学大意,似已得之。但贤者本自会说,说得相似却不为难,只恐体之未实,即此所说,皆是空言,不济事耳。又以后书孟子之说,考之即前书所谓"讲明义理以为涵养培殖之地"者,似若未精。此处尚且未精,则其本领工夫恐未免亦类此也。孟子所云"必有事焉",乃承上文"集义"而言,语脉通贯,即无敬字意思来历,但反复读之便自见得,不假注释矣。(《答杨子顺》)

《孟子·公孙丑上》:"'敢问夫子恶乎长?'曰:'我知言,我善养吾浩然之气。''敢问何谓浩然之气?'曰:'难言也。其为气也,至大至刚,以直养而无害,则塞于天地之间。其为气也,配义与道。无是,馁也。是集义所生者,非义袭而取之也。(赵岐注:集,杂也。密声取敌曰袭。言此浩然之气,与义杂生,从内而出。人生受气所自有者。)行有不慊于心,则馁矣。我故曰:告子未尝知义,以其外之也。必有事焉而勿正,心勿忘,勿助长也。无若宋人然……'"孟子认为仁义皆出于内,浩然之气与义杂生,从内心自然而出,因此必然就会同样很自然地做出仁义之事。杨子顺说"讲明义理以为涵养培殖之地",是把义理当成了外在的东西,显然是没有弄明白孟子的思路,所以朱熹说"必有事焉"乃承上文"集义"而言,语脉通贯。

③"否之匪人"。近见一说,谓不当有"之匪人"三字,盖由比之匪人而误。若以音言,则比自去声,否自上声,字义已不同。若以义言,则比之匪人为所附非其人。否之匪人为否塞非人道。语脉又不同,决是衍字。其象传之文遂亦因之而误,如坎象之"樽酒簋","簋"下复因误读而加贰字,也不记是何人说,姑记于此云。(《记易误》)

此一则是记他人之说,同样是坚持了相邻词语语义有机联系的观点。据其说,《周易》"否"卦卦辞:"否之匪人,不利君子贞。大往小来",其中"之匪人"三字系涉"比"卦六三爻辞"比之匪人"而衍,"比之匪人"与"否之匪人"意义上相差甚远,前者指所附非其人,否之匪人为否塞非人道,结构意义截然不相若,《正义》"否之匪人"者,言否闭之世,非是人道交通之时",不得不增字解经,可见"否之匪人"意义极不连贯,"之匪人"是衍字。

3.2.5 分析语法意义

朱熹通过分析语法意义探求语义者,如:

> 寓一日访蕃叟先生,因说孟子尽心知性处。陈先生云:"人须是知得始得,若不知得,就事上做得些小,济得甚事?"寓以为此说甚然。陈先生问:"尽其心者作何如说?"寓对言:"心统性情会众理而妙万物者也,心最难尽,惟是知得性方能尽得心,能尽其心者,以知其性故也。盖性者理之得于天而自然者也,如君之仁、父之慈、子之孝以至于日用之所当为者,皆有个根原来历处,惟知之无一毫之不尽,无一节之不极,然后吾心之体至通至明,无所蔽惑,斯为尽其心矣。"陈先生以为不然,乃言:"甚事不从心生?只要尽得此心,凡所存主,凡所动作起居,使合于理,便是尽得此心。此心既尽,则自能知性,如耳之听正声、目之视正色、手足举动合礼皆是性。"寓云:"向所闻于先生长者,与此不同。耳目手足只是形,耳目手足之所以能如此者方是性。"陈先生曰:"某之所以与朱丈不同者,正以此耳。公下稍自知某说为是,某之用意不同,恐难猝合。"寓所闻如此,未得其精。但"尽其心者,知其性也"一句"尽"上一个"者"字,下应一个"也"字,不知语脉当如何说?寓之所对,不畔尊旨否?(《朱文公文集》卷五八《答徐居甫书》)

朱熹记叙了他与陈蕃叟辩论孟子"尽其心者,知其性也"含义的经过,陈氏认为尽心是知性的前提,而朱子以为尽得心是因为知得性,他说"'尽'上一个'者'字,下应一个'也'字,不知语脉当如何说?"是从虚词"者""也"搭配使用的语法意义进行分析,"……者……也"是常见的判断句格式,后半句通常是解释、阐发前半句的,所以从语脉上看,"知其性"与"尽其心"之间是说明关系,而非条件关系。又如:

> "富而可求",以文义推之,当从谢杨之说,东坡说亦是此意,似更分明。盖上句是假设之词,下句方是正意。下句说"从吾所好"便见上句执鞭之事非所好矣。更味"而"字、"虽"字、"亦"字,可见

文势重处在下句也。(《朱文公文集》卷四十四《答方伯谟》)

《论语·述而》中子曰:"富而可求也,虽执鞭之士,吾亦为之。如不可求,从吾所好。"朱子在此处解读这两句话,完全从语词的语法关系入手,他认为上句是假设之词,味"而"字、"虽"字、"亦"字可知。实际上,古汉语句式规律,主语和谓语之间用"而"字,常常就是表示一种假设的情况。"虽""亦"搭配使用,则表明一种让步关系,因此从"虽执鞭之士,吾亦为之"可以自然推知,执鞭之事非所好矣。

4 清代高邮王氏"观境确义"理论、方法的成熟

元明时期是中国训诂学的衰落时期。元代知识分子已经沦落到了"九儒十丐"的地步,再加上理学末流空疏学风的影响,"明朝以八股取士,一般士子,除了永乐皇帝钦定的《性理大全》外,几乎一书不读。学术界本身,本来就像贫血症的人,衰弱得可怜"①。此一时期没有训诂学大师的出现就不足为怪了。而到了清康熙以后,随着统治者高压与怀柔政策的交替,汉学压倒宋学,一股清新的学术风气应运而生,中国训诂学也因之走向了复苏与繁荣。梁启超认为:到了乾、嘉之间,考证学几乎独占了学界势力,"稍为时髦一点的阔官乃至富商大贾,都要'附庸风雅',跟着这些大学者学几句考证的内行话。这些学者得这种有力的外护,对于他们的工作进行,所得利便也不少"②。因为考证绝不仅仅是简单的版本校对,所以考证学的发达,正是训诂学繁荣的体现,梁启超说:"更有第二条路是:并无他书可供比勘,专从本书各篇所用的语法字法注意,或细观一段中前后文义,以意逆志,发见出今本讹误之点。(这种例不能遍举,把《读书杂志》等书看一两卷,便知其概。)这种工作,非眼光极锐敏、心思极缜密,而品格极方严的人不能做。清儒中最初提倡者为戴东原,而应用得最纯熟矜慎卓著成绩者为高邮王氏父子。这种方法好是好极了,但滥用它,可以生出武断臆改的绝大毛病,所以非其人不可轻信。"③ 梁启超所论,便是"观境确义"的训诂方法被王氏父子运用于校勘的情况。高邮王念孙、王引之父子是清代训诂学家的卓越代表,在他们的训诂学著作当中,"观境确义"的训诂方法被极其广泛和纯熟地运用着。

4.1 王氏对"观境确义"理论的拓展

高邮王氏继唐代"文势说"之后,再一次从理论上强调并提升了语境在文

---

① 梁启超:《中国近三百年学术史》,团结出版社,2006年,第3页。
② 同上,第26页。
③ 同上,第257页。

献训诂中的地位。在上文，我们曾说，王念孙使用了"因文求义"的术语。这一术语本身，其实已经是对"观境为训""观文为说"之类说法的超越，因为即使从字面上看，对语境的依赖也已经从主观解释的需要真正上升到了客观探求、确定语义的需要。这就标志着思想观念上的一种极大的解放。与孔颖达的"文势说"相比，王氏较为彻底地打破了"宁言周、孔误，莫道郑、服非"的盲从与教条思想，能够时时从具体语境出发，对杜注进行匡正。

例如，《左传·文公十一年》："宋公于是以门赏耏班，使食其征。"杜注："门，关门。"《正义》以"礼惟关门有征，知门是关门也。城门亦有征，必知关门者，以关门征税其数既多"维护杜注。而王引之《经义述闻》"以门赏耏班条"认为："城门与关皆有税，此所食者城门之税，非关税也。《地官·司门》：几出入不物者，正其货贿。郑注曰：正读为征，征税也。司关掌国货之节，以联门市，掌其治禁与其征廛。是门与关异……传言以门赏耏班，而不及关，下文又言谓之耏门，则为城门之征明甚，杜乃以门为关门，是直不知门与关之有辨矣。"① 不仅引证《周礼》，明辨古代的门关制度，指出"门""关"之制有异而各有征，杜预不知周代"门与关之有辨"，而且又从下文与之呼应的"谓之耏门"进行语义分析，证明此为城门。类似的又如《宣公二年》写晋侯饮赵盾酒，而伏甲攻之。在紧要关头，灵辄救助了赵盾，"倒戟以御公徒而免之。问何故。对曰：'翳桑之饿人也。'问其名居，不告而退。遂自亡也。"杜注："辄亦去。"《述闻》"遂自亡也"条："此谓盾亡，非辄亡也。自宣子田于首山，至不告而退，明盾得免之由。盾既免，遂出奔，出奔出于己意，不待君之放逐，故曰自亡。有亡乃有复，故下文言'宣子未出山而复'，而大史谓之'亡不越竟'也。若以此为辄亡，则传尚未言盾亡，下文何以遽云未出山而复乎？"

再如《宣公二年》接下来的叙事："乙丑，赵穿攻灵公于桃园。宣子未出山而复。"杜注："晋竟之山也。盾出奔，闻公弑而还。"《述闻》"未出山"条："《晋语》：阳处父如卫，反，过甯，甯嬴从之，及山而还。韦注曰：山，河内温山也。传曰及温而还。然则未出山亦谓未出温山也。注未详考，且是时晋竟南至河，而山在其内。僖公二十五年传：晋于是始启南阳。杜彼注曰：在晋山南河北，故曰南阳。据此则出山尚未越竟，不得以为晋竟之山也。"

王氏在"观境确义"的过程中，使用了大量专门性很强的术语，如从上下

---

① 所引《经义述闻》内容，来自王引之《经义述闻》，江苏古籍出版社，1984年。其"春秋左传"部分，在该书第397—476页。

文语义联系着眼的:"寻绎文义""某说于文义不合""文义不伦""文义不明""文义不协""文不成义""义不相属""后人不晓文义而妄改之"等等。再如从文例、句法着眼的:"二字平列""相对为文""文既不对,而韵又不协""……方合上下句法""句法与上下文不协""……则句法参差矣""句法正与此同"等等。又如从语脉、从行文条理着眼的:"寻文究理""依某说则隔断上下语脉""文不相属""属辞不类""文不相承"等等。这就使得"观境确义"的理论显得丰富而具体。以这种理论来指导训诂实践,自然可以收到极佳的效果,如《读书杂志》"触詟、揖之"条:

> 太后明谓左右:"有复言令长安君为质者,老妇必唾其面!"左师触詟愿见太后。太后盛气而揖之。吴曰:"触詟姚云一本无言字,史亦作龙。案:《说苑》敬慎篇:'鲁哀公问孔子,夏桀之臣有左师触龙者,谄谀不正。人名或有同者,此当从詟以别之。"念孙案:吴说非也。此策及《赵世家》皆作"左师触龙言愿见太后",今本龙言二字误合为一耳。太后闻触龙愿见之言,故盛气而待之;若无言字,则文义不明。据姚云一本无言字,则姚本有言字明矣;而今刻姚本亦无言字,则后人依鲍(彪)本改之也。《汉书·古今人表》正作"左师触龙",又《荀子·议兵篇》注曰:"《战国策》赵有左师触龙。"《太平御览·人事部》引此策曰:"左师触龙言愿见。"皆其明证矣。又《荀子·臣道篇》曰:"若曹触龙之于纣者,可谓国贼矣。"《史记·高祖功臣侯者表》有临辕侯戚触龙。《惠帝间侯者表》有山都敬侯王触龙,是古人多以触龙为名,未有名触詟者。"太后盛气而揖之。吴曰:"揖之,史云胥之当是。"念孙案:吴说是也。《集解》曰:"胥犹须也。"《御览》引此策作"盛气而须之。"……下文言入而徐趋,则此时触龙尚未入,太后无缘揖之也。①

王念孙通过恢复和再现当年的情景"太后闻触龙愿见之言,故盛气而待之"推论出"若无言字,则文义不明"。通过联系上下文"下文言入而徐趋",推论出"则此时触龙尚未入,太后无缘揖之也"。都十分令人信服。再如《读书杂志》"龙生庙、大哭、鬼呼国"条:

> 昔者三苗大乱,天命殛之。日妖宵出,雨血三朝,龙生庙,大哭乎

---

① 所引《读书杂志》内容,来自王念孙《读书杂志》,江苏古籍出版社,1985年。

市。念孙案：龙生庙当作龙生于庙方合上下句法。（《太平御览·礼仪部十》引此正作龙生于庙。）下文鬼呼国，呼下亦当有于字，方合上下句法。大哭乎市，文义不明，大当为犬，犬哭乎市与龙生于庙对文。《开元占经》"犬占"引《墨子》曰："三苗大乱，犬哭于市。"《太平御览·兽部十七》引《随巢子》曰："昔三苗大乱，龙生于庙，犬哭于市。"皆其证。

在这里，王念孙从句法及行文规律入手，较好地恢复了古籍的原貌。

许嘉璐先生曾称赞王氏已经心知"小学之训诂贵圆，经学之训诂贵专"的道理，先生说："细味其意，其所谓'文义''语脉'者，视所训之字义'专'与不'专'，与上下文相应与否，与语言环境限定字词具体涵义之原理相合与否也。"① 可见，相比于唐宋学者，王氏对于"观境确义"的理论体认，无论在深度上还是在精度上，都有了很大的拓展。

4.2 王氏"观境确义"的类型
　　——以《经义述闻·春秋左传上、中、下》为例②

根据王氏发现和利用的语境因素，可以把他们"观境确义"的训诂方法分为若干类型。而在他们的著作当中，各种类型之下具体的训诂实践比比皆是，为了操作的方便，同时也为了说明王氏运用"观境确义"方法的广泛性和普遍性，以下我们仅以王氏父子合璧之作《经义述闻》③ 的"春秋左传上、中、下"部分为例来展开论述。

4.2.1 根据上下文语境确定词义

4.2.1.1 利用前呼后应的语义线索

成功的文本，必是一个在语义上前后贯穿的有机体，各部分可以互相说明、互相印证、互相补充。至少，词语之间或层次之间是有自然的关联的，是相互协

---

① 许嘉璐：《新印王引之〈经义述闻〉弁言》，见《未辍集》，中国社会科学出版社，2000年，第549页。
② 参见邱洪瑞：《试论以意拟志的考据方法》，载《郑州大学学报》（哲学社会科学版），2014年第3期。
③ 许嘉璐先生说："今察全书，父子之说约各居半，然则虽题为引之撰，直视为父子合璧之著亦可。"亦见《新印王引之〈经义述闻〉弁言》，见《未辍集》，第547页。

调的。而这是训诂学家可以拿来利用的，王氏即善于从前呼后应的语义线索上确定词义。推敲相邻词语之关系、据上下文把握记叙对象的特点、分析语脉、斟酌事态的演变态势，都是王氏惯用的手法。

推敲相邻词语之关系，如：

①寡人唯是一二父兄不能共亿，其敢以许自为功乎？杜注曰：共，给。亿，安也。家大人曰：杜训共为给，亿为安，给与安各为一意，则文不相属。今案：共字当读去声，共亿犹今人言相安也。一二父兄不能共安，犹下文言寡人有弟不能和协也，言寡人尚不能安同姓之臣，而况敢以许为己有乎。（"不能共亿"条）

隐公元年，郑国拉上鲁国、齐国一起讨伐许国，在占领许国之后，郑庄公在政治、军事上的部署都很严密，而个人的态度却比较保守和低调，说："寡人唯是一二父兄不能共亿，其敢以许自为功乎？"王念孙认为，杜训共为给，亿为安，在语义上互无关涉。因此，王引之的解释是共亿犹言相安，因为这样解读就和下文"寡人有弟不能和协"相互补足了。对此，许嘉璐先生的解释更为详尽：亿，安也。从人，是人安。父，不是父亲，而是叔父辈，这里"父兄"指同姓的大臣，隐公元年写庄公胞弟共叔段之乱，共叔段那么猖狂，背后有人，有元老支持。如果他只是一个人，庄公就不会说"不义不昵，厚将崩"，他有一帮人，你就让他做去，他做得不仁不义，最后就会只剩孤家寡人，别人都要跑掉，没有跑掉的就是这"一二父兄"，所以读隐公元年的"郑伯克段于鄢"，还得看这个来补充它。① 可见，王氏的解读充分考虑了上下文语义的联系。

②桓公二年传：夫德，俭而有度，登降有数。杜注曰：登降谓上下尊卑。引之谨案：登降以数言之，非以位言之也。登谓增其数，降谓减其数也。昭三年传：陈氏三量，皆登一焉。杜注曰：登，加也。加一，谓加旧量之一也。……登降有数者，若藻有五采三采二采，斿有十二斿九斿七斿五斿，缨有十二就九就七就五就，尊者增其数，卑者减其数也。杜注未得传意。（"登降有数"条）

"登降"与"有数"搭配，因此不可能是与数目无关的上下尊卑，而是指（数量的）增减。

把握记叙对象的特点，如：

---

① 此处引用的是许先生在《隐公十一年》讲座中的论述。

  庄公八年传：诛屦于徒人费。引之谨案：徒当为侍，字之误也，侍人即寺人。《秦风·车邻篇》：寺人之令。释文：寺本或作侍。僖二十四年左传：寺人披。释文：寺本又作侍。……下文鞭之见血，与齐庄公鞭侍人贾举相类。又曰：费请先入，伏公而出斗。明是侍人给事宫中者。《汉书·古今人表》作寺人费，是其明证也。下文石之纷如、孟阳皆侍人也，不言侍人者，蒙侍人费之文而省也。若作徒人，则文字相承之理不见。（"徒人费"条）

王引之除了引书证之外，还从下文费的行事推出其侍人身份，从下文石之纷如孟阳皆侍人而传文不言"侍人"的行文线索，判明了"徒人"即"侍人"。有从语脉、从事态之演变态势出发进行推敲的，如：

  ①管仲受下卿之礼而还。家大人曰：受上当有卒字。上文管仲辞上卿之礼，是欲受下卿之礼也，王虽不许，而管仲终不敢以上卿自居，故曰卒受下卿之礼而还。若无卒字，则与上文不相应矣。自唐石经始脱卒字，而各本皆沿其误。杜注：卒受本位之礼。卒受二字即本于正文。（"受下卿之礼"条）

上文管仲辞上卿之礼，周王不许，而管仲终不敢以上卿自居，有一个相对复杂的过程，因此王念孙认为"受下卿之礼而还"上当有一"卒"字，否则上下文就不相应了。又如：

  ②遂奉大叔，以狄师攻王。引之谨案：下文始以狄师伐周，则此攻王者，非狄师也。狄师二字盖因下文而衍，当作遂奉大叔以攻王。盖颓叔桃子先奉大叔以攻王，欲以大叔代王也。因国人纳王，而弗克。故是年之秋，又以狄师伐周，立大叔耳。遂奉大叔以攻王，犹庄十九年传：五大夫奉子颓以伐王也。（"以狄师攻王"条）

周襄王因郑不听命，乃以狄师伐郑，并立狄女为后，但后来王子带与狄后私通，王废狄后，而之前负责联接狄人的颓叔、桃子恐怕狄人怨恨自己，遂作乱。王引之认为乱事初作因国人纳王而未得逞，下文始以狄师伐周，那么颓叔、桃子初作乱时"以狄师"则是涉下而衍，如此才事理通顺，才能显示出事态的演变过程。

  ③言子臧之所以及于难者，由服之不称也。不称也夫是推原其所以获祸之故。昭元年：莒展之不立，弃人也夫。语意与此相似。但言不称而

不言服者，蒙上文不称其服而省也。子臧之及，承上身之灾也而言。下文自诒伊戚，其子臧之谓矣，又承子臧之及而言。若作子臧之服，则非其指矣。服字右半与及相似，又涉上文两服字而误。（"子臧之服"条）

"子臧之及"既承上"身之灾"，又启下"自诒伊戚"，若误"及"为"服"，则仅仅是对上文"不称其服"的简单重复。

④赵衰为原大夫，狐溱为温大夫。卫人平莒于我，十二月盟于洮，修卫文公之好，且及莒平也。晋侯问原守于寺人勃鞮。对曰：昔赵衰以壶飧从径，馁而弗食。故使处原。引之谨案：晋侯以下二十八字，当在卫人平莒于我之前。其曰故使处原，正说赵衰为原大夫之由也。（"错简二十八字"条）

这段话记叙晋国的人事安排，却被与之无关的鲁卫之盟从中隔开，语脉中断，故王引之认为此处简编倒错。

⑤僖公三十一年传：取济西田，分曹地也。使臧文仲往，宿于重馆，重馆人告曰：晋新得诸侯，必亲其共。不速行，将无及也。家大人曰：必亲其共，共字义不可晓，当是先字之误（先字隶书作失，形与共字相似）。言诸侯之使来分曹地，晋必亲其先至者而多与之地，若后至则无及于事。故下文曰：不速行将无及也。《鲁语》载重馆人之言曰：诸侯莫望分而欲亲晋，皆将争先。晋不以固班，亦必亲先者。是其明证矣。先字不烦音释，故杜无注，陆亦无音。若是共字，则不得无音释也。唐石经始误作共。（"必亲其共"条）

"先"与"速行"前呼后应，误作"共"字，则义不可晓。

⑥未报秦施，而伐其师，其为死君乎？杜注曰：言以君死，故忘秦施。顾氏《杜解补正》曰：死君谓忘其先君，犹范鞅之言死吾父也。（此栾祁语，非范鞅语，见襄公二十一年。）惠氏《补注》曰：其为死君乎，犹言不为死君乎。君在殡，故称死君。顾以死其君为解。案：成公十三年《绝秦书》曰：穆为不吊，蔑我死君。则顾之说未尽然也。家大人曰：顾说是，惠说非也。《晋语》荀息曰：死吾君而杀其孤。《吕氏春秋·悔过篇》先轸曰：不吊吾丧，不忧吾哀，是死吾君而弱其孤也。并与此死字同义，若成公十三年蔑我死君，则与此死字异义，不得以彼释此也。传明言其为死君乎，何得以其为为不为？若云君在殡故称死君，则下文可谓死

君乎又作何解？弗思之甚矣！（"其为死君乎"条）

僖公三十三年，秦国孟明率军准备袭击郑国，因郑有备只得灭滑而还，晋国原轸想要趁机讨伐秦师，栾枝不同意："未报秦施，而伐其师，其为死君乎？""死君"，顾炎武认为是"忘其先君"（动宾关系），惠栋则认为是"死去的先君"（偏正关系）。王念孙认为，原轸栾枝的话互为应答，自然语义联系紧密，若依照惠氏之解，那么接下来原轸反驳栾枝的话"谋及子孙，可谓死君乎"就无法解释。

4.2.1.2 根据语法制约关系取舍

王氏的语法观念，以对虚词的论述为最著者，《经义述闻·通说下》："'语词误解以实义'条：引之谨案：经典之文字各有义，而字之为语词者则无义之可言，但以足句耳。语词而以实义解之，则扞格难通。余曩作《经传释词》十卷，已详箸之矣，兹复约略言之，其有前此编次所未及者，亦补载焉。如与，以也。《论语阳货篇》：'鄙夫可与事君也与哉！'言不可以事君也。而解者云：不可与之事君，则失之矣。"其实，语法的制约关系，已经成为了王氏考求文本语义的重要依据。王氏常常批评不顾句法搭配规律的解释为"不词""殊为不词"，而为之另觅新解。如：

> ①长恶不悛，从自及也。杜注曰：从，随也。引之谨案：随自及也，殊为不词。从疑当作徒，言长恶不悛，无害于人，徒自害而已。隶书从字作従形，与徒相似，故徒讹作从……又成公十六年传：韩之战，惠公不振旅，箕之役，先轸不反命，邲之师，荀伯不复从。杜注曰：荀林父奔走不复故道。《释文》从，徐子容反，音或如字。家大人曰：杜言不复故道，故徐读从为踪迹之踪，不复踪之语，殊为不词。若从读如字，则不复从下须加故道二字，而其义始明。且林父兵败而归，未必不由故道也。从盖亦徒字之误。邲之败，舟中之指可掬，则徒众之不反者多矣，故云不复徒。不振旅、不反命、不复徒三者相对为文，《晋语》作"邲之役，三军不振旅"。亦指徒众而言。（"从自及也、荀伯不复从"条）

王氏认为，"随自及"、"不复踪"均语义不伦，违背句法搭配规律。

> ②昔周公吊二叔之不咸，故封建亲戚，以蕃屏周。杜注曰：吊，伤也。咸，同也。周公伤夏殷之叔世，疏其亲戚，以至灭亡，故广封其兄

弟。《正义》曰：昭六年传曰：夏有乱政而作禹刑，商有乱政而作汤刑，周有乱政而作九刑。三辟之兴，皆叔世也，彼叔世为三代之末，知此二叔亦二代之末世也。二代之末，疏其亲戚以至灭亡，周公创其如此，故制礼设法亲其所亲，广封兄弟以自蕃卫也。郑众贾逵皆以二叔为管叔蔡叔，伤其不和睦而流言作乱，故封建亲戚。郑元诗笺亦然。案其封建之中方有管蔡，岂伤其作乱始封建之？马融以为夏殷叔世，故杜同之。引之谨案：叔世二字相连为义，不得去世而称叔。昭六年传：三辟之兴，皆叔世也。如去世字而云皆叔也，则所谓叔者何所指乎？《周语》曰：今周德若二代之季矣。《晋语》曰：虽当三季之王不亦可乎？又曰：夫三季王之亡也宜。如去代字而云若二季矣，去王字而云虽当三季，三季之亡，则文义不明。以是推之，二代之叔世，不得但称为二叔明矣，而云二叔，二代之末世。其不可通一也。伤夏殷之叔世，疏其亲戚，则当云吊二叔世之亲戚不咸，其义乃著。今不明言亲戚，而但曰不咸，则所不咸者何人何事乎？二十二年传：吾兄弟之不协，焉能怨诸侯之不睦？如去兄弟二字，而但云吾之不协，其可晓乎？其不可通二也。（"吊二叔之不咸"条）

"吊二叔之不咸"，杜预解为"伤夏殷之叔世，疏其亲戚"。王引之首先认为，"叔世"不得去"世"而称"叔"，以今天的术语说，偏正词组不可略去正的部分而只留下修饰词，其次，按照杜解，"亲戚"也是凭空而来，作为陈述语"不咸"的陈述对象，竟然略去，从句法上就不能说清楚"何人何事"。因此，王氏这一段话，实质上是典型的句子成分分析。

③惠氏补注曰：朱国祯曰：戏者兵也，三军之号，所云戏下是也，若云以兵见耳。林尧叟谓得臣轻用民命，便解作戏弄之戏。夫得臣亦英雄，岂有此失。引之谨案：林固失之，而朱亦未为得也。《说文》：戏，兵也。从戈·声。则戏乃兵器之名。请与君之士兵，岂复成文义乎？若以为戏下之戏，则愈不可通。《汉书·高帝纪》：诸侯罢戏下，各就国。颜师古注曰：戏谓军之旌麾也。音许宜反，亦读曰麾。汉书通以戏为麾字，是戏乃旌旗之名。请与君之士旗，文义尚可通乎？今案：戏，角力也。（"请与君之士戏"条）

"请与君之士戏"，朱氏解"戏"为"兵"、为"麾"，王引之将其解代入原句，则语义上不可搭配，文不成句。

④九年传：范匄少于中行偃而上之，使佐中军。杜注曰：使匄佐中军，偃将上军。引之谨案：上之二字上盖脱中行偃三字，此言范匄年少于中行偃，而偃以匄为贤，让之使居己上也。下文韩起少于栾黡，而栾黡士鲂上之，（士鲂二字衍，说见下）使佐上军。是其例矣。若但云上之而不言上之之人，则文义不明。杜注"栾黡士鲂上之"云黡鲂让起，而此不云偃让匄，则所见本已脱中行偃三字。（"范匄少于中行偃而上之"条）

依照王引之的说法，"范匄少于中行偃而上之，使佐中军"当作"范匄少于中行偃，而中行偃上之，使佐中军"。则"之"代指范匄，"上"为"使之上"。正与下文"韩起少于栾黡，而栾黡士鲂上之，使佐上军"句法同，否则主语承上仍为"范匄"，句子语义不明。

⑤二十七年传：志诬其上，而公怨之。以为宾荣，其能久乎？幸而后亡。……杜解幸而后亡曰：言必先亡。家大人曰：杜以下文云子展其后亡者也，故以后亡连读，谓伯有必徼天幸乃得后亡，否则必先亡也。不知此以而后二字连读，非以后亡二字连读，亡谓出奔也，言伯有幸而后得亡，不幸则为戮，故上文云伯有将为戮也。哀二十五年传：卫侯怒褚师声子，褚师出曰：今日幸而后亡。杜彼注云：恐死，以得亡为幸。是其明证矣。僖二十一年传：宋公子目夷曰：宋其亡乎！幸而后败。亦谓幸而后止于败，不幸则亡也。以上三条，皆以而后二字连读。（"公怨之、幸而后亡"条）

王念孙分析"幸而后亡"的句法结构是"幸而后｜亡"，而不是"幸而｜后亡"，从而得到了"言伯有幸而后得亡，不幸则为戮"的准确解读。

⑥宣二年传：宣子田于首山，舍于翳桑。杜注曰：翳桑，桑之多荫翳者。注意盖谓桑多荫翳，故宣子与灵辄休止其下。引之谨案，下文曰：翳桑之饿人也，则翳桑当是地名。僖二十三年传曰，谋于桑下，以此例之，若是翳桑树下，则当曰舍于翳桑下，翳桑下之饿人。今是地名，故不言下。（"舍于翳桑、翳桑之饿人"条）

王引之的意思，"田于……""舍于……"中，"于……"均为处所补语，因此"翳桑"不当为树名，而应为地名，如果是树名，则原文当作"翳桑下"来指处所。

⑦以敝邑之为盟主,缮完葺墙以待宾客,若皆毁之,其何以共命?唐李涪《刊误》曰:缮完葺墙,文理不达,所疑字误遂有繁文。予辄究其义,是缮宇葺墙以待宾客,此则本书宇误为完。《书》曰:峻宇雕墙,足以为比。段氏若膺曰:古三字重迭者时有,安可以后人文法绳之?下文无观台榭,岂非三字重叠邪?况此篇因坏垣属辞,士文伯夸垣之好,不应见毁,添设宇字则无谓矣。引之谨案:段说是也。若毁之四字专指墙而言,则不得兼言宇矣。杜注云:葺,覆也。《释文》云:谓以草覆墙也。然则缮完葺墙者,既缮完之又以草覆之耳。李以缮完葺三字为繁文。案成元年传:臧宣叔令修赋缮完。亦是既言修而又言缮完也。其上三字平列,而下一字总承之者,内外传中亦往往有之。桓六年传云:嘉栗旨酒。《正义》曰:所祭之酒,栗善味美。文十六年传云:赋敛积实。注:实,财也。《齐语》云:论比协材。《晋语》云:假贷居贿。《楚语》云:蓄聚积实。注:实,财也。文义并与此同。而李以为繁复,自未晓古人属文之例耳。("缮完葺墙"条)

王引之引述段玉裁的话,并博引古代用例,说明了"其上三字平列,而下一字总承之者"是古代文中常有的句法,"安可以后人文法绳之"?显示他已经具有可贵的历史观念,懂得了语言历时性发展的特点。语义与语法是应该相互适应、相互协调的,又如:

⑧行者甚众,岂唯刑臣。甚亦当作其,言君若念旧恶,则行者其众矣。其者,将然之词。此时尚未有行者,不得言甚众也。《释文》曰:一本甚作其,是其证。("臣之罪甚多矣、行者甚众、患者甚众矣"条)

此处传文表达的是对未来形势的研判,因此不应该用客观叙述语"甚众",而当作表示未然的"其众"。

4.2.1.3 从语用修辞方面考量

文章体裁、凡例,句式特点,作者的用词规律,古人表达的特殊辞格等,往往成为王氏探求语义的重要依据。以文章体裁、凡例为据者,如:

①襄二十三年传:季孙召外史,掌恶臣而问盟首焉。注曰:盟首,载书之章首。案:盟词简约无篇章(下文毋或如云云是也),不得云章首。首亦当读为道,盟道,盟恶臣之道也,古首与道通。《逸周书·芮良夫篇》:予小臣良夫稽道。《群书治要》作稽首。《史记·秦始皇纪》:

追首高明。《索隐》曰：会稽刻石文首作道。（"疏行首、问盟首"条）

王引之正是抓住了盟词简约无篇章的特点，从而有力地说明了杜预"盟首，载书之章首"的解释是不准确的。

②是谓近女室，疾如蛊。《正义》曰：女在房室，故以室言之。家大人曰：晋侯以近女而生疾，不言近女而言近女室，于义转迂。《易林·鼎之复》云：女室作毒，为我心疾。则汉人所见本已与今同。案：室当为生，字之误也，盖生误为至，又误为室。是谓近女为句，生疾如蛊为句。本文女、蛊为韵，下文食、志、佑为韵。传凡言"是谓"者，文多用韵，若"是谓凤皇于飞，和鸣锵锵。有妫之后，将育于姜。""是谓沈阳，可以兴兵"之类是也。若以近女室为句，疾如蛊为句，则失其韵矣。又案：下文曰：女不可近乎？言近女不言近女室，此近女下本无室字之证。（"是谓近女室疾如蛊"条）

《正义》拘于传世《左传》传文，作出了比较牵强的解释，而王念孙据"传凡言'是谓'者，文多用韵"的特点，指出原文当作"是谓近女，生疾如蛊"。

③楚人谓乳谷，谓虎於菟，故命之曰斗谷於菟。引之谨案：传凡言命之曰某者，皆名也，未有连姓言之者。斗字盖涉他篇斗谷於菟而衍，自朱梁《补石经》已然，而各本皆沿其误。《汉书·叙传》：楚人谓乳为谷，谓虎为於檡（与菟同），故名谷於檡。《论语·公冶长篇》皇疏：此儿为虎所乳，故名之曰谷於菟也。皆无斗字。（"斗谷於菟"条）

《左传》凡是说"命之曰某"的，"某"都是人的名，没有连上姓说的，据此，王引之断言"斗谷于菟"的"斗"为衍文。

④二十三年传：九月，晋惠公卒。怀公命无从亡人，期，期而不至，无赦。家大人曰：怀公下脱立字，则与上句不相承。唐石经已然，而各本皆沿其误。凡诸侯即位，必书某公立，此不书立，亦与全书之例不符。《太平御览》"人事部五十九""治道部二"两引此文，皆作"怀公立，命无从亡人"，则宋初本尚有未脱立字者。（"怀公命无从亡人"条）

王念孙认为，此处"怀公命无从亡人"中，"怀公"后脱一"立"字，因为如此则不仅与上文缺乏必要的承接，而且与《左传》写到新的国君即位时必定用"某公立"字眼的全书之例不符。就连杜注、《释文》释字之例，王氏也常拿来作为推敲、解读《左传》原貌的根据，如：

十五年传：且晋人咸忧以重我。引之谨案：重字义不可通，重疑当作动，谓晋大夫反首拔舍以感动我也。杜注不释重字，《释文》重字无音，至下句"重其怒也"始云：重，直用反。则此句作动，不作重可知。动字易晓，故杜不加训释，若是重字，则文义难解，不得无注矣。动惟徒孔切一音，人所共知，故不须作音，若是重字，则有直龙、直陇、直用三切之异，不得无音矣。《左传》动字，《释文》皆不作音。（"咸忧以重我"条）

王氏还常常利用古汉语的句式特点考求词义，以"对文"、"相对为文"表明上下两句句式相当，以"文同一例"表示某种具体句式，如：

①世之治也，君子尚能而让其下，小人农力以事其上。家大人曰：农力以事其上，与尚能而让其下对文，则农力非耕田之谓也。《广雅》：农，勉也。言勉力以事其上也，农力犹努力，语之转耳。（"农力"条）

"农力以事其上"与"尚能而让其下"对文，则处于对当位置的"农力"与"尚能"也应结构相同、意义相类。

②焚我郊保，冯陵我城郭。杜注曰：保，守也。家大人曰：郊保与城郭相对为文，保谓小城也，保与城同类，故言焚。成十三年传曰"伐我保城"是也。襄九年传：令隧正纳郊保，奔火所。亦谓纳国外及县邑小城之民，使奔救火也。杜注：郊野保守之民。亦非。《檀弓》：遇负杖入保者息。郑注曰：保，县邑小城。（"焚我郊保、伐我保城、令隧正纳郊保"条）

"郊保与城郭相对为文"，表明上下句句式相当，其中字词运用相对称，"郊保"与"城郭"对文，故"城""保"与同类，"保"是小城。

③王子朝用成周之宝珪于河。唐石经此行凡九字，比各行少一字。"周之宝珪"四字系改刻。《释文》云于河本或作沈于河。陈氏芳林《考正》曰：案《史记·周本纪》《正义》引左传云：子朝用成周之宝珪沈于河。《汉书·五行志》作王子毚以成周之宝圭湛于河（湛古沈字，《说文》：湛，没也）。是石经刊去者乃沈字也。家大人曰：有沈字者是也，用宝珪沈于河，与用两珪质于河，文同一例（见襄三十年）。用犹以也，故《汉志》作以成周之宝圭湛于河，若无沈字则文不成义。（"用成周之宝珪于河"条）

"文同一例",表明"用宝珪沈于河"与"用两珪质于河"是同一种句式,"若无沈字则文不成义"。王氏擅长从上下文中总结作者的用词规律,并以此进行词语训诂：

十八年传：并后、匹嫡、两政、耦国,乱之本也。杜注并后曰妾如后,注匹嫡曰庶如嫡,注两政曰臣擅命,注耦国曰都如国。引之谨案：杜释两政与上下文异义,非也。政非政事之政,谓正卿也。《尔雅》曰：正,长也。正卿为百官之长,故谓之正。襄二十五年传：齐人赂晋六正。杜彼注曰：三军之六卿。是也。……两政者,宠臣之权与正卿相敌也。曰并曰匹曰两曰耦,皆相敌之词。闵二年传曰内宠并后,即此所云并后也,曰嬖子配适即此所云匹嫡也,曰大都耦国即此所云耦国也,曰外宠二政即此所云两政也。政,正卿也。外宠之并于正卿,亦犹内宠之并后,嬖子之配适,大都之耦国。故曰：并后、匹嫡、两政、耦国,乱之本也。("两政"条)

王氏亦有直接从古人所用的修辞格入手探求语义者,如：

①引之谨案：僖四年传"五侯九伯"其说有三：《史记·汉兴以来诸侯年表》曰：周封伯禽康叔于鲁卫地,各四百里,大公于齐,兼五侯地。《汉书·诸侯王表》作：大公于齐,亦五侯九伯之地。盖谓齐国兼有五侯九伯之地,此一说也。《正义》曰：郑元以为周之制,每州以一侯为牧,二伯佐之,九州有九侯十八伯。大公为东西大伯中分天下者,当各统四侯半,一侯不可分,故言五侯。其伯则各有九耳。此一说也。《邶风·旄邱》正义引服虔注曰：五侯,公侯伯子男。九伯,九州之长。杜预与服同。此又一说也。案：下文"女实征之",非谓灭其国而有之也,马班之说殊非传意。郑君之说,则《正义》以为校数烦碎,非复人情。服杜以五侯为公侯伯子男,九伯为九州之长。案：《王制》曰：八州八伯。《郑志》张逸问曰：九州而八伯者何？答曰：畿内之州不置伯（见《王制》正义）。然则方伯唯八州有之,不得言九伯也。今案：侯伯谓诸侯之七命者,五等之爵公侯伯子男曰侯伯者,举中而言。天下之侯不止于五,伯亦不止于九。而曰五侯九伯者,谓分居五服之侯,散列九州之伯。若《尧典》"五刑有服,谓之五服""五流有宅,谓之五宅"。《禹贡》"九州之山川,谓之九山九川也"。侯言五,伯言九,互文耳。五服即九州也。("五侯九伯"条)

"五侯九伯"之解,众说纷纭,王引之则抓住了其表达上的"互文"特点,作出了比较合理的解释。

②是以先王务修德音,以亨神人。杜注曰:亨,通也。陆粲附注曰:刘向《新序·善谋篇》援此文,亨作享,古字亨享通。傅逊《辨误》曰:愚谓刘自误,非通也。陈氏芳林《考正》曰:亨为古享字,固然。但此处则作通义解为长。引之谨案:亨当从《新序》读为享,杜不读为享者,盖以神可言享,人不可言享耳。不知古人之文,多有从一而省者。人固不可言享,亦得因神而并称之。襄二年传:莱人使正舆子赂夙沙卫,以索马牛,皆百匹。《正义》曰:《司马法》:邱出马一匹,牛三头。则牛当称头,而亦云匹者,因马而名牛曰匹,并言之耳。经传之文此类多矣。《易·系辞》云:润之以风雨。《论语》云:沽酒市脯不食。《玉藻》云:大夫不得造车马。皆从一而省文也。然则以享神人,亦是从一而省文耳。襄二十七传:能歆神人。杜注曰:歆,享也。使神享其祭,人怀其德。彼言歆神人,此言享神人,皆是因神而并及于人也。("亨神人"条)

王引之揭示出"古人之文,多有从一而省"的"省文"之例,从而为《新序》的解释提供了有力的证据。

4.2.1.4 立足于篇章旨意的制约

文本作者总是为着一定的表达目的即篇章旨意来遣词造句的,那么,反过来从读者理解的角度看,如果明确了文本作者的表达旨意,也就可以据此断定文本的具体言语形式,更好地解读文本。如:

①孺子秩固其所也,若羯立,则季氏信有力于臧氏矣。杜注曰:臧氏因季氏之欲而为定之,犹为有力。今若专立孟氏之少,则季氏有力过于臧氏。引之谨案:公鉏之意,欲季孙立羯以树恩于孟氏,非求胜于臧孙之立悼子也,不得云有力于臧氏,臧当为孟,因上下文臧氏而误为臧耳。力,功也。(见《晋语》韦注)言秩本当立,立之不足以为功。羯不当立而季氏立之,则信有功于孟氏矣,谓羯必感其恩也。杜不能厘正而曲为之说,非是。昭二十八年传谓"贾辛司马乌有力于王室。故举之"。《晋语》:自文公以来,有力于先君而子孙不立者,将授立之。(《周语》:郑武庄有大勋力于平桓。)谓有功于王室,有功于先君也,岂谓有功过于王室、过于先君乎?("则季氏信有力于臧氏矣"条)

鲁国三大家族的矛盾错综复杂。臧孙曾助季武子舍长子公鉏而立少子悼子，因此公鉏怨恨臧孙。孟孙（孟庄子）也不喜欢臧孙，季武子却喜欢臧孙。孟庄子病危，孟氏之御驺丰阴谋舍弃孟庄子的长子孺子秩而奉立幼子羯，就以共同仇视臧孙诱惑公鉏去游说季武子，"孺子秩固其所也，若羯立，则季氏信有力于臧氏矣"即公鉏的说辞。其时厌恶臧孙的是孟孙以及公鉏自己，喜欢臧孙的反而是季孙，所以王引之认为公鉏说辞之意，欲季孙立羯以树恩于孟氏，非求胜于臧孙之立悼子也，不得云有力于臧氏，臧当为孟。

②不替孟明，孤之过也。大夫何罪？且吾不以一眚掩大德。家大人曰：不替孟明，下有曰字，而今本脱之。不替孟明四字及曰字，皆左氏记事之词。自孤之过也以下，方是穆公语。上文穆公乡师而哭，既罪己而不罪人矣。于是不废孟明而复用之，且谓之曰：孤之过也，大夫何罪云云。大夫二字，专指孟明而言，与上文统言二三子者不同。若如今本作不替孟明，孤之过也。则不替孟明亦是穆公语，穆公既以不替孟明为己过，则孟明不可复用矣。下文何以言大夫何罪、又言不以一眚掩大德乎？然则不替孟明曰五字，乃记者之词，而大夫何罪云云，则穆公自言其所以不替孟明之故也。自唐石经始脱曰字，而各本遂沿其误。《秦誓》《正义》引此无曰字，亦后人依误本左传删之。《文选·西征赋》注云：左氏传曰：秦伯不废孟明，曰：孤之罪也。此引传文，改替为废，取其易晓。而过字作罪，则涉上文孤之罪也而误。《白帖·五十九》出一眚二字而释之云：孟明败秦师，秦伯不替，曰：吾不以一眚掩大德。二书所引，文虽小异，而皆有曰字，足正今本之误。（"不替孟明孤之过也"条）

晋败秦师于殽，三帅归来之时，"秦伯素服郊次，乡师而哭，曰：'孤违蹇叔以辱二三子，孤之罪也。不替孟明，孤之过也。大夫何罪？且吾不以一眚掩大德。'"王念孙认为，秦伯这段话的意旨在于自揽战争失败的责任，为孟明等统帅开脱，假如《左传》原文如此作"不替孟明，孤之过也"，就是以不替孟明为己过，那么孟明等依然有罪不可用。显然，这是与秦伯之意相违的。

③庄十八年传：虢公晋侯朝王，王飨醴，命之宥。杜注曰：饮宴则命以币物。宥，助也，所以助欢敬之意。《正义》曰：命之宥者，命之以币物，所以助欢也。礼，主人酌酒于宾曰"献"，宾答主人曰"酢"，主人又酌以酬宾曰"酬"，谓之酬币，盖于酬酒之时赐之币也。引之谨

案：杜谓以币物助欢者，盖据公食大夫礼，公受宰夫束帛以侑也，侑与宥通。然聘礼曰：若不亲食，使大夫各以其爵、朝服致之以侑币，致飨以酬币。是侑币用于食礼，非飨礼所用也。且如杜说命以币物以助欢，则传当云命宥之，不当云命之宥也。寻文究理，殆有未安。今案：《尔雅》曰：酬、酢、侑，报也。则侑与酬酢同义，命之侑者，其命虢公晋侯与王相酬酢与？或献或酢，有施报之义，故谓之侑。命之侑者，所以亲之也。僖二十八年传：晋侯朝王，王享醴，命晋侯宥。其为命晋侯与王相酬酢，较然甚明。若谓助以币帛，则传但云王享醴宥之，可矣，何须云命晋侯宥乎？（杜注曰：既飨，又命晋侯，助以束帛，以将厚意。失之。）又僖二十五年传：晋侯朝王，王享醴，命之宥。《晋语》作：王飨醴，命公胙侑。胙即酢之借字，盖如宾酢主人之礼以劝侑于王，故谓之酢侑与？而韦注乃以胙为赐祭肉，时当飨醴，安得有祭肉之赐乎？（韦又云：命，加命服也。侑，侑币。皆失之。）传所言者，飨礼也。而解者乃当以食礼之侑币，杂以吉礼之赐胙，失传意矣。（"命之宥、命晋侯宥"条）

《左传》记载，庄公十八年，虢公、晋侯朝拜周王，周王亲自设宴招待，极力展示恩宠之意。王引之认为"命之宥"即是飨礼中周王赐予诸侯最高礼节的记述，而杜预等人的解说却把这一记述与食礼、吉礼的程式相杂，明显是失了传意。

4.2.2 根据广义语境确定词义

4.2.2.1 融贯全书以至博考群经

王引之说："制义者，经说之支流也。经之有说触类旁通，不通全书，不能说一句，不通诸经，亦不能说一经。"[①] 一方面，社会文化息息相关，而文本自身又是一个有机的整体，因此其局部用语常常不是孤立的，和整部书中的其他语言、和具有相关文化印记的其他书籍，是可以相互印证的。另一方面，语言具有约定性，尤其在同一部书中，在同一作者的文章里，在同时代的作品中，人们往往可以举一反三，确定文本中孤立看来本难以索解的语言的含义。可以说，在高邮王氏"观境确义"的训诂实践中，融贯全书以至遍考群经的例子比比皆是、

---

① 《王文简公文集·中州试牍序》，北京师范大学，中国基本古籍库。

不胜枚举，如：

①庄公十四年传：郑厉公使谓原繁曰：寡人出，伯父无里言，入又不念寡人，寡人憾焉！杜解无里言曰：无纳我之言。家大人曰：无里言谓不通内言于外，非谓无纳我之言也。襄二十六年传：卫献公使让大叔文子曰：寡人淹恤在外，二三子皆使寡人朝夕闻卫国之言，吾子独不在寡人，寡人怨矣！对曰：臣不能贰，通外内之言以事君，臣之罪也。不通外内之言，即所谓无里言。（"伯父无里言"条）

王氏解庄公十四年"伯父无里言"，本为郑厉公事，却引证了襄公二十六年卫献公之事，即因为两件事中的君臣际遇相似，郑厉公、卫献公经历相类、责问语气相类，臣子的答对理由相类（如原繁言"社稷有主，而外其心，其何贰如之？"文子言"臣不能贰"）。

②齐人赂晋侯以宗器、乐器，自六正、五吏、三十帅、三军之大夫、百官之正长、师旅及处守者皆有赂。杜注曰：六正，三军之六卿。五吏，文职。三十帅，武职。皆军卿之属官。引之谨案：晋之五吏，具在传中。成二年传：公"赐晋三帅先路三命之服，司马、司空、舆帅、候正、亚旅皆受一命之服。"盖一司马、二司空、三舆帅、四候正、五亚旅，此晋五吏之旧制也。自悼公立军尉，而五吏之名遂先军尉而省亚旅。成十八年传说悼公命官曰：卿无共御，立军尉以摄之。祁奚为中军尉，羊舌职佐之，魏绛为司马，张老为候奄，铎遏寇为上军尉，藉偃为之司马。《晋语》亦曰：祁奚为元尉，羊舌职佐之，魏绛为元司马，张老为元候，铎遏寇为舆尉，藉偃为舆司马。元尉即军尉也，元候、候奄即候正也，上军尉、舆尉即舆帅也。故襄十九年公享晋六卿于蒲圃，赐之三命之服，军尉、司马、司空、舆尉、候奄皆受一命之服，盖自悼公以后有军尉而无亚旅、此晋五吏之新制也。此传齐赂晋侯，为赂晋平公，则所谓五吏者当为悼公所定：一军尉、二司马、三司空、四舆尉、五候奄矣。（"五吏三十帅"条）

王引之释襄公二十五年出现的"五吏"，先后援引成公二年、成公十八年、襄公十九年的传文，明确地揭示了"五吏"的所指。

③败于宗邱。杜注曰：邱犹邑也，败不出国，近在宗邑。引之谨案：昭十四年：楚子使然丹简上国之兵于宗邱。与此同名。杜彼注曰：

宗邱，楚地。则此宗邱亦晋地，盖即韩原之别名，犹夹谷一名祝其，虎牢一名制也。杜氏《春秋土地名》曰：韩、韩原、宗邱三名，故韩国，此说得之。《释名》释邱曰：宗邱，邑中所宗也，则宗邱乃邱名，盖韩原之地有邱曰宗邱，故韩原又名宗邱也。（"宗邱"条）

王氏释僖公十五年"宗邱"，先后引同书"昭公十四年"、杜预《春秋释例》、《释名》为证。对于那些易于被后人忽略的古代语词的常用义项，王氏常常不惜博考群书，从而极富说服力量，如：

④楚子使潘党率游阙四十乘，从唐侯以为左拒，以从上军。驹伯曰：待诸乎？引之谨案：待诸者，御之也。时上军未动，故郤克欲御楚师，士会以寡不敌众，故收军而退也。《鲁语》帅大雠以惮小国，其谁云待之？《楚语》：其独何力以待之？韦注并曰：待，御也。昭七年传曰：晋师必至，吾无以待之。《管子·大匡篇》曰：鲍叔因此以作难，君必不能待也。《制分篇》曰：敌人虽众不能止待（止待犹言止御，尹知章注以不能止绝句，待字下属为句，失之）。《孙子·九变篇》曰：用兵之法，无恃其不来，恃吾有以待也。《墨子·七患篇》曰：桀无待汤之备，故放。纣无待武之备，故杀。《孟子·梁惠王篇》曰：诸侯多谋伐寡人者，何以待之？是待为御也，御敌谓之待，故为宫室以御风雨亦谓之待，重门击柝，以待暴客。上栋下宇，以待风雨。其义一也。《墨子·辞过篇》：宫室足以待雪霜雨露，《节用篇》待作圉，圉即御字也。（"待诸乎、吾无以待之"条）

为了说明待有"御"义，王氏博引了《鲁语》《楚语》《管子》《孙子》《墨子》《孟子》诸书。类似者又如：

⑤余虽欲于巩伯，其敢废旧典以忝叔父？引之谨案：欲犹好也（好，呼报反），言余虽爱好巩伯，不敢废旧典而以献捷之礼相待也。古者欲与好同义，凡经言耆欲皆谓耆好也，言欲恶皆谓好恶也。《秦誓》：我尚不欲。《越语》：吾不欲匹夫之勇。皆谓不好也。《论语》言欲仁欲善，《孟子》言可欲之谓善，亦皆与好同义。故《孟子》所欲有甚于生者，《中论·夭寿篇》作所好，《荀子·不苟篇》欲利而不为所非，《韩诗·外传》作好利矣。又昭十五年传：蔡人逐朝吴，朝吴出奔郑。王怒，谓费无极曰：余唯信吴，故寘诸蔡，女何故去之？对曰：臣

岂不欲吴？亦谓岂不好吴也。杜解欲于巩伯云：欲受其献。解岂不欲吴云，非不欲善吴，皆失之。（"欲于巩伯、岂不欲吴"条）

⑥四年传：君若苟无四方之虞。杜注曰：虞，度也。家大人曰：虞，忧也。范望注《太元·元莹》曰：虞，忧也。《系辞》传曰：悔吝者，忧虞之象也。襄三十年传曰：以晋国之多虞。哀五年传曰：二三子间于忧虞，则有疾疢。《晋语》曰：卫文公有邢狄之虞（韦注：虞，备也。失之）。《吴语》曰：越曾足以为大虞乎？（韦注：虞，度也。亦失之）又曰：今伯父有荆蛮之虞，皆其证也。（"四方之虞"条）

4.2.2.2 联系背景材料、史实及事理进行推断

事件发生的背景，有关的史实，以及事理之间的必然联系，常常是王氏借以推断语义、解读文本的根据，如：

①今灭德立违。杜注曰：谓立华督违命之臣。家大人曰：违，邪也，与回邪之回声近而义同。《小雅·鼓钟篇》：其德不回。毛传：回，邪也。《大雅·大明篇》：厥德不回。毛传：回，违也。……灭德立违与昭德塞违正相反，则违非违命之谓也。华督之事岂止于违命而已乎？（"灭德立违"条）

桓公二年，宋华督杀孔父嘉而取其妻，弑殇公立庄公，并贿赂齐、陈、郑等国取得相位，可谓封建伦理所谴责的乱臣贼子、极度邪恶之徒，所以，根据史家的上述记述，王氏断定"灭德立违"的"违"决非违命那么简单。

②楚之良，在其中军王族而已，请分良以击其左右，而三军萃于王卒，必大败之。襄二十六年传：吾乃四萃于其王族，必大败之。《正义》曰：楚语云：三萃以攻其王族，必大败之。韦昭云：时晋有四军，言三集者，中军先入，而上下及新军乃三集以攻之。韦昭见彼为三字，故说之使通耳。盖二文不同，必有一误。引之谨案：三军萃于王卒，三萃以攻其王族，三皆当为三。《说文》曰：三，籀文四。郑注《觐礼》曰：古书作三四，或皆积画。字相似，由此误也。晋之四军合而攻楚之中军，故曰四军萃于王卒，又曰四萃于其王族。不得言三也。学者多见三，少见三，故三字误书作三，幸有襄二十六年四萃之文，足以证之耳。（"三军萃于王卒"）

晋楚鄢陵之战时，晋国"新上下军于是罢"，其六军仍有中、上、下、新四

军，韦昭虽然也知道这一史实背景，可惜仅仅作了加以变通的曲说，却无法解释襄二十六年对同一事件"四萃"的记述，孔颖达也只能说"三萃""四萃"必有一误。王氏则以其渊博的学识（包括历史知识与语言文字知识），联系这一背景作出了合理的解释："晋之四军合而攻楚之中军，故曰四军萃于王卒，又曰四萃于其王族。不得言三也"。

③七年传：楚子成章华之台，愿与诸侯落之。杜注曰：宫室始成，祭之为落。《正义》曰：《杂记》云：成庙则衅之，路寝成则考之而不衅，衅屋者，交神明之道也……家大人曰：注谓宫室始成，祭之为落，《正义》谓祭中溜之神，皆于礼无据。《杂记》注明言不衅者不神之，则不祭明矣。《正义》又谓落是以酒浇落之，尤与传义不合。庾蔚之解《杂记》注曰：落谓与宾客燕会，以酒食浇落之。则庾说已误。案《尔雅》曰：落，始也。与诸侯落之者，与诸侯始其事也。《楚语》：伍举对灵王曰：今君为此台，愿得诸侯与始升焉。是其明证矣。宫室既成，于是享宾客以落之。故《杂记》注曰：考之者，设盛食以落之。又引《檀弓》"晋献文子成室，诸大夫发焉"以为证。哀十七年传曰：卫侯为虎幄于藉圃，成，求令名者，而与之始食焉。事亦相类。昭七年传又曰：楚子享公于新台，即是与诸侯落之之事也。然则落之事，享也，非祭也。四年传：叔孙为孟钟，飨大夫以落之。义与此同。服虔注以落为衅钟，《正义》谓以血浇落之，并非是。《小雅·斯干》笺曰：宣王于是筑宫庙群寝，既成而衅之，歌斯干之诗以落之。则落与衅明是二事。《释文》训落为始，是也。《正义》谓以血浇落之，亦非是。或以为祭，或以为衅，或言以酒，或言以血，皆由不知落之为始而误以为浇落之义也。（"愿与诸侯落之"条）

王氏释宫室始成之"落"为"始其事"，盖如今之揭牌设宴的仪式，而博引《楚语》《檀弓》、哀十七年传、昭七年传、《小雅·斯干》所记之史实以证。

④六年传：潜师闭涂，逆越女之子章，立之而后还。服虔注曰：闭涂，不通外使也。（见《史记·楚世家》集解，杜预同）引之谨案：闭涂二字，文不成义，涂非门关之类，不可得而闭也。且是时方将迎惠王于国中，而先绝其往来之涂，则惠王无由至军中矣。涂当为壁，字相似而误也。（壁字下作土，与涂同，其右旁之辛又与余相似，故《墨子·备蛾傅篇》"适人辟火而复攻"，《备梯篇》辟误作涂）《史记·楚世

家》:伏师闭涂。徐广曰:涂一作壁。《列女传·楚昭越姬篇》载此事亦作伏师闭壁。是古本正作壁也。盖楚之诸臣恐昭王之死为邻国所知,故作为伏师闭垒之状,使人莫测其意也。服虔作注时传文已误作涂,故不得其解,《史记》作涂者乃后人以误本《左传》改之。其一本作壁,与《列女传》合,则旧本也。小司马不能审择,乃从作涂之本,而以攒涂说之。案:攒涂者,殡也。殡当于寝,不当于军中。且惠王未至而殡,无是理也,其说尤误。("潜师闭涂"条)

在这里,王氏从事理上出发对文本进行了分析解读。哀公六年,楚昭王死于军中,于是诸将"潜师闭涂,逆越女之子章,立之而后还"。王引之认为,从事理上推敲,其一,"闭涂"文不成义。涂非门关之类,不可得而闭。其二,即使退一步按照断绝道路理解,依旧不合情理,既然要"逆越女之子章",就不能先绝其往来之涂,否则惠王(即越女之子章)无由至军中。《史记》集解,小司马从作涂之本,以攒涂说之,则更不合情理,因为攒涂指殡,而殡当于寝,不当于军中,况且惠王未至而殡,尤其无理。

4.2.2.3 考虑礼法制度、风俗惯例的影响

传世典籍既是古代文化的载体,更是古代文化的产物,语言与文化的关系原本就密不可分。因此,解读古代文本不能不考虑礼法制度、风俗及惯例等古代社会文化因素。据礼法制度解读文献者,如:

①皆赐玉五瑴、马三匹,非礼也。王命诸侯,名位不同,礼亦异数,不以礼假人。引之谨案:古无以三马赐人者,三当为三。三,古四字脱去一画耳。《文侯之命》曰:用赉尔马四匹。《小雅·采菽》曰:君子来朝,何锡予之?虽无予之,路车乘马。乘马,四马也。《觐礼》曰:天子赐侯氏以车服,路下四。是也。礼自上以下,降杀以两。故侯之赐数不与公同。昭六年传曰:楚公子弃疾见郑伯如见王,以其乘马八匹私面,见子皮如上卿,以马六匹,见子产以马四匹,见子大叔以马二匹。是其例也。《竹书纪年·武乙三十四年》:周公季历来朝,王赐玉十瑴,马八匹(今本八误作十,从《太平御览·皇王部八》引改)。然则赐玉五瑴者,马当四匹矣。("马三匹"条)

王氏认为,根据周代王赐公侯之礼,没有以三匹马赐人的,所以三当为三(四)。

②诸侯县公皆庆寡人。杜注曰：楚县大夫皆僭称公。引之谨案：县公犹言县尹也，与公侯之公不同。如谓楚僭称王，其臣僭称公，则楚官之贵者无如令尹司马，何以令尹司马不称公、而称公者反在县大夫乎？襄二十五年传：齐棠公之妻，东郭偃之姊也。杜注曰：棠公，齐棠邑大夫。齐之县大夫亦称公，则公为县大夫之通称。《正义》谓其家臣仆呼之曰公，传即因而言之。非也。作传者非其臣仆，何为与臣仆同称？非僭拟于公侯也，若以为僭，则公尊于侯，齐君但称侯，岂有其臣反称公者乎？《乡饮酒礼》：诸公、大夫。郑注曰：大国有孤，四命谓之公。则孤卿得称公，亦非公侯之公也。（"县公"条）

王引之认为"县公"的"公"并非爵位名，这可以由古代文化常识推断出来，因为"公"为五等爵位之首，不可能地位低的人可以称"公"而地位高的人反而不称"公"。在齐国国君尚为"侯"的时候，其臣下更不可能为"公"。有涉及天文历法者：

③于是岁在降娄，降娄中而旦。杜注曰：降娄，奎娄也。周七月，今五月，降娄中而天明。《正义》曰：刘炫以为五月降娄未中，而规杜失。引之谨案：刘说是也。《月令》：仲夏，旦危中。季夏，旦奎中。《月令》季夏为周之八月，盖子蟜之葬在十九年之八月，是月降娄中而旦也。杜当云周八月今六月降娄中而天明，则得之矣。而云周七月今五月，此误记《月令》故尔。《正义》曲护杜氏，而云《月令》是细计之数，杜据大略而言，故与《月令》不同，非也。（"降娄中而旦"条）

降娄为星名，据《礼记·月令》"季夏之月，日在柳，昏火中，旦奎中"，周历季夏之月，降娄星在南方天空的正中而旦。周历季夏，正为周历八月夏历六月，所以王引之认为杜预"周七月，今五月"之说为误记。有涉及地理者：

④蔿掩书土田、度山林、鸠薮泽。杜注曰：鸠，聚也。聚成薮泽，使民不得焚燎坏之，欲以备田猎之处。引之谨案：薮泽乃天地自然之利，非人所能聚而成之也，不得云聚成薮泽，鸠当读为究。《尔雅》：度、究，谋也。……究薮泽者，度其出赋之多寡。故下文遂云：量入修赋。非以备田猎也。（"鸠薮泽"条）

以下则是据风俗惯例进行解读的例子：

①三年传：君若不弃敝邑，而辱使董振择之，以备嫔嫱，寡人之望

也。杜注曰：董，正也。振，整也。《正义》曰：董，正。《释诂》文也。振为整理之义，言正整选择，示精审也。引之谨案：择女为昏，无所用其纠正，亦无所用其整理，杜注非也。今案：董当读为动，动振之言振动也（振动谓之动振，犹恪恭谓之恭恪。昭十六年传"无有不共恪"是也）。（"董振择之"条）

王引之认为，依照婚姻择女之风俗习惯，无所谓"纠正"，也用不到"整理"，因此杜注有误，"董振"即"振动"，"董"读为"动"。

②五年传：王亦能军。杜注曰：虽军败身伤，犹殿而不奔，故言能军。引之谨案：王已伤矣，尚安能殿？自古军败而殿，皆群臣为之，不闻王侯身自为殿也。亦当为不，字形相似而误，此言王之余师不复能成军耳。宣十二年传：楚师军于邲，晋之余师不能军。正与此同。试连上文读曰：蔡卫陈皆奔，王卒乱，郑师合以攻之，王卒大败。祝聃射王中肩，王不能军。皆甚言王师之败也。若云王亦能军，则与上文隔阂矣。试连下文读曰：王不能军，祝聃请从之。是聃以王不能军，故欲乘其敝也。哀十一年传：齐人不能师，宵，谍曰：齐人遁。冉有请从之三。正与此同。若云王亦能军，则又与下文隔阂矣。（"王亦能军"条）

王引之根据古代军败则由群臣殿后、王侯不身自为殿的惯例，对杜注提出了怀疑，然后再据上下文的语义联系作了新的解读。

4.3 王氏"观境确义"方法的成功与微憾

4.3.1 成功之处

王氏"观境确义"方法的成功是多元的。首先，王氏运用"观境确义"方法的过程比较精密、严谨，合乎人类思维的逻辑规律，能够有意识地运用逻辑规则。

例如"旅有施舍"条："古人言施舍者有二义，一为免繇役。《地官·小司徒》：'凡征役之施舍。'郑注曰：'施读为弛。'《乡师》'辨其可任者与其施舍者。'注曰：'施舍，谓应复免，不给繇役。'是也。一为布德惠，盖古声舍予相近（舍，古音暑，见《唐韵正》），施舍之言赐予也。《宣十二年左传》'旅有施舍'，谓有所赐予，使不乏困也。（若《地官·遗人》'野鄙之委积，以待羁旅'、

《委人》'以甸聚待羁旅'是也。）成十八年传：'施舍已责'。襄九年传：'魏绛请施舍，输积聚以贷'。三十一年传：'施舍可爱'。昭十三年传：'施舍宽民'。又'施舍不倦'（又十九年传：'王施舍不倦'）。二十五年传：'喜有施舍'。《周语》'县无施舍'（施舍，若《遗人》'郊里之委积以待宾客'，及'庐有饮食路室有委，候馆有积'是也），又'圣人之施舍也议之'，（施舍，谓赐予穷困之人，下文'喜怒取与'则谓因怒而夺、因喜而与，以其人之功罪定之也），又'布宪施舍于百姓'。《晋语》：'施舍分寡'。《楚语》'明施舍以道之忠'（忠，谓惠爱也。《吴语》曰'忠惠以善之'是也。韦注以为忠恕，失之），皆谓赐予之也。杜注'施舍不倦'曰'施舍犹云布恩德'，得传意矣。而其他则以施为施惠，舍为不劳役，强分施舍为二，非也。韦注'县无施舍'曰：'所以施舍宾客负任之处'。此误作休息解；注'圣人之施舍'曰：'施，予也。舍，不予也。'注'布宪施舍'曰：'施，施惠。舍，舍罪也'。注'施舍分寡'曰：'施，施德也。舍，舍禁也'。注'明施舍以道之忠'曰：'施己所欲，原心舍过'。同一'施舍'，而前后屡易其说。盖古训之失传久矣。"此处王引之综合运用了归纳、演绎的方法，首先列举"施舍"在古代有二义，然后分别罗列大量例证，例证之义不太明确者，又给出其上下文的语义联系来加以证明，最后自然得出杜、韦之误，显得十分雄辩。

又如"不靖其能"条："昭元年传：鲁虽有罪，其执事不辟难，畏威而敬命矣。子若免之，以劝左右，可也。若子之群吏，处不辟污，出不逃难，其何患之有？患之所生，污而不治，难而不守，所由来也。能是二者，又何患焉？不靖其能，其谁从之？鲁叔孙豹可谓能矣，请免之，以靖能者，子会而赦有罪，又赏其贤，诸侯其谁不欣焉望楚而归之，视远如迩？杜注'不靖其能'二句曰：安靖贤能，则众附从。引之谨案：其能谓处不辟污出不逃难也，而云安靖其处不辟污出不逃难，则文不成义矣。今案：传曰靖其能，又曰赏其贤，则靖与赏意当相近。传又曰：子若免之，以劝左右可也。又曰：请免之以靖能者，则靖有表章风劝之义。靖当读为旌，旌，表也。言鲁使本当戮，以其能是二者而免之，所以表章之也。表其能即是赏其贤。故下文又曰：'赏其贤'矣。旌表其能，所以劝群吏。若不旌其能以示之，孰肯劝勉而为能者乎？故曰'不旌其能，其谁从之'也。僖二十四年传：以志吾过，且旌善人。哀十六年传：犹将旌君以徇于国。并与此同义。"此处王引之首先使用了归谬法，得出杜解的文不成义，然后从句式规律、上下文语义联系上确定新解。

其次，王氏资以利用的语境因素十分丰富，以至于他们运用"观境确义"

的方法已经常态化。在他们著作中,"观境确义"的训诂实例比比皆是。其训诂过程或辨正前人之误,或进一步申说补充前人之论,或比较不同训解之得失,或直接校勘、解读典籍文献之语言,形成了一些惯用的基本说解格式或套路。

其一,既指出前人对文本理解的失误或偏差,又给出更为合理的解释。此种说解,在王氏著作中最为典型,也最能体现出王氏不盲从前人的独立为学精神。王氏通常的做法是先列出错误的解释,再表明和论证自己的观点,如:

①君有二心于狄,曰:"晋将伐女。"狄应且憎,是用告我。杜注曰:言狄虽应答秦,而心实憎秦无信。家大人曰:《广雅》:应,受也。言狄人受君之言,且憎君之无信,是以来告我也。《周语》:班先王之大物以赏私德,其叔父实应且憎,以非余一人。韦注曰:应犹受,言晋文虽当私赏,犹非我一人也。《晋语》:若以君官从子之私,惧子之应且憎也。注曰:外应受我,内憎其非是。凡言应且憎者,皆谓受且憎,非谓应答也。("应且憎"条)

王氏先列出杜预注"应"为"应答"的不当解释,然后从古书中考察,得到"凡言应且憎者,皆谓受且憎"的结论。

②先君有冢卿以为师保,而蔑之。余以巾帼事先君,而暴妾使余。《正义》曰:"言暴虐使余如妾。"引之谨案:"暴妾"二字,文义不相属,疑"暴"字本在上文"蔑"字上,写者错乱在下耳。暴蔑,犹轻慢也。韩子八说篇曰:"人主轻下曰暴。"蔑亦轻也(见《大雅·桑柔篇》郑笺、《文选·典引》蔡注)。襄二十年传曰:"暴蔑其君,而去其亲。"昭九年传曰:"暴蔑宗周,以宣示其侈"(俗本蔑作灭,今从唐石经及宋本)。皆谓轻慢也。《列女传·母仪传》载此已作"暴妾使余",则传写之误,自汉已然矣。("蔑之、暴妾使余"条)

先列《正义》盲从误本作出的生硬解释,再指出"暴""妾"二字"文义不相属",从语义上根本不能搭配,提出"暴"当在"蔑"之上,再引襄二十年、昭九年传文加以说明。

③二十五年传:且人有君而弑之,吾焉得死之?而焉得亡之?将庸何归?杜注曰:将用死亡之义,何所归趣?引之谨案:杜说非也,吾焉得死之、而焉得亡之,承上吾死也、吾亡也而言,将庸何归则承上君死安归而言,杜并两意为一意,而以庸为用,归为归趣,失其旨矣。将庸

何归者，将何归也，庸亦何也。（"将庸何归"条）

王引之首先指出杜预合并解释"死""亡"及释"归"为"归趣"的不当，再剖析"死""亡"分别承接上文"吾死也""吾亡也"的语脉，"何归"承接上文"安归"的语义线索，从而说明了杜注的失旨。王氏也有先作出确诂，再指明前人理解失当的，如：

①十三年传：晋以卫之救陈也，讨焉。孔达曰：我则为政而亢大国之讨，将以谁任？我则死之。家大人曰：亢，当也。（襄十四年左传：晋御其上，戎亢其下。《吕氏春秋·离俗篇》：岂亢责也哉？高杜注并曰：亢，当也。字通作伉。《吕氏春秋·士节篇》：身伉其难。高注：伉，当也。）大国之讨谓晋讨卫之救陈也，言我实掌卫国之政，而当晋之讨，不得委罪于他人也。十二年宋伐陈卫，孔达救陈，曰：若大国讨，我则死之。是其证也。杜训亢为御，以亢大国之讨为御宋讨陈，皆失之。（"亢大国之讨"条）

是先释"亢，当也"，并联系下文即宋伐陈卫孔达救陈之时所说的话"若大国讨，我则死之"，说明"亢"即"承当"，然后指出杜注之误。

②八年传：楚子囊伐郑，子驷、子国、子耳欲从楚。子孔、子蟜、子展欲待晋。子展曰：小国无信，兵乱日至，亡无日矣。虽楚救我，将安用之？亲我无成，鄙我是欲。不可从也，不如待晋。家大人曰："亲我无成"四句承上"虽楚救我将安用之"而言，言楚之亲我有始无终，而其心且欲以我为鄙邑，故楚不可从，不如待晋也。杜注以"亲我"为晋亲郑，"鄙我是欲"为郑欲与楚成，"不可从"为子驷不可从，皆失之。（"亲我无成鄙我是欲不可从也"条）

先剖析言语结构，说明"亲我无成"是承上"虽楚救我将安用之"而言，讲的是楚郑关系，再指出杜注凭空理解为讲述晋郑关系的不妥。

其二，对前人比较正确的判断作出进一步的申说补充。如：

①三年传：君子是以知秦穆公之为君也。《校勘记》曰：石经无公字，足利本亦无。案：下文云：秦穆有焉。四年传：其秦穆之谓矣。六年传：秦穆之不为盟主也宜哉。皆无公字，诸刻本有者，疑衍文。家大人曰：此说是也，秦穆之称，亦犹齐桓晋文，后人不知古人省文之例，故辄加公字耳。《太平御览·人事部八十三》《治道部十一》引此皆无

公字。("秦穆公"条)

《校勘记》只说明了他本"秦穆"之下无"公"字,王氏则进一步阐述了语言的时代差异。古人有"省文"之例,而后人不了解这种习惯,以致误增文字。

②孟僖子病不能相礼。《释文》作"病不能礼",曰:"本或作'病不能相礼'"。臧氏玉林《经义杂记》曰:"传文本无相字,故注云'不能相仪答郊劳,以此为己病'。传如本有相字,文义已明,杜可无"不能相仪"之注矣。且下云'苟能礼者从之'。'不能礼'正与'能礼'相对。唐时本已衍'相'字,陆氏不从,是也。"惠氏定宇《补注》曰:"相字盖袭上文'相仪'而误。"引之谨案:臧、惠二说是也。古者谓习于礼曰能礼,《周语》"晋侯其能礼矣"是其证。上文"公如楚,郑伯劳于师之梁。孟僖子为介,不能相仪。及楚,不能答郊劳",是不能者,相仪与答郊劳二事,故总言之曰"不能礼"。如曰"不能相礼",则专指相仪言之,遗却答郊劳一事矣。《史记·孔子世家》索隐曰:"《左传》云:'孟僖子病不能礼,乃讲学之'。病者,不能礼为病,非疾困之谓也。"据此则司马贞所见本亦无相字,今索隐"病不能"下有"相"字,乃后人据俗本《左传》增之也。观索隐曰"不能礼为病",足证所引传文无"相"字矣。王肃《家语·正论篇》注曰:"僖子病不知礼"。文虽小异,而亦无"相"字。又案上文"不能答郊劳"下注曰:"为下'僖子病不能相礼'张本"。"相"字亦后人所增。《艺文类聚·人部六》引传文正作"病不能礼",无"相"字。("不能相礼"条)

是先肯定臧惠二说的正确,然后从"能礼"在古代搭配的习见、从前后文语义的关联着眼进行补充说明。根据上下文,这里的"不能"是赅"相仪"与"答郊劳"二事,如果作"不能相礼",就丢掉了"答郊劳"。

其三,有一些文献语言,前人分别作出过不同的解释,其中有的解说更为合理一些,王氏便给予肯定,并为之再加论述。如:

①君之外臣至,从寡君之戎事,以君之灵,间蒙甲胄。杜注曰:间犹近也。《释文》:近,一本作与,音预。家大人曰:训间为近,于义无取。一本作与,是也。言以君之灵得与蒙甲胄也。庄十年传:肉食者谋之,又何间焉。昭二十六年传:诸侯释位以间王政。杜注并曰:间犹与也。是其证。("间蒙甲胄"条)

否定杜注,肯定《释文》。指出释"间"为"近",于义无取,与下文"蒙甲胄"没有语义上的关联,并列举庄十年、昭二十六年传文证明"间"的参与义。

②杜注:疆界有流潦者,计数减其租入。《正义》曰:贾逵以疆为强㯱硗埆之地。郑众以为疆界内有水潦者。案:《周礼·草人》:凡粪种,强㯱用黄。郑元云:强㯱,强坚者。则强地犹堪种植,非水潦之类。故从郑众之说,数其疆界有水潦者,计数减其租税也。孙毓读为疆潦,注云:砂砾之田也。引之谨案:水潦所集,不必在疆界,且上文之"山林薮泽京陵淳卤",下文之"偃猪原防隰皋衍沃"皆二字平列,此疆潦不应独异,郑众之说非也。孙毓读为疆潦,盖礓礫之讹。《尔雅》:山多小石,磝。郭璞注云:多礓砾。《释文》:礓,居羊反。引《字林》云:砾也。《说文》砾,小石也。《玉篇》礫,同砾,力的切。《众经音义》卷八引《通俗文》云:地多小石谓之礓砾。是礓礫者,有石之地。《逸周书·文传篇》所谓"砾石不可谷,树之葛木,以为絺绤,以为材用"者也。不可树谷,故计数减其租入也。孙说为长。("数疆潦"条)

否定郑说,肯定孙说。指出上下文中"山林薮泽京陵淳卤","偃猪原防隰皋衍沃"都是二字平列的,"疆潦"的结构不应独异。

③五年传:竖牛祸叔孙氏,使乱大从,杀適立庶。杜注"使乱大从"曰:使从于乱。《释文》《正义》并引服虔注曰:使乱大和顺之道。哀二年:郑胜乱从。杜注曰:释君助臣为从于乱。引之谨案:传言乱从,不言从乱,杜注非也,两从字皆当训顺(书传从字多训为顺,不烦枚举),言立適大顺也,今杀適立庶,则乱大顺矣。助君顺也,今释君助臣,则乱顺矣。乱从,犹言犯顺。僖三十三年传"文不犯顺"是也。《家语·正论篇》:使乱大从。王肃注亦曰;从,顺也。是旧说皆如是,杜弃而不用,何邪?惠氏《补注》说使乱大从,亦以服注为是。("使乱大从、郑胜乱从"条)

否定杜说,肯定服说。从句法上说明"乱从"不是"从乱",杜注有违句法规律。

其四,直接表明自己见解,径直对典籍进行解读、论说或校勘。如:

①《军志》曰:先人有夺人之心。薄之也。家大人曰:薄之也,

本作薄之可也。上文引《诗》而释之曰：先人也。此又引《军志》"先人有夺人之心"以明先人之可以制胜，然后终言之曰：薄之可也。此四字乃总结上文之词，今本作薄之也，则是专释《军志》之文，而余文不与焉，失其旨矣。钞本《北堂书钞·车部一》引此正作"薄之可也"（陈禹谟本删去），《通典·兵十五》同。自唐石经始脱可字，而各本皆沿其误。（"薄之也"条）

分析篇章结构，认为引用《军志》的话只是为了说明"先人之可以制胜"的道理，下面当是归结说话人总的观点，原文如果是"薄之也"，则只是解释《军志》的话，所以应该是"薄之可也"。

②间邱婴与申鲜虞乘而出行，及弇中，将舍，婴曰："崔庆其追我。"鲜虞曰："一与一，谁能惧我。"家大人曰：与犹当也、敌也。《方言》曰：惧，病也。言狭道之中，一以当一，虽崔庆之众，不能病我也。故下文"出弇中，谓婴曰：速驱之，崔庆之众不可当也"。当亦与也。二十四年传曰：大国之人，不可与也，与亦当也。《管子轻重戊篇》曰：即以战斗之道与之矣。与之，敌之也。《秦策》曰：以此与天下，天下不足兼而有也。（"一与一谁能惧我、不利子商"条）

联系下文可知，此处凸显了狭路与大道之别，在狭路上，追兵只能一个一个上，容易抵挡，而在大道，一人难当众手。"与"字和"当"字遥相呼应，意义相当。

③卫侯在楚，北宫文子见令尹围之威仪，言于卫侯曰："令尹似君矣，将有他志。"家大人曰：令尹围之威仪，本作令尹围之仪，其威字则涉下文威仪而衍。仪谓容仪也。故杜注曰：言语瞻视，行步不常，言令尹之言语瞻视行步有似于人君。非谓其有威仪也。下文云：有威而可畏谓之威，有仪而象谓之仪。令尹有他志，而瞻视言动上僭于人君，何可畏可象之有？且下文明言"令尹无威仪"，则不得言见令尹之威仪矣。（"威仪"条）

从行文之旨意及上下文语义联系上进行了分析。此处叙述楚令尹僭拟国君，不当称其"威仪"，而下文又明言"令尹无威仪"，则这里的"威"字必衍。

④则使宅人反之。且谚曰：非宅是卜，唯邻是卜，二三子先卜邻矣，违卜不祥。家大人曰："且谚曰"本作"曰：谚曰"。晏子既使宅

人反其故室矣,因谓宅人曰:谚曰:非宅是卜,唯邻是卜云云。上曰字仍是记事之词,自谚曰以下方是晏子之语。若作且谚曰,则与上文不相承矣。自唐石经上曰字误作且,而各本皆从之。《初学记·居处部》《太平御览·州郡部三》引此并作"曰:谚曰"。("且谚曰"条)

区分记事之词与引人之语,认为用两个"曰"字,则叙述分明,而传世本第一个"曰"误作"且",就不能与上文相承了。

⑤十一年传:今单子为王官伯,而命事于会,视不登带,言不过步,貌不道容,而言不昭矣。引之谨案:貌不道容,貌当为视。此涉上文容貌而误。自唐石经已然,而各本皆从之。《汉书·五行志》作貌,亦后人依误本《左传》改之。案:上文云:会朝之言,必闻于表著之位,所以昭事序也。视不过结、襘之中,所以道容貌也。单子视不登带,则不能道容貌矣。故云视不道容,言不过步,则不能昭事序矣。故云言不昭。上下皆以言视对文,今本视作貌,则与上文不合,且貌即容也,今云貌不道容,则是容不道容矣,此必当依上文改正。("貌不道容"条)

分析语脉,认为上下文中都是以"言""视"对文,唯独此处"言""貌"相对,必是"涉上文容貌而误","貌"当作"视"。

4.3.2 微憾

当然,王氏对"观境确义"方法的运用也有一定的局限性。一方面,王氏受清代汉学"经学即理学"思想的影响①,"皆治字义、名物制度而不敢及于理"②,虽然不盲从古代注疏、敢于怀疑故训,但是他们一旦考订出文献原貌原意,即止步不前。至于典籍之意是否合理、是否可取于今日、是否可以有所发展,完全不在其探讨的范围,"故彼辈之所谓'实事求是'者,实未能实事以求是,乃考古以求是也"③。阮元在为《经义述闻》写的序中说:"哲嗣伯申继祖,又居鼎甲,幼奉庭训,引而申之,所解益多。著《经义述闻》一书,凡古儒所误解者,无不旁征曲喻而得其本义之所在。使古圣贤见之,必解颐曰:吾言固如

---

① 钱穆《国学概论》:"盖戴派学者,其持论本与浙东王学相通,故于亭林'经学即理学'之语,终不免受其牢笼。"
② 钱穆:《国学概论》,商务印书馆,1997年,第288页。
③ 同上,第293页。

是，数千年误解之，今得明矣！"此言确为的论，王氏孜孜以求者，也就在于得经典之原意而已。从这个角度看，王氏诠释古籍，所缺少的恰是孟子那种尽信《书》则不如无《书》的积极参与精神。另一方面，在具体的训诂实践当中，王氏亦有强生异见而不顾语境者，实际上，这是与其整体上的"观境确义"思想相抵触的。许嘉璐先生在《经义述闻·弁言》中曾举其不足之处，略陈数事："轻言假借，遽改古书""以今律古，失于破碎""执偏概全，略欠融通"。① 应该说，其轻言假借、以今律古、执偏概全，都是偏离了"观境确义"指导思想的结果。上述王氏三方面之不足，许先生均有例说，今试再举《述闻》脱离语境、强生异见一则如下：

《左传·昭公七年》记载楚灵王造好了章华台，想邀请一些诸侯隆重庆祝一番，太宰蒍启彊自告奋勇称臣能把鲁国国君请来。到达鲁国后，蒍启彊绵里藏针，有如下一段说辞："昔先君成公，命我先大夫婴齐曰：'吾不忘先君之好，将使衡父照临楚国，镇抚其社稷，以辑宁尔民。'……婴齐受命于蜀，今君若步玉趾，辱见寡君，宠灵楚国，以信蜀之役，致君之嘉惠，是寡君既受贶矣，何蜀之敢望！其先君鬼神，实嘉赖之，岂唯寡君？君若不来，使臣请问行期，寡君将承质币而见于蜀，以请先君之贶。"杜预注"使臣请问行期"："问鲁见伐之期"。《述闻》"行期"条："引之谨案：下文曰：寡君将承质币而见于蜀，则行期当谓会盟之期。襄二十四年传：楚子使蒍启彊如齐聘，且请期。杜彼注曰：请会期。是也。会盟则两君皆行，故问鲁君行期，若伐鲁之期，由楚定之，何须问鲁乎？"杜以"行期"为"鲁见伐之期"，而王引之则认为当谓"会盟之期"。其实，蒍启彊这段话是对鲁国国君进行威胁的外交辞令，成公二年鲁与楚确实会盟于蜀，但对于鲁国而言不过是屈辱的城下之盟而已，是年"冬，楚师侵卫，遂侵我，师于蜀……楚侵及阳桥，孟孙请往赂之。以执斲、执针、织纴，皆百人，公衡为质，以请盟。楚人许平。十一月，公及楚公子婴齐、蔡侯、许男、秦右大夫说、宋华元、陈公孙宁、卫孙良夫、郑公子去疾及齐国之大夫盟于蜀。"楚国攻城略地，鲁国不得不献出三百名工匠艺人进行贿赂，还把鲁君的儿子公衡送去做人质。如今蒍启彊在昭公拒绝楚国来召的情况下旧事重提，其以战争相威胁之用心昭然若揭，杜注"问鲁见伐之期"，可谓一针见血，点明实质。而王

---

① 王引之：《经义述闻》，江苏古籍出版社，1984年，第11—14页。

引之为求异于古人,竟不顾春秋时外交辞令的表达特点①,发出"若伐鲁之期,由楚定之,何须问鲁乎?"的疑问,从外交辞令最表层的字面义得出"当谓会盟之期"的解释,实不足取。

---

① 春秋时的外交辞令,即使交战双方也常常把话说得漂亮有礼节,如成公二年齐晋鞌之战中,韩厥要俘虏齐顷公,却"执絷马前,再拜稽首,奉觞加璧以进,曰:'寡君使群臣为鲁、卫请,曰:"无令舆师陷入君地。"下臣不幸,属当戎行,无所逃隐。且惧奔辟,而忝两君。臣辱戎士,敢告不敏,摄官承乏。'"

5 有关"观境确义"的理论探讨

以上我们分阶段讨论了中国古代文献中的"观境确义"思想。先秦时期哲人的言论已经蕴含了"观境确义"的基本原则,汉代故训反映出最早训诂学家们的头脑中就具有语境观念,只不过没有加以明确的阐明。唐代"文势说"提出"文势""义势"等词语,从客观上表明确义的根本依据应当是语境,不过说经者因为"疏不破注"观念的消极影响,常常把"观境确义"降格为"观境为说",为故训而说。宋人敢于怀疑成说,常常综合文献本身的整体面貌、从义理出发确义。清代学者在字词考证上求新求异,也敢于怀疑古人,高邮王氏父子成绩尤巨,他们使用了"因文求义"的说法,并能在训诂实践当中以各种明确的术语从语义、句法、文例、文理诸方面对语境详加分析。但古人都没有从理论上系统阐释"观境确义"的原理。近代黄侃先生有"小学之训诂贵圆,经学之训诂贵专"的高度概括,可惜也没有展开论述,以下我们就从这句话出发,尝试进行一些有关"观境确义"的理论探讨。

5.1 名物训诂与义理训诂

"小学之训诂贵圆,经学之训诂贵专"是区分了两类不同性质的训诂,经学之训诂即指文献训诂[①]。而考诸历代典范的文献训诂实践,可以发现,文献训诂又包括两个不同的侧重面、或说是两种相互依存不可或缺的训诂:名物训诂与义理训诂。

名物训诂指什么呢?《说文解字·口部》:"名:自命也。"《荀子·正名篇》:"名无固宜,约之以命,约定俗成谓之宜,异于约则谓之不宜。名无固实,约之以命实,约定俗成,谓之实名。名有固善,径易而不拂,谓之善名。物有同状而

[①] 许嘉璐先生在论及"经的固定性与训诂的时代性、个人性"时曾说:"请注意,我下面提到的'经',大家在思维中可以用'文献'来替换。"(《训诂学与经学、文化》(二),载《文史知识》,2009年第12期。)

异所者，有异状而同所者，可别也。状同而为异所者，虽可合，谓之二实。状变而实无别而为异者，谓之化。有化而无别，谓之一实。此事之所以稽实定数也。此制名之枢要也。"可见，"名"可理解为语言符号的能指，"物"即语言符号的所指，名物训诂既解释具体语境下语言符号的名实关系，也对语言符号的能指或所指作进一步的解释说明。如《左传·隐公元年》："大叔完聚，缮甲兵，具卒乘，将袭郑。夫人将启之。"杜注"完城郭，聚人民。步曰卒，车曰乘。启，开也"揭示了语言符号的名实关系。《释文》"缮，市战反。卒，尊忽反"解说的是语言符号的能指。而"祭仲曰：'都城过百雉，国之害也……'"杜注"祭仲，郑大夫。方丈曰堵，三堵曰雉。一雉之墙，长三丈，高一丈"则对语言符号的所指作了进一步的解说。名物训诂揭示字、词、短语、句子、篇章等各级言语单位的含义，义理训诂与此相对而言，解说的是较深层次的著者之观念与宏旨、作品所蕴涵的思想与价值。许嘉璐先生在《语义的可解与不可解（下）》中说："'训诂'是既讲一字一词的意义，又讲作者著作的本旨、通篇所包含的核心思想以及这些思想在当时所处的地位、所起的作用、对当今所具有的意义，而这些内容都是训释者自己的体验、体会和看法。根据古人所说的章句之学、义理之学。训诂可以分两类：一类是名物训诂，这里大量的都是考据；一类是义理训诂。"① 对于名物训诂与义理训诂作出了新的、恰如其分的概括。

  名物训诂讲求言语单位的具体含义，因而重在考据，强调服从语言事实、语言规律。例如，《经义述闻》卷三十二"语词误解以实义"条："终，既也。《邶风·终风》曰：终风且暴。言既风且暴也，而解者或以终风为终日风，或以为西风。则失之矣。字或作众，《鄘风·载驰》曰：许人尤之，众穉且狂。言既穉且狂也，而解者以为众寡之众，则失之矣。"又"增字解经"条："《邶风》终风且暴。终犹既也，言既风且暴也。而解者曰终日风为终风，毛传则于终下增日字矣。"《毛传》解"终风"为"终日风"，而王引之从语言事实和规律出发，注意了"终""且"连用的句型（《诗经》中多有），从而纠正了《毛传》增字解经的失误。义理训诂重在阐经明理，重在"义"而不在"言"，得意忘言，强调事理的通透，所以往往加以综合或推演，甚而能够超越原典，较为鲜明地体现出一种与时俱进的色彩，其中蕴含着人类精神的成长与发展。例如，《诗经·郑风·将仲子》小序："刺庄公也。不胜其母，以害其弟。弟叔失道而公弗制，祭仲谏而公弗听，小不忍以致大乱焉。"《遵大路》小序："思君子也。庄公失道，君子

---

① 许嘉璐：《语义的可解与不可解》（下），载《文史知识》，2009年第2期。

去之，国人思望焉。"而朱熹《诗集传》注曰："莆田郑氏曰：'此淫奔者之辞'。""淫妇为人所弃……""郑卫之乐，皆为淫声。然以《诗》考之，卫诗三十有九，而淫奔之诗才四之一。郑诗二十有一，而淫奔之诗已不翅七之五。卫犹为男悦女之辞，而郑皆为女惑男之语。卫人犹多刺讥惩创之意，而郑人几于荡然无复羞愧悔悟之萌。是则郑声之淫有甚于卫矣。故夫子论为邦，独以郑声为戒而不及卫，盖举重而言，固自有次第也。《诗》可以观，岂不信哉！"朱熹把这些郑诗称为"淫奔之辞"，固然有其时代的局限，但他认为这些诗都是男女相悦之诗，并不是在歌颂或者讽刺贤君庸主之类的历史事实，则是他的伟大贡献。以今天的眼光来看，朱熹确实阐发了圣人之旨，超越了原典。

当然，名物训诂与义理训诂并不矛盾，也不能够矛盾，可以说，前者是训诂实践的基础，后者是训诂实践的根本目的。在文献训诂实践中，二者常常是交织在一起难以分割的，有时在形式上也是融为一体的。它们相互支持和印证，最终达到更好地阐发经典讲明事理的目的。而无论名物训诂还是义理训诂，都与语境有着密不可分的关系，都必须借助于语境进行分析。

5.2 词义与语境

名物训诂最常见和最重要的是对词义的解释，而文献中的词义与语境须臾不可分割。当代德国影响最大的哲学家之一哈贝马斯说："语法规则固然保证了语言表达的意义同一性，但同时也必须为对这些假定具有统一意义的表达作特殊性或创造性使用留有余地。事实上，说话者的意图经常偏离其所用的表达的标准意义，由此，我们不难认识到笼罩着一切语言共识的差异性的阴影：'所以，一切理解同时也是一种不理解，思想和情感上的所有一致也是一种分歧。'（洪堡语）。"[①] 这话说得很对，但是不易理解。对于语言这种同时具有同一性与差异性的看似自相矛盾的特性，许嘉璐先生的看法更为直截了当："我们的先哲早已思考了语言和主客观事物间的关系，'能'和'所'的关系问题，认识到不能无限地相信和依赖语言，如果误以为语言所表达的就是主客观的一切或原样，我们的认识就会扭曲了主客观；领会最深奥的思想理念，需要联想，需要'意会'，需要冥思，需要借助语言之外的手段。"[②] 这是"言不尽意"的情况，更为重要的

---

① 〔德〕哈贝马斯：《后形而上学思想》，曹卫东、付德根译，译林出版社，2001年，第46页。
② 许嘉璐：《语义的可解与不可解（续）》，载《文史知识》，2009年第3期。

是:"词义、字义就总体而言是多义的,意义是模糊的,边缘是不清晰的。我曾经提到过语言的本质是模糊的,这跟当代语言学的说法不同。当代语言学认为有一些词是模糊的,模糊语言学研究的就是这种现象。最开始是颜色词,由颜色词再扩大到形容词。比如'大',大到什么程度算'大'?'这个人挺高',到底多高是'高'?没有确定的标准。'这个老师挺好'。究竟到什么程度才算'好',也是模糊的。其实,从人的心理出发来看,一切都是模糊的。'君子'是模糊的,'庙''人''心'都是模糊的。模糊着眼于内涵,边缘不清晰着眼于外延。二者都是不清楚的。"① 正因为词义、字义就总体而言是多义的、意义是模糊的,不同语境之下人们所使用的相同的词语所承载的意图才会是相互偏离的和有差异的,也才会出现人们创造性使用词语的现象。

那么,解释具体文本中的词义,如果不去首先考虑语境的因素,就必定是盲目的,而对于语境重视的程度、分析的详略,也直接关系到对词义解释的贴切度。如《诗经·大雅·桑柔》:"四牡骙骙,旟旐有翩。乱生不夷,靡国不泯。民靡有黎,具祸以烬。"《毛传》对"黎"的解释是:"齐也。"《正义》为之申说曰:"今民或死或生,无有能齐一平安者。""黎,众也。众民皆然,是齐一之义。"其实"齐一"不等于"齐一平安","民无有能齐一"不甚通达,故《郑笺》认为:"黎,不齐也。具,犹俱也。灾馀曰烬。言时民无有不齐被兵寇之害者,俱遇此祸,以为烬者,言害所及广。"《正义》也为之作了申说:"笺以黎为不齐,但义势当然,言无有不齐被兵寇加者耳。"认为郑是为了与语境符合而对《毛传》作的变通,但"不齐"不能等于"不齐被兵寇加",依然不妥。王引之《经义述闻》"民靡有黎"条:"黎者,众也、多也。下文曰'具祸以烬',烬者余也(《笺》曰灾余曰烬)、少也。黎与烬相对为文。《云汉篇》曰'周余黎民,靡有孑遗。'黎者众也(彼笺曰黎众也)、多也。孑者余也(见《方言》)、少也。黎与孑亦相对为文。《云汉》言周之众民皆饿死,无复留其余。此诗言民多死于祸乱,不复如前日之众多,但留余烬耳。二者皆以多寡言之也。《笺》训黎为不齐,固于文义不安,《传》训黎为齐,亦不若训众之为得也。"王氏较为充分地考虑到了上下文语义的衔接、情理的通达,因而对"黎"字作了更为合理一些的解释。

从训释的角度来看,词语之间本来是互为语境的,词语和语境其实也有着一种互动的关系。一方面,我们固然可以根据语境来确定词义,而另一方面,我们

---

① 许嘉璐:《语义的可解与不可解(上)》,载《文史知识》,2009年第1期。

也同样可以透过词语来考察它所折射出的语境,从而更加深刻地认识二者之间的密切关系。如,《孟子·离娄上》:"淳于髡曰:'男女授受不亲,礼与?'孟子曰:'礼也。'曰:'嫂溺,则援之以手乎?'曰:'嫂溺不援,是豺狼也。男女授受不亲,礼也;嫂溺,援之以手者,权也。'"根据上下文语境,"是豺狼也"之"是"代指嫂溺不援之人,和它搭配使用的"豺狼"就是用来比喻这种人的,我们就把这句话解释成"这是豺狼一样的人",而同时也不难领会,"豺狼"一词也折射出说话者孟子观点的鲜明、回答问题毫不犹豫的态度、甚至带着对于偏狭理解"礼"者的不屑之情。又如,《孟子·告子下》:"孟子居邹。季任为任处守,以币交,受之而不报。处于平陆,储子为相,以币交,受之而不报,他日由邹之任,见季子;由平陆之齐,不见储子。屋庐子喜曰:'连得间矣。'问曰:'夫子之任,见季子;之齐,不见储子,为其为相与?'曰:'非也。《书》曰:"享多仪,仪不及物曰不享,惟不役志于享。"为其不成享也。'屋庐子悦。或问之,屋庐子曰:'季子不得之邹,储子得之平陆。'""屋庐子喜曰:'连得间矣。'"发生在孟子分别接收了两个人的馈赠,却只看望了其中一个的时候,可知此处的"间"不是"空间"之"间",乃是指一种时机、机会。这样我们又可以从这个"间"字上知道说话人屋庐子喜问学的特点,从而更好地理解上下文中他的"喜"和他的"悦"。

5.3 义理与语境

　　许嘉璐先生曾提出训诂学要吸收西方诠释学的营养,并对诠释学大师狄尔泰"阐释就在于对残留于著作中的人类此在的解释。这种艺术是语文学的基础,而关于这一艺术的科学就是诠释学"一语中的"此在"做出了解释:"'此在'是一个哲学术语,也可以说是此时此地或某时某地的存在,狄尔泰的意思是阐释这种活动就是对残留于文献中的人类的存在进行解释,不是解释一字一句,而是解释一字一句背后的人,以人为本。"[①] 当然,有时候对一字一句的解释也是必要的,但最终目的是要解释一字一句背后的人,包括作者著作的本旨、通过文本所寄予的核心思想,这些思想在当时所处的地位、所起的作用、对当今所具有的意义,等等。这些,即是义理。义理从哪里来?它一定不能是无源之水无本之木。作者著作的本旨、文本所包含的核心思想,固然在一些文献中可以由它自身的点

---

① 许嘉璐:《训诂学与经学、文化》(四),载《文史知识》,2010年第3期。

睛之语明白地显现，如《孟子·离娄下》："齐人有一妻一妾而处室者。其良人出，则必餍酒食而后返。其妻问所与饮食者，则尽富贵也。其妻告其妾曰：'良人出则必餍酒肉而后反，问其与饮食者，尽富贵也，而未尝有显者来。吾将瞷良人之所之也。'蚤起，施从良人之所之，徧国中无与立谈者。卒之东郭墦间，之祭者，乞其余；不足，又顾而之他——此其为餍足之道也。其妻归，告其妾曰：'良人者，所仰望而终身也，今若此！'与其妾讪其良人，而相泣于中庭。而良人未之知也，施施从外来，骄其妻妾。由君子观之，则人之所以求富贵利达者，其妻妾不羞也而不相泣者，几希矣。"其中"人之所以求富贵利达者，其妻妾不羞也而不相泣者，几希矣"即孟子所讲故事包含的核心思想，体现了作者的主旨。但是，更多的文献，要分析其蕴含的思想、旨意，却非要综合整个语境加以推敲才能够明白，而且分析的结果在无形当中会受到训释者自身观念的影响。至于这些思想在当时所处的地位、所起的作用、对当今所具有的意义，就主要是训释者自己的体验、体会和看法，就不仅来自于原典的上下文语境、对原著作者写作时的情感及所处环境的分析，也更多地来自于训释者自己所处之时代的社会的文化的环境。例如：

《孟子·梁惠王上》："王亦曰仁义而已矣，何必曰利？"因为一个"曰"字，便有人做出了令人咋舌的解读："王啊、你不能把你的利挂在嘴上说啊，应该用'仁义'二字把它包装起来；让大夫、士、庶人都去尽仁义，并表彰他们无私奉献的仁义行为，于是便没有人去造你的反了。"认为政府不应该像孟子帮助梁惠王那样欺骗和剥夺老百姓，而应该时刻想着使士、庶人'利其身'；依法保障士、庶人的权益。孟夫子的义利之辨竟被歪曲至如此！其实，"曰"字仅是上承"王曰：'……亦将有以利吾国乎'"的"曰"而已，释读者只需注意到《孟子》语境中"民为贵，社稷次之，君为轻"（《尽心下》）的民本观念，注意到"七十者衣帛食肉，黎民不饥不寒""养生丧死无憾，王道之始也"（《梁惠王上》）的王道思想，便不至于如此误读。语境对于理解原著作者的情感及文本所蕴涵思想的作用，于此可见一斑。虽然歪曲原著义理的做法必须坚决反对，但解读典籍应该允许新的时代精神发生影响。《论语·述而》："子曰：'富而可求也，虽执鞭之士，吾亦为之。如不可求，从吾所好。'"魏何晏《集解》："郑曰：'富贵不可求而得之，当修德以得之。若于道可求者，虽执鞭之贱职，我亦为之。'孔曰：'所好者，古人之道。'"较为客观地解释了孔子的思想，因为从语法上分析，"富而可求"在主谓语之间使用"而"字连接，就是表示一种假设的语气，这与下文的"如不可求"刚好相应，是用两个假设句表明了富贵不可苟求、当符合道义的观点。至宋代,对这句话的解释就被加进了富贵由天定的思想。朱熹《集注》:"执鞭,贱者之事。设言富若可求,则虽身为贱役以求之,亦所不辞。然有命焉,非求之可得也,则安于义理而已矣,何必徒取辱哉?苏氏曰:'圣人未尝有意于求富也,岂问其可不可哉?为此语者,特以明其决不可求尔。'杨氏曰:君子非恶富贵而不求,以其在天,无可求之道也。"因为主观体验的作用,后世解读者在义理方面也往往可以超越原典,《诗经·鲁颂·駉》本为颂僖公之诗,其中有"思无邪,思马斯徂"的句子。朱熹《诗集传》认为:"孔子曰:'诗三百,一言以蔽之,曰思无邪。'盖诗之言,美恶不同,或劝或惩,皆有以使人得其情性之正。然其明白简切,通于上下,未有若此言者,故特称之,以为可当三百篇之义,以其要为不过乎此也。学者诚能深味其言,而审于念虑之间,必使无所思而不出于正,则日用云为,莫非天理之流行矣。苏氏曰:'昔之为《诗》者,未必知此也。孔子读诗至此,而有合于其心焉,是以取之,盖断章云尔。'"

对于这种解读者在义理上超越原典的现象,许嘉璐先生有过精要的论述:"今天我们解释《诗经》,解释《尚书》,实际上要超越它。怎样超越?在苏联时期的文艺理论里,有形象大于思维、思维大于形象的提法。形象是作家塑造的,越是塑造得鲜活,它所蕴涵的意义就越是能够超越作者最初的设想,即形象大于思维。思维大于形象,是说读者在读这本书、看这部电影的时候,他对于书中形象的联想、评判,又超越了书中、屏幕上的形象。我想也可以用这个道理说明超越元典的作者。"① 显然,超越原典的义理,绝不会仅仅来源于一词一句,而更多的是来源于原典及解读者自身所处的语境。

5.4 语境与理解障碍及误解

西方的宗教改革时期,斯宾诺莎《神学政治论》曾讨论到《圣经》的解释问题,认为:"凡是清楚明白的东西,我们可以直接地理解,凡是晦涩不明和不可理解的东西,我们必须根据历史资料推出作者的精神并以作者的精神来进行历史的解释。"② 这就是说,在阅读文本理解原著作者的思想时,有一些地方是清楚明白的,我们不必考虑语境问题,直接理解就可以了。但也会碰到一些晦涩不明不能理解的地方,如何克服这些理解障碍呢?此时不要盲从任何先有的信条和

---

① 许嘉璐:《训诂学与经学、文化》(四),载《文史知识》,2010 年第 3 期。
② 洪汉鼎:《诠释学——它的历史和当代发展》,人民出版社,2001 年,第 45 页。

权威，而要把上下文乃至全书仔细研究一番，不充足的话还要借助于其它的历史资料，尽量恢复历史语境，根据其中的根本原理推出作者的原意并以作者的原意进行历史的解释。其实，这种求解方法正是中国传统训诂学所常用的方法，其关键即在于联系语境。例如《论语·先进》："子曰：'由之瑟，奚为于丘之门？'门人不敬子路。子曰："由也，升堂矣，未入于室也。"孔子评价子路"升堂矣，未入于室"，是用了比喻的说法，用词都不生僻，但如果不了解古代人的生活习惯、家居环境，就很难理解这句话的深刻含义，就会形成理解障碍。陈绂先生《训诂学基础》是这样训释的："'由也，升堂矣，未入于室也。'这是说他的学问没有学到家。为什么要以'堂''室'作比呢？这就关系到古人的居住的习惯，古代的'室'是人居住的地方，有'户'与外相通。要入室必须先到堂，堂前无壁，相当于一个有顶有柱的高台，要到堂必须历阶而上，所以是'升堂'。一般情况下，外人是不能进入内室的，而仅只到了堂上，是无法得知主人家中的真正情况的。故孔子以'入室'比作学问的真正'到家'，把'升堂'比作只了解皮毛而未得到真谛的情况。"① 当然，理解障碍是多方面的，碰到不认识的字，也会形成理解障碍，"观境确义"本身并不能取代语言知识的学习，它帮助我们克服的理解障碍是在我们掌握了必要的语言知识以后，面对言语面对语篇表达时依然会遇到的理解困难。

那么，"观境确义"仅仅是我们在阅读中产生了理解障碍时才是必要的吗？实际上，西方普遍诠释学早已对斯宾诺莎的看法提出了异议。施莱尔马赫认为，我们阅读文本，正常的情况并不是斯宾诺莎所说的直接理解，正常的和普遍的恰恰是误解，看似没有理解障碍，其实得到的通常只是误解。他说："一部艺术作品也是真正扎根于它的根底和基础中，扎根于它的周围环境中。当艺术作品从这种周围环境中脱离出来并转入到交往时，它就失去了它的意义。它就像某种从火中救出来但具有烧伤痕迹的东西一样。"② "具有烧伤痕迹的东西"就不再是原本的东西，文本作者与解释者因为时间、语言、历史文化背景等方面的差异也就必然导致理解的失实。这种观点似乎有些夸大其辞，但是对我们不无启发，相比之下，许嘉璐先生的论述更为中肯："经学，或者说一切文献，总是为当时的社会和人群服务的。在时间上，语言在变迁，观念在变化，人们的目的和需求也不同。在空间上，学术思想环境因地而异。而时间与空间的交合就是历史。说这些

---

① 陈绂：《训诂学基础》，北京师范大学出版社，2005年，第114—115页。
② 〔德〕伽达默尔：《真理与方法》，王才勇译，辽宁人民出版社，1987年，第245页。

的时候我们不要忘了上次讲过的'言不尽意'，就是无论如何解释，特别是抽象词语，道德伦理思想乃至现在已经不存在的名物，都不是完全的确解。什么原因？空间时间的作用。"① 从这个意义上讲，对语境的重视应该是我们解读文本时一以贯之的东西，"观境确义"是我们得以避免误解和歪曲文本、而尽可能接近确解的指导原则。

5.5 语境的构成问题

从名物训诂与义理训诂的相互关系上，可以看出语境的构成是灵活的和多层面的。训释者的训释对象、训释目的不同，可资利用的语境也就不同，比如训释字词，其所在的短语、句子、语篇、表达时的情景、历史文化氛围等是它主要的语境，而训解作者的表达意图、文本蕴涵的思想及其价值与影响时，除了语篇本身的情景之外，就连训解者的经验、情感及所处的时代文化环境也都是必要的语境因素。

就训诂实践来说，解释字词、揭示经典原意是最基本的和常见的，此时训解者所依据的语境就主要是上下文语境及原著作者的个人遭际及其所处的历史文化环境等。训释者所首先要面对和直接接触的，就是是摸得着看得见的具有明确语言文字形式的上下文语境。胡裕树先生、范晓先生说："对具体句子进行分析时，可以同时从三个不同的平面或角度进行分析。例如'鸡，我不吃了'，从句法上分析，这是一个主谓句，主语是'我'，谓语是'不吃'，'鸡'是提示语（特殊成分）；从语义上分析，'我'是'吃'的施事，'鸡'是'吃'的受事，从语用上分析，'鸡'是主题，'我不吃了'是评论，'不吃'是焦点。"② 其实，文本中的任何词语都不是孤立存在的，都与其它的词语存在着多种侧面的密切联系，我们分析上下文语境，也应该从句法的制约、语义的关联、语用修辞的使用特点三个方面作综合的研究，而在综合比对的过程中，只要是合乎逻辑规则、合乎认识规律，对这三个方面的分析又必然是相互协调和相互支持的。其次，训释者如果要深入解读文本，就不应当止步于对上下文语境的关注，而要进一步探讨和利用原作者的情感、文本产生的历史文化环境等所谓广义语境的因素，并充分调动自身的经验、情感与文化积淀。为了充分说明这一点，我们不妨举一个典范

---

① 许嘉璐：《训诂学与经学、文化》（二），载《文史知识》，2009 年第 12 期。
② 胡裕树、范晓：《试论语法研究的三个平面》，载《新疆师范大学学报》，1985 年第 2 期。

的例子。许嘉璐先生曾谈及读诗要用心领会,他说:

> 幼儿园的娃娃都会读"床前明月光,疑是地上霜。举头望明月,低头思故乡"。但我们应该思考李白写的是什么季节?秋季。因为屋子外面有霜,他才把屋里地上的月光和霜联系起来,而当他"疑是地上霜"的时候。已经知道不是霜了。这个联想是季节带给他的,我想,当热得赤着膊扇着扇子时,是不会联想到霜的。李白是站着、坐着?还是躺在床上?他在屋子什么地方?我觉得是站在窗边。古代的窗子很小,在窗边举头可以望见明月,往里走两步就只能举头望屋顶了。干嘛举头望明月。低头就思故乡啊?月是故乡明。每个月都有圆月,干嘛非在秋天想啊?仲秋一过。绵绵秋雨就要下来了,寒风阵阵,天哪!这一年又要过去了。妻儿如何啊?父母怎样啊?思念!这是一。天冷了,围个小火炉,热着米酒,读着书,老婆在一边缝着衣服,这是最惬意的。可是现在我还漂流在外呢!古代的读书人最怕听到浣衣女在河边用棒槌洗衣服的声音,砧声让他联想很多很多。所以秋天最容易思乡。尽管我这样简要地解释了。但李白当时全部的心境,我仍然不得而知。如果有相似的环境,有相似的文化涵养,有对父母、对爱人、对所有亲人的强烈思念,我相信有人在吟咏这首诗时是要流泪的。①

许先生解诗如此精彩,最根本的原因就在于没有停留在对一词一句意思的解释上,而是深入到了广义的语境、联想到了知识分子乃至人类情感的通性。

语境的内容是无限的,语境诸因素在"确义"过程中所起的作用是不均衡的。一方面,语境随着训释对象及训释目的之不同而不同,有着多重侧面和多个层次,尤其是其广义语境、可以有无限的推理、引申与想象,另一方面,"语境一经消失,就不可能完全恢复,而且在尽力恢复语境时,不同的读者又会带有自己的主观。对古代文献的诠释,就在这样一种条件下向前发展的。"② 因此,可以说语境的内容是无限的。但是,我们无需面面俱到、时时刻刻关注无限的语境,因为语境诸因素在"确义"过程中所起的作用是不均衡的。作为"言语"而不是"语言",文本自身是一个有机体,牵一发而动全身,因此上下文语境是任何"确义"过程都必不可少的。在训诂实践中,一方面,对于简单的字词意

---

① 许嘉璐:《训诂学与经学、文化》(四),载《文史知识》,2010年第3期。
② 许嘉璐先生语,引自其2010年5月13日在北京师范大学汉语文化学院所开的《小学与儒学》讲座。

义的确定，一般情况下在上下文中就可以确定了，此时就不必过多地关注广义的语境。另一方面，确定义理时，对情境语境及文化语境诸多因素的分析，须随机视具体情况而定。例如，解释儒家经典，最好搞清楚儒家学说的基本观念与思想体系，而训释抒情性较强的文学作品的立意，对作者写作时的遭际境遇的分析显得十分重要。凡此不一而足。

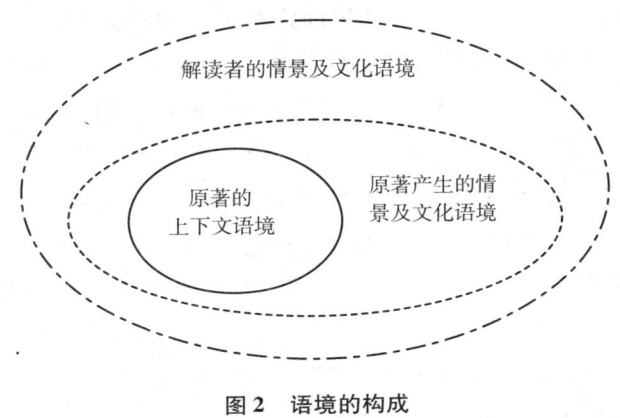

图 2 语境的构成

综上，我们可以把各类语境因素以下面的简图加以表示：这幅简图中间的实心部分，代表在各类确义过程中都必不可少的原著的上下文语境，第二层是原著、原作者的情景及文化语境，第三层则是解读者自身的情景及文化语境，外面两层语境因素的作用并非在各类确义过程中不可或缺，相比之下，它们对于义理训诂而言更为重要一些。

5.6 "观境确义"的综合性

首先，"观境确义"的过程综合了言语研究与语言研究。根据现代语言学对言语与语言的区分，语言是存在于言语、存在于每个人脑子里的社会共有的东西，它是一种符号体系，而言语则是对语言的具体运用，它是完全个人的东西。那么，"观境确义"作为确定文献中各级言语单位意义及价值的一种方法，是属于言语研究还是语言研究呢？它首先是一种言语研究，比如训释《孟子》，我们解释的是《孟子》语篇中字词句的含义、是孟子的思想，这些，都是具有鲜明个体特色的，不是什么社会成员共有的东西，我们的解释对象显然是言语而不是语言，毋庸置疑，我们的目的不是要把那时候汉民族的语言系统搞清楚，而是要弄明白《孟子》这部书都说了什么。利用文本自身语义的前后关联、分析语用修辞特点、知人论世、考察社会文化环境等"观境确义"的具体手段,都属于言语研究。

但另一方面,训释文献、"观境确义"也离不开对语言的研究,言语本身是社会个体对于全民共有语言的运用,这个运用应该是合乎语言规律、合乎社会约定俗成的规约的。比如文本中作者所使用的字词义,应该符合汉语语法规则、符合字词意义的发展规律,反过来,如果训释者在解读时遇到了疑难的字词义,就可以从汉语语法规则、字词意义的发展规律方面进行确定。《墨子·贵义》:"子墨子曰:'万事莫贵于义。今谓人曰:予子冠履,而断子之手足,子为之乎?必不为,何故?则冠履不若手足之贵也。又曰:予子天下而杀子之身,子为之乎?必不为,何故?则天下不若身之贵也。争一言以相杀,是贵义于其身也。故曰:万事莫贵于义也。'"孙诒让《墨子间诂》:"'贵义'疑当作'义贵'。毕云:'《太平御览》引作"义贵于身"。'"①《太平御览》引文与《墨子》传世本不同,孙诒让因此怀疑"贵义"当作"义贵"。其实,根据张新武先生的研究,"贵义于其身"与"义贵于其身"在古汉语中是两种不同的句式,"义贵于其身"是常见的形容词作谓语的差比句,而"贵义于其身"是动词作谓语的差比句的不常见的一种类型,这种类型差比句中的两个比较项,一个作谓语动词的宾语,一个作介词"于"的宾语。如《墨子·耕柱》:"我与子异,我不能兼爱。我爱邹人于越人……"其中,"我爱邹人于越人"就是这种差比句,其义为"我爱邹人甚于爱越人",两个比较项,一个是"邹人",作谓语动词"爱"的宾语,一个是"越人",作介词"于"的宾语。类似者又如:

①《史记·大宛列传》:"匈奴使持单于一信,则国国传送食,不敢留苦;及至汉使,非出币帛不得食,不市畜不得骑用。所以然者,远汉,而汉多财物,故必市乃得所欲,然以畏匈奴于汉使焉。""畏匈奴于汉使"的意思即"畏匈奴甚于畏汉使"。

②《淮南子·览冥》:"所谓兼国有地者,伏尸数十万,破车以千百数,伤弓弩矛戟矢石之创者扶举于路,故世至于枕人头,食人肉,菹人肝,饮人血,甘之于刍豢。""甘之于刍豢"是说,甘人肉、人肝、人血,甚于甘刍豢。

那么,上引《墨子·贵义》中的句子当为"贵义"还是"义贵"呢?张先生说:"当以作'贵义'为是。《太平御览》因不习见这种句式,因而改'贵义'为'义贵',类书引书而妄改古书者多矣,不当从。'义贵於其身'和'贵义於

---

① 孙诒让:《墨子间诂》,中华书局,1986年,第402页。

其身'意思不相同,'义贵於其身'表示客观存在,意思是义确实比其身贵;而'贵义於其身'则表示一种主观的态度,把义看得比其身贵 因此,'贵义'是不可以随便改为'义贵'的。"① 从语境上分析,"贵义"明显比"义贵"与上文衔接得更好。可见,运用语言的言语活动离不开了解熟悉该种语言这一前提,同样,解读文本也离不开了解熟悉原作者所使用的语言这个前提或基础。

其次,"观境确义"的过程综合了形、音、义的研究。在文献训诂的实践当中,最基本的"观境确义"就是疏通词句,确定字词在文本中的意义。而字词是形音义的统一体,形音义三方面相互依存和制约着,研究其意义,自然需要综合"形"与"音"的研究。

综合"形"的研究,这里不妨仍然举许嘉璐先生讲课的例子。《老子》第三十四章:"大道氾,其可左右。万物恃之以生而不辞,成功不名有。爱养万物不为主,可名于大。""爱养"或本作"衣被""依养"。清末俞樾认为"爱""衣""隐"是一个词,那么"爱养"的意思是"让万物依靠自己,养育万物"? 意义很别扭。《诗经·大雅·烝民》:"人亦有言,德輶如毛,民鲜克举之。维仲山甫举之,爱莫助之;衮职有阙,维仲山甫补之。""爱莫助之"什么意思,爱他而不帮助他吗?《毛传》:"爱,隐也。"隐讳而不能帮助他? 都让人感觉别扭。许先生说:

> 对于一个字,认识不清楚它的意义,就把与它同族的字、它的近亲找来。如果你想见某个人却见不到,不要紧,到他家去,看看他的哥哥弟弟爸爸妈妈,那么他的相貌、为人你大体可以推想出来,一样的。"爱"的后起字:
>
> 曖。《广韵》:"曖,日不明也。"《离骚》:"时曖曖其将罢兮。"《楚辞远游》:"昔曖睫其矇莽兮。"洪兴祖注:"暗也。"《晋书·杜预传》:"臣心了不敢以曖昧之见自取后累。"
>
> 靉。《玉篇》有"靉气",见《海赋》,李善:"不审之貌。"又有"靉靆","不明貌。"陆游诗曾用之。
>
> 我们今天有"曖昧",古代有"曖""曖曖""曖睫""靉""靉靆",全都有模模糊糊不清楚的意思。自然地,"爱"也会有这个意思,《静女》"爱而不见"就是模模糊糊,似乎看到了又似乎没看到,人影

---

① 张新武:《动词作谓语的"於"字差比句及其训诂问题》,载《语言研究》,2009 年第 3 期。

一闪又不见了。不是热爱,也不是隐。《烝民》"爱莫助之"就是用另外一种人来反衬仲山甫,模棱两可、含含糊糊、说的话圆滑而又圆滑,没有谁帮助他,态度不明朗。这样解释,我觉得文从字顺。那么《老子》"爱养"怎么解释?就是说大道对万物的爱、对万物的养育是不清晰的,"百姓日居而不知也"。实际上,在人类物质社会之上,有一个普遍规律在,谁都逃不过这个规律去。那个规律是不明朗不清晰的,为什么不用"隐"呢?因为智者、哲人是能够看清的,对于普通人才是模模糊糊的。"爱养",就不是"明养"。这就解开了《诗经》《老子》上的疑惑。①

许先生解释《诗经》《老子》上疑难词语的办法,就是用了综合"形"研究的办法,充分利用了语言系统中相关词语的特点,从而找到了"爱"字在文本中更为恰切的含义,避免了生硬的训解。

"观境确义"综合"音"的研究,则更为习见。因为古汉语中假借字较多,如果按照假借字自身的意思去讲,在文本语境中就会很不协调,"不辞",意思不通,此时就需要从语音上入手,本着语境的需要,找出假借字的本字来。王引之《经义述闻·卷三十二》"经文假借"条说得好:"至于经典古字声近而通,则有不限于无字之假借者,往往本字见存,而古本则不用本字而用同声之字。学者改本字读之,则怡然理顺,依借字解之,则以文害辞。是以汉世经师作注,有读为之例,有当作之条,皆由声同声近者,以意逆之而得其本字。所谓好学深思、心知其意也。"历代文献训诂实践中,此类具体例子多得难以枚举,兹不赘述。

再次,"观境确义"的过程综合了语言研究与义理研究。索绪尔认为,对言语活动的研究包含着两部分:一部分是主要的,它以实质上是社会的、不依赖于个人的语言为研究对象,可称为语言的语言学,另一部分是次要的,它以言语活动的个人部分即言语为研究对象,可以称为言语的语言学。因此,上述语言研究和言语研究实际上同属于广义的语言研究。而"观境确义"作为一种训诂方法,显然并不能止步于对语言和言语规律的体认与应用,它必然落脚于言语所承载的思想、即义理。《孟子·告子上》:"口之于味也,有同耆焉;耳之于声也,有同听焉;目之于色也,有同美焉。至于心,独无所同然乎?心之所同然者何也?谓

---

① 亦引自许先生2010年5月13日在北京师范大学汉语文化学院所开的讲座《小学与儒学》。

理也，义也。圣人先得我心之所同然耳。故理义之悦我心，犹刍豢之悦我口。"依照孟子的见解，义理其实是一种人类精神的食粮，圣人先于常人感受到了它，就用言语或文本来表达它。听众或读者如果通过言语或文本也感受到了它，就会有精神上的喜悦。推而广之，一切文本也都是要传达某种力图感染他人的思想情感，反过来，读者也总是要接收和评判文本负载的信息。义理靠语言承载，这才有必要研究语言，而义理本身才是人们关注的最终的对象，才是最需要确定和探讨的。因此可以推论，"观境确义"是语言研究与义理研究的综合。

人类的思想情感、对于宇宙人生的看法，总是带有强烈的民族特点，民族群体的思想、理念、行为、风俗、习惯，就成为一种民族文化，因此，诠释文本所蕴涵的义理，常常表现为阐释民族的文化，"观境确义"所确定和探讨的，就不仅仅是字词之义，更是字词背后的文化，阐释字词之义，往往直指文化之根。如《诗经》首章："关关雎鸠，在河之洲；窈窕淑女，君子好逑。"《毛传》："兴也。关关，和声也。雎鸠，王雎也，鸟挚而有别。""后妃说乐君子之德，无不和谐，又不淫其色，慎固幽深，若关雎之有别焉，然后可以风化天下"。"窈窕，幽闲也。淑，善。逑，匹也。言后妃有关雎之德，是幽闲贞专之善女，宜为君子之好匹。"《郑笺》："挚之言至也，谓王雎之鸟，雌雄情意至然而有别"。"怨耦曰仇。言后妃之德和谐，则幽闲处深宫贞专之善女，能为君子和好众妾之怨者。言皆化后妃之德，不嫉妒，谓三夫人以下。"毛、郑说诗不尽相同，但都把诗句放在汉民族赞赏渴慕理想女子幽闲贞专品性的文化语境中去理解，解释"雎鸠"，不是简单的鸟名，而是强调它"雌雄情至，犹能自别"的品格，解释"关关雎鸠，在河之洲"，不是简单地疏通语义，而要揭示出其"后妃说乐君子之德，无不和谐，又不淫其色，慎固幽深，若关雎之有别焉，然后可以风化天下"的象征意蕴。至宋朱熹《诗集传》仍一沿汉代这种文化说解："汉匡衡曰：'窈窕淑女，君子好逑，言能致其贞淑，不贰其操；情欲之感，无介乎容仪；宴私之意，不形乎动静。夫然后可以配至尊而为宗庙主。此纲纪之首，王化之端也。'可谓善说诗矣。"时至今日，对该诗句的解释异说纷呈而优劣互见，这里不妨试比较两种注解。其一："'关关'，雎鸠和鸣声。'雎鸠'，即鱼鹰。""'窈窕'，美好貌。'淑'，善。'淑女'等于说好姑娘。"[①] 其二："关关——雌雄两鸟彼此呼应的叫声。雎鸠——水鸟名，一般认为是鱼鹰。古代传说这种鸟雌雄形影不离。这里用它起兴，引起"君子"对于"淑女"的思恋。""窈窕——形容女子身态漂亮，

---

① 余冠英：《诗经选译》，人民文学出版社，1979年，第3页。

性情温良。淑——好。"① 相比之下，二者的差异在对于"雎鸠""窈窕"的解释较为明显，前者基本上停留于语言层面的解释，也谈不上有什么错误，但后者除了语言层面的解释，还较多地结合了该诗的文化语境，比较充分地揭示了此二词所包含的内蕴，因而可说是更好地解读了诗歌。读诗需反复涵咏，不能忘记义理，诠释其他的文本，同样需要语言研究与义理研究的结合。

---

① 赵浩如：《诗经选译》，上海古籍出版社，1982年，第4页。

6 "观境确义"在现代的具体运用

作为一种重要的训诂方法,"观境确义"固然是训诂学家阐释古籍的利器,但是,它从产生之初就不仅仅是解释古书的专利。诚如许嘉璐先生所说:"训诂之功至巨。训诂的方法不仅能够让人读懂古书、了解历史、了解古人的精神、灵魂,更重要的是这种思维和学风的训练。所以,我的理想就是希望在全中国高校所有的文科系、院、所都把文字、音韵、训诂开成必修课。即使学生毕业后不搞这行,所受到的训练也可以用到很多很多方面。"[①] 通过语境确定语义的原则与方法,当然可以很自然地运用到各种场合下的认知活动。结合个人的训诂实践及其他方面应用"观境确义"的体会,我们不妨以举例的性质谈一谈"观境确义"在现代的具体运用问题。

6.1 古籍整理

今天,中华传统文化渐成复兴之势。对古代的优秀典籍进行整理,已经成为一项光荣而急迫的使命。"观境确义"的原则和方法,可以有效地指导我们从事这种工作。以下几个例子是我们在"观境确义"思想指导下为相关古籍标点、今译工作提出的建议。

《左传·昭公五年》记载,晋国重臣韩起、羊舌肸出使到楚国,楚灵王召集大夫们说:"晋国是我们的仇敌,如今他们派来的是上卿和上大夫。如果我让上卿韩起成为看门人、让上大夫羊舌肸成为宦官来加以羞辱,就满足了我的愿望了,这样可以吗?"楚国大夫们面面相觑,无言答对。只有蒍启彊说了如下一番话:"可。苟有其备,何故不可……其余四十县遗守四千,奋其武怒,以报其大耻,伯华谋之,中行伯、魏舒帅之,其蔑不济矣。君将以亲易怨,实无礼以速寇,而未有其备,使群臣往遗之禽,以逞君心,何不可之有?"楚灵王听后大为震动,急忙改口说:"不榖之过也,大夫无辱。"孔疏对蒍启彊最后所说"何不

[①] 许嘉璐:《训诂学与经学、文化》(三),载《文史知识》,2010年第1期。

可之有"一句的意思作了解说:"启彊发首言可此云何不可之有言其可也绍上可之言服虔云何不可之有如是大不识文势。"李学勤《十三经注疏·春秋左传正义》把这段"疏"标点整理为:"启彊发首言'可',此云'何不可之有',言其可也,绍上可之言。服虔云:'何不可之有,如是,大不识文势。'"①

整理本的标点显然是有问题的。识不识"文势"即懂不懂语境,这应当是对注释者或解读者的评判,孔疏既已讲了"何不可之有"的意思,怎么可能凭空引来服虔"大不识文势"的批评呢?服虔又是批评谁的呢?实在令人摸不着头脑。其实,"大不识文势"当为孔颖达的评语,是批评服虔"何不可之有如是"的理解的。孔疏"启彊发首言'可',此云'何不可之有',言其可也,绍上可之言。"意思是说:楚子想要侮辱晋国的重臣,蘧启彊说"可",然后却极力罗列晋国公室的和睦、国力的强大,足见他说"可"是反话正说而已,用今天的说法,即反语,结尾他说"何不可之有"与开头呼应,同样也是反语,字面意思自然也是"可",是"有什么不可以的"之意。服虔却不能体会这种上下文口吻、语义的联系,解释"何不可之有"为反话反说,"何不可之有如是"。"何不可之有如是"意思是"哪里有不可行的事情像这样的呢?"这样,字面意思和实际意思就都是"不可"了,从而忽略了原文反语的表达方式。所以《正义》批评他大不识文势。整理本误把"大不识文势"标作服虔的话,是没有弄明白文本的叙述对象,亦可谓"大不识文势"。

综上,孔疏这段话当标点作:"启彊发首言'可',此云'何不可之有',言其可也,绍上可之言。服虔云:'何不可之有如是。'大不识文势。"

再如,《左传·庄公十八年》:"虢公、晋侯朝王。王飨醴,命之宥。"《左传·僖公二十五年》:"戊午,晋侯朝王。王飨醴,命之宥。"《左传·僖公二十八年》:"己酉,王享醴,命晋侯宥。"对此,李梦生《左传译注》相应的译文分别是:"虢公、晋候朝见周王,周王以甜酒招待,并命他们回敬自己。"②"戊午,晋文公朝见周惠王,周惠王用甜酒招待他,并命令他向自己劝酒。"③"己酉,周襄王设享礼用甜酒招待晋文公,命晋文公向自己劝酒。"④ 杨伯峻、徐提《白话左传》的翻译与此相类,如《僖公二十五年》:"周惠王用甜酒招待晋文公,又

---

① 李学勤主编:《十三经注疏·春秋左传正义》标点本,北京大学出版社,1999年,第1222页。
② 李梦生:《左传译注》,上海古籍出版社,1998年,第138页。
③ 李梦生:《左传译注》,上海古籍出版社,1998年,第289-290页。
④ 李梦生:《左传译注》,上海古籍出版社,1998年,第312页。

让晋文公向自己回敬酒。"①

　　笔者以为，这样的译文似通非通，因为没有充分考虑文本的语境及中国文化的特质。今天的读者很难读懂"并命他们回敬自己""并命令他向自己劝酒""命晋文公向自己劝酒"的确切含义，甚至会感到莫名其妙，不是别人主动地敬自己酒，而是命令别人敬自己酒，这酒喝着有什么滋味？此种翻译乃据《经义述闻》，但是并没有真正读懂《经义述闻》。《经义述闻》"命之侑、命晋侯侑"条缕析甚明。② 王引之指出了以往对于"侑"字的误释，同时也说明"或献或酢，有施报之义，故谓之侑。"《尔雅》："侑、报也。""侑"是相互的施报，固然包括宾客向主人敬酒的意思，但同时也包括主人向宾客劝酒的意思。周王与诸侯本是君臣关系，这里周王用的却是主宾献酢之礼，所以王引之说"命之侑"是"亲之"的体现。孙诒让《周礼正义》："盖凡朝享后之受礼与飨，公侯伯皆得与王相酢侑，虢公晋侯谦不敢当盛礼，故必王命之乃酢。"③ 承王引之之说，也是以"献酢"之盛礼释"侑"。王国维《观堂集林·释侑》："此不云酢而云侑者，以诸侯之于天子，不敢居主宾献酢之名，故虽酢天子，而其辞若曰侑之云尔。"指出"侑"有献酢之实而不敢居其名，并进一步考证出此"侑"字得名的由来是"侑之为言友也。鄂侯鼎字正作友。《有司彻》之宾尸也，乃议侑于宾以异姓，吉礼尸之有侑，犹嘉礼宾之有介也。《有司彻》一篇纪侑事者，无侑尸饮食之事，是侑之名义，取诸副尸而不取诸劝尸审矣"④。

　　上述有关译文则仅仅译出了宾客向主人敬酒之义，却完全忽视了该"盛礼"另外重要的一面——主人向客人劝酒，就无怪乎现代读者会心存疑惑了。因此，把"侑"字译为"向自己敬酒"是一种生硬而偏颇的译法，而只有把"侑"译为"用主宾酬酢之礼"才直指古代文化之根。"命"字译为"命令"也不甚妥。"用主宾酬酢之礼"对于周王来说，是对于臣下的一种亲近，而对于诸侯来说，是受之于君上的一种荣耀。在封建文化的语境当中，"用主宾酬酢之礼"实是君上对臣下的一种恩赐。所以，把"命"字翻译成"赐命"更为贴切一些。黄侃先生讲："小学之训诂贵圆，而经学之训诂贵专。"⑤ 就是这个道理。

　　那么，"命之侑""命晋侯侑"相对准确的译文应当是："赐命他们用主宾酬

---

① 杨伯峻、徐提：《白话左传》，岳麓书社，1993年，第90页。
② 参见本书4.2.1.4小节引文。
③ 〔清〕孙诒让：《周礼正义》，王文锦、陈玉霞点校，中华书局，1987年，第2965页。
④ 王国维：《观堂集林》（外二种），河北教育出版社，2001年，第765页。
⑤ 黄侃：《训诂学笔记》，见黄延祖重辑：《黄侃国学讲义录》，中华书局，2006年，第242页。

酢之礼""赐命晋侯用主宾酬酢之礼"。我们认为，这样翻译才更忠实于原文、才更能够再现文本的语境及文化内涵。

又如，《左传·隐公五年》："凡物不足以讲大事，其材不足以备器用，则君不举焉。"杨伯峻注："讲谓讲习、简习。大事指祭祀与兵戎。"① 沈玉成译文："凡是物品不能用到讲习祭祀和兵戎的大事上……"② 李梦生也以"讲习"注解和翻译"讲"字。③ 这种解释其实是不妥的。因为"讲习""简习"属古语，"讲习"并不能理解为今天的"讲习"。《现代汉语词典》："讲习：① 讲授和学习。② 研习。"那么，"讲大事"该如何解释和翻译呢？

"讲习"之解出自孔疏："凡物不足以讲大事者，物谓事物，旌旗车服之属。若其为教战祭祀等大事，故布设陈列则可。如其细碎盘游，虽陈其物，不堪足以讲习大事。止谓不为大事而陈此物，故云不足以讲大事也。……故讲习大事，以准度轨法度量，谓之为轨。准度轨量，即谓习战、治兵、祭祀之属是也。"据此分析，布设陈列旌旗车服之属是"讲大事"的手段，"准度轨法度量"即揆正兵戎祭祀的法度是"讲大事"的目的。孔颖达的"讲习大事"即指陈设旌旗车服以昭明兵戎祭祀等大事的法度。孔疏与《左传》的语境是紧相契合的，"故讲事以度轨量谓之轨，取材以章物采谓之物，不轨不物谓之乱政"。当然，"讲大事"的手段不仅仅是陈设旌旗车服，所以下文又说"故春蒐、夏苗、秋狝、冬狩，皆于农隙以讲事也。三年而治兵，入而振旅，归而饮至，以数军实，昭文章，明贵贱，辨等列，顺少长，习威仪也。"宋胡安国《诗经世本古义》桓公四年"公狩于郎"注："狩，所以讲大事也。用民以训军旅，所以示之武而威天下。取物以祭宗庙，所以示之孝而顺天下。"④ 可见，狩猎练兵及所附一系列的礼仪活动都是"讲大事"的手段。抛却具体的形式手段，简而言之，"讲大事"意思就是"昭明大事的法度"，"讲"即"昭明"，孔疏的"讲习"就是"昭明、使熟悉"。

《左传》"讲大事"的"讲"同于《礼记·礼运》"讲于仁"的"讲"。《礼运》"义者，艺之分，仁之节也。协于艺，讲于仁。得之者强。"孔颖达疏曰："'义者，艺之分，仁之节也'者，此明仁须义也。义者，裁断合宜也。艺，才也。仁，施也。人有才能，又有仁施。若非义裁断则过失，故用义乃得分节也。此唯明仁须义……讲，犹明也。使仁得节，是义能明于仁也。'得之者强'者，

---

① 杨伯峻：《春秋左传注》，中华书局，1990年，第41页。
② 沈玉成：《左传译文》，中华书局，1981年，第9页。
③ 李梦生：《左传译注》，上海古籍出版社，1998年，第22—25页。
④ 引自北京师范大学"中国基本古籍库·诗经世本古义"。

若能得才分仁节之理，则是豪强，为众所畏服也。"王力《古代汉语》常用词部分"礼记礼运的'讲于仁'，乃是讨论、议论"的说法显然是失当的，因为这里的主语是"义"，至"得之者强"，主语才被切换。孔疏"讲，犹明也"的解释十分精当。段玉裁《说文解字注》卷三："凡汉人作注云犹者，皆义隔而通之。""明"其实是"讲"较远的一个引申义。《说文解字》："讲，和解也。"和解则事成，事成则法度明。

综上所述，《左传》"讲大事"，今天当译为"昭明、使熟悉兵戎和祭祀等大事"。

值得一提的是，对古代典籍的解读与讨论还是当前众多语言学类或综合性学术期刊所关注的一个领域，不少专著、学位论文也常常涉及这一领域的探讨。"观境确义"的原则与方法，可以很好地指导我们参与此类讨论、促进学术发展。以下几个例子就是我们在"观境确义"思想与方法指导下取得的科研成果。

首先，我们看一看《史记》中的"服临"。[①] 王彦坤《〈史记〉所见辞书未收词语考释》[②]（以下简称《考释》）之"服临"条："穿戴丧服，哭吊死者。卷十《孝文本纪》：'其令天下吏民，令到出临三日，皆释服。毋禁取妇嫁女祠祀饮酒食肉者。自当给丧事服临者，皆无践。'按：'服临'义同'素服临吊'。"而王灿龙《"服临"成词说献疑》[③]（以下简称《献疑》）则曰："说'服临'是词，似有疑义，因为这既缺乏语言学上的理据，又得不到古汉语事实的支持。"我们认为，《考释》《献疑》在对《史记》文献的理解上都存在一定的偏差。

《献疑》认为"服临"不是一个词，"如果将'服临'看作词，会面临句法分析和语义解释的双重困难。首先，'给丧事服临者'的句法结构无法分析；其次，整个划线句子的意思无从索解（笔者注：《献疑》划线句子为'自当给丧事服临者，皆无践'）"。这个看法是正确的。可是，《献疑》进一步论述道：

> 那么《考释》一文何以会将"服临"作词看待呢？撇开作者其他的考虑不说，我们认为，这与原文错误的点断也有很大的关系。在我们看来，原文划线部分正确的点断应是：
> （1）自当给丧事服，临者皆无践。

这样点断后所形成的"自当给丧事服"和"临者皆无践"不仅都

[①] 参见邱洪瑞：《〈史记〉断句辨正一则》，载《江海学刊》，2011年第3期。
[②] 王彦坤：《〈史记〉所见辞书未收词语考释》，载《中国语文》，2005年第2期。
[③] 王灿龙：《"服临"成词说献疑》，载《中国语文》，2009年第3期。

能成句（即合语法），而且语义上也都能得到很圆满的解释。"自当给丧事服"可参照例（8）进行解读，此不赘。

"自当给丧事服"和"临者皆无践"果真在语义上都能得到很圆满的解释吗？恐怕未必如此。《史记》这段文字讲，孝文帝在遗诏中要求为自己办丧事不得奢糜、要避免劳民伤财：

> 当今之时，世咸嘉生而恶死，厚葬以破业，重服以伤生，吾甚不取。且朕既不德，无以佐百姓；今崩，又使重服久临，以离寒暑之数，哀人之父子，伤长幼之志，损其饮食，绝鬼神之祭祀，以重吾不德也，谓天下何！（《史记·孝文本纪》）

所以他谆谆告诫吏民哭吊三日即行除去丧服、不要禁止婚嫁祭祀、不必打赤脚哭祭、不要陈列车辆兵器，不要动员民间男女来宫殿哭吊……都是丧事从简的意思，那么为什么唯独还要强调"自当给丧事服"呢？那不就成了大力支持服丧哭吊了吗？可见这种解释在语义上很不圆满，在上下文语境实在扞格难通。再者，丧服有必要说成"丧事服"吗？

可见，结合上下文语境题旨，正确的点断应该是：

> 毋禁取妇嫁女祠祀，饮酒食肉者自当给，丧事服临者皆无践。

孝文帝的意思是不要禁止婚嫁祭祀、也不要禁止饮酒食肉（自当继续供给），服丧哭祭的都不必打赤脚。这样点断和理解就切合了孝文帝力求的丧事简办的主旨。《献疑》与《考释》（也包括《考释》所依据的中华书局1982年版《史记》）一样，都因为点断的错误带来了理解上的偏差。事实上，古人的语感与我们的分析是完全一致的：

> ①天下吏民发丧临三日。先葬二日，皆旦晡临。既葬，释服，无禁嫁娶、祠祀。佐史以下，布衣冠帻，经带无过三寸，临庭中。（《后汉书·礼仪志下·大丧条》）南朝梁刘昭注：文帝遗诏文有"饮酒食肉自当给，丧事服临者皆无践"。践，徒跣也。

《后汉书》原文有"无禁嫁娶祠祀"，而刘昭注："文帝遗诏文有'饮酒食肉自当给丧事服临者皆无践'。"如果以"无禁嫁娶祠祀饮酒食肉"为一句的话，《后汉书》的作者恐怕不至于丢掉这句话的后半段。而下面的这则例子则更具启发性：

②践：《史记·文帝纪》：丧事服临者皆无践。晋灼曰：《汉语》作跣，徒跣也。补遗：《汉书·五行志》：被发徒践。（《四部丛刊三编·班马字类附补遗·二十七铣二十八狝》）

《班马字类》的作者南宋娄机在这里所引用的，就是《史记·文帝纪》，其引文作"丧事服临者皆无践"而非"自当给丧事服临者皆无践"（"自当给丧事服临者，皆无践"或"自当给丧事服，临者皆无践"）。那么，以娄机的语感，此处的断句是"自当给丧事服临者，皆无践"还是"自当给丧事服，临者皆无践"呢？恐怕只能是"丧事服临者皆无践"吧！

确实，说"服临"是一个词，尚缺少语言学及文献的证据，但是，把"服临"从中间断开，同样是不妥的。"服"可以特指孝服、丧服。《正字通·月部》："服，丧服"。而古汉语中名词用作状语者实非鲜见。"服临"即"穿着丧服哭吊"，同样的用法如：

③案礼，祥除皆先于今夕易服，明旦乃设祭。寻比世服临然后改服，与礼为乖。（南齐书·卷一○）

④今东宫公除日，若依例皇太孙服临方易服。臣等参议，谓先哭临竟而后祭之。

应公除者，皆于府第变服，而后入临，行奉慰之礼。（同上）

③④中"易服""改服"的字眼已经很能体现"服临"的特点，如果详细考察其内容，则更可说明问题。③是说，按照古礼，大祥期满除服之礼都是在头天晚上换掉丧服，第二天早上再设祭。而到了近世则成了穿着丧服哭吊之后才改换服装，与古礼乖违。④是说，现在东宫公除之日，若依近世惯例，是皇太孙穿着丧服哭吊之后才易服。而众臣参议认为祥除之礼公除者都应在府第换掉丧服，然后入吊。在此，我们不难发现，因为已经先行除去丧服，所以不再说"服临"，只说"入临"。当然，古文献中更常见的是"服""临"分别与其他语词组织起来后在字面上相邻的用法，例如：

⑤上素服临吊者再，至赐东园秘器钱帛，策赠以列侯礼，谥曰烈君。（《汉书·卷八一》）

⑥是月，后母薨，帝制缌服临丧，百僚陪位。（《三国志·魏书·卷五》）

⑦蔡抗、杨栋相继守婺，赵景纬守台，聘为丽泽、上蔡两书院师，

乡之耆德皆执弟子礼。理宗崩，率诸生制服临于郡。(《宋史·卷四三八》)

综上，我们赞同《献疑》"服临"不是词的基本看法，但是认为"服临"之间不可以被点断，"丧事服临者皆无践"意即"在丧事中，穿着孝服哭吊的人都不要赤脚"。

接下来，我们分析一下《黄帝内经·四气调神大论》中的"发陈"。《黄帝内经素问·四气调神大论》："春三月，此谓发陈。"其中"发陈"二字，对于理解古人养生之要义，关系莫大。而清代姚止庵本已有确诂，惜乎其至今没有得到应有的重视，以致多种《内经》读本注解失当，而个别研究者竟南辕北辙、渐行渐远。

刘观涛等《活解黄帝内经》引王冰注："春阳上升，气潜发散，生育庶物，陈其姿容，故曰发陈也。"① 杨殿兴等《黄帝内经读本》："发陈：发，发生；陈，敷陈。发陈，推陈出新之意。"② 傅维康等《黄帝内经导读》与杨注同。③ 范登脉《〈黄帝内经素问〉疑难字词校补》："'发'当读'拨'，除也。除旧谓之'发陈'。"④

《四气调神大论》十分强调春夏秋冬四季的因应，试看：

春三月……逆之则伤肝，夏为寒变，奉长者少。
夏三月……逆之则伤心，秋为痎疟，奉收者少，冬至重病。
秋三月……逆之则伤肺，冬为飧泄，奉藏者少。
冬三月……逆之则伤肾，春为痿厥，奉生者少。

可见，养生者，春为夏"奉长"，夏为秋"奉收"，秋为冬"奉藏"，冬为来年之春"奉生"。正是因为春夏秋冬的递为根本，篇末的结论才是：

是故圣人不治已病治未病，不治已乱治未乱，此之谓也。夫病已成而后药之，乱已成而后治之，譬犹渴而穿井，斗而铸锥，不亦晚乎？

也就是说，养生，要在春天里为夏天的生长打好基础，在夏天里为秋天的成熟打好基础，在秋天里要为冬天的收藏打好基础，在冬天里要为来年春天的新生

---

① 刘观涛等：《活解黄帝内经》，军事医学科学出版社，2005年，第11页。
② 杨殿兴等：《黄帝内经读本》，化学工业出版社，2006年，第49页。
③ 傅维康等：《黄帝内经导读》，中国国际广播出版社，2008年，第225页。
④ 范登脉：《〈黄帝内经素问〉疑难字词校补》，广州中医药大学博士学位论文，2007年，第66页。

打好基础。生命在春夏秋冬四季的发展都是建立在上一个季节所积累的基础上的，同样，在四季里发生的重病都是因为在上一个季节里细微的疏失造成的。那么，不难察知，王冰注虽不甚贴切，即不能显示出冬之于春的密切关系，但对理解全文不至于有大碍。《黄帝内经读本》《黄帝内经导读》的解释是在王冰注的基础上以"推陈出新"一语解之，"推陈出新"包含了新与陈的相因关系，但其侧重在于新，"陈"的重要性难以凸显，惜于未达一间。而《〈黄帝内经素问〉疑难字词校补》的说法"除旧谓之'发陈'"则完全与原文题旨相违背，冬为春的所奉竟然成了被革除的对象，可见，这一解释对于读者准确把握《四气调神大论》的精髓极其有害。

其实，对于"发陈"，前贤多有精辟之论：

清张志聪《伤寒论集注》卷三："经云：'春三月，此为发陈'。茵陈感春生，发育之气因旧本而生，盖能启冬。"① 清孙诒让《札迻·素问王冰注校》："'春三月，此为发陈'……案：《针解篇》云：'苑陈则除之者，出恶血也。'注云：'陈，久也。'此'陈'义与彼同。发陈、启陈，并谓启发久故，更生新者也。王注失其义。"②

姚止庵《素问经注节解》注解尤详："发，发舒也。陈，陈积也。谓发舒其去冬之所陈积也。注言气潜发散，陈其姿容，是陈与发无辨矣……天地之气，生发于春，长养于夏，收敛于秋，归藏于冬，缺一不可，倒置不可。冬之藏，秋所奉也；秋之收，夏所奉也；夏之长，春所奉也；春之生，冬所奉也。苟不能应春而反逆其生发之气，至夏自违其融和之令，是所奉者少也。后仿此。"③ "逆冬之气，何以春为痿厥也？冬令主藏，敛四时之气而藏于密，藏之不固，则发越无基，而痿厥之病见于春也。"④

综上所述，"发陈"当解为"因陈生新，发舒去冬之所陈积"。要准确地理解古代典籍，我们应当把文本作为一个有机的整体来看待。诚如黄侃先生所云："今日籀读古书，当潜心考索文义，而不可骤言通假；当精心玩索全书，而不可断取单辞。"⑤ 脱离文本主旨轻言假借逗奇曲解，即使找到很多不相干的古籍用例，也只是徒劳无功，甚或还会带来一些不必要的消极影响。

---

① 〔清〕张志聪：《伤寒论集注》，北京师范大学，中国基本古籍库。
② 〔清〕孙诒让：《札迻》，中华书局，1989 年，第 355 页。
③ 〔清〕姚止庵：《素问经注节解》，人民卫生出版社，1983 年，第 5 页。
④ 〔清〕姚止庵：《素问经注节解》，人民卫生出版社，1983 年，第 6—7 页。
⑤ 黄焯撰集：《训诂学笔记》，见《黄侃国学讲义录》，中华书局，2006 年，第 272 页。

我们再来研究一下《左传》"叔向论楚衷甲"的"病"字。《左传·襄公27年》："赵孟患楚衷甲，以告叔向。叔向曰：'何害也？匹夫一为不信，犹不可，单毙其死。若合诸侯之卿，以为不信，必不捷矣！食言者不病，非子之患也。夫以信召人，而以僭济之，必莫之与也。安能害我？且吾因宋以守，病，则夫能致死。与宋致死，虽倍楚可也。子何惧焉？又不及是。曰弭兵以召诸侯，而称兵以害我，吾庸多矣，非所患也。'"是时晋楚争雄，宋国大夫向戌因为同时与晋正卿赵武、楚令尹子木相善，就想居间调停，以息诸侯之兵闻名。晋楚会于宋，正当结盟之时，楚人却图谋争先为盟主，并内穿铠甲，作好了使用武力的准备。赵武为楚人衷甲而忧虑，叔向因此对当时的政治形势作了分析。叔向所论，条贯清晰，但其中的两个"病"字，却历来解说不一。

第一个"病"字。杜预注："不病者，单毙于死。"《正义》阐发道："不病者，不唯病害而已，必至于死也。"明沈钦韩《春秋左氏传补注》："'食言者不病，非子之患也'，此与上当作一意读之，言不信者必不捷，彼食言者不自以为病，然终于不捷，岂能为患？杜解不了。"徐中舒《左传选》："不病，不能病人。"① 杨伯峻《春秋左传注》："不病盖省文，言不足困人也。"② 第二个"病"字，主要是其句法归属有两种意见。《春秋左传集解》、李学勤《春秋左传正义》整理本、杨伯峻《春秋左传注》等以"病"字上属，杨注："守病，守御楚之病我。"③ 杨氏《白话左传》相应译文为："而且我们依靠着宋国来防守他们制造的困难，那就能人人舍命。"④ 而陆粲《左传附注》、顾炎武《左传补正》及徐中舒《左传选》等以"病"字下属，徐注："病，为楚所病。夫能致死，人人拼命。"⑤

其实，叔向所论，条理甚明。其语旨为楚人衷甲不足为患，下有四层意思：一是，"不信"为做人行事之大忌，不信则事必不成。二是，始于信，终于不信，必然没有人帮助他。三是，凭依东道主宋国，士众用命，楚不足惧。四是，楚国失去民心，于我大有利。四层意思均以点明主旨的句子收束（分别为"非子之患""安能害我""子何惧焉""非所患也"）。"食言者不病"属第一层，首先，如以"不唯病害而已，必至于死"解之，则表意太过，楚人自取灭亡，当

---

① 徐中舒：《左传选》，中华书局，1964年，第194页。
② 杨伯峻：《春秋左传注》，中华书局，1990年，第1132页。
③ 杨伯峻：《春秋左传注》，中华书局，1990年，第1132页。
④ 杨伯峻、徐提：《白话左传》，岳麓书社，1993年，第279页。
⑤ 徐中舒：《左传选》，中华书局，1964年，第194页。

然不足虑，但也就没有必要继续下面的三层论述了。另外，从常理分析，"必至于死"也应有一个"疾加"的过程，不可说"不病"，以"不病"表"不唯病"，汉语似乎也无此句法。其次，如以"不能病人、困人"解"不病"，固然在本层可通，但很明显与下文的"病"，"楚之病我"或"为楚所病"相抵牾。相比之下，沈钦韩"彼食言者不自以为病"的解释更为妥当一些，本层讲"不信"严重的负面影响，食言者却意识不到这一点，"楚人尚不担忧自己'不信'的危机，我们又担忧什么呢？"第二个"病"字在第三层，指代楚人发难后出现的紧急情况，要说"抗击敌人的入侵"则可，而说"守卫敌人的入侵"则搭配不当。实际上，"因宋以守"远承上文"以藩为军，晋、楚各处其偏。伯夙谓赵孟曰：'楚氛甚恶，惧难。'赵孟曰：'吾左还，入于宋，若我何？'"各国临时以藩篱扎营，营防薄弱，晋国已经制定了楚国发难时入宋城坚守的策略。叔向的意思正是在楚国发难之时入城守御，而楚人既已失去民心，那么事态紧急时，士众自然会与他拼命。《说文解字》："病，疾加也。"此处的"病"即代指事态演变到紧急之时。楚人发难即入城守御，事态紧急才须拼命。可见，这个"病"字当下属，又因为它作时间状语，亦可单字停顿，标点为"且吾因宋以守，病，则夫能致死。"

6.2 思想文化研究

张志公先生说："不要一会儿丢下思想内容去讲语言文字，一会儿又丢下文章去讲思想内容。要统一起来，把语言文字讲清楚，从而理解思想内容，懂得了思想内容，又去领会语言文字的运用。"[①] 这句话的哲学基础是语言学习与民族文化传承具有内在的统一性。以下两个例子是我们在"观境确义"思想指导下对儒家思想、传统文化所做的思考。

6.2.1 关于儒学的性质及其社会教化功能[②]

儒学是国学的核心，在两千多年的封建时代里，一直作为华夏文明的代表，稳居正统学派的地位。但自辛亥革命以来，随着儒术失去政治上的独尊地位，人

---

① 张志公：《张志公自选集·漫谈语文教学》，北京大学出版社，1998年，第204页。
② 参见邱洪瑞：《儒学的性质及其社会教化功能溯源》，载《郑州轻工业学院学报》，2014年第3期。

们对儒学的态度大相径庭，关于儒学的论争也从未止息。时至今日，如何看待儒学的价值仍然是人们颇为关心的问题，一些支持儒学的极端者"开始提出用儒学疗救中国现代化进程中的'病灶'，甚至要求建立'儒家共同体专政'，主张'以儒治国'了"①。另有一些反对儒学的极端者则认为"儒、法在鼓动封建专制主义上途殊同归，'文革'封建主义大泛滥，儒、法都有其功"。提出了儒家文化"怎么没有把中国比较早地引导到现代化道路？反而是百般阻挠"等问题。②还有一些学者主张辩证地看待儒学（国学），如李存山指出："中国传统文化或国学中蕴含着丰富的思想资源，这些思想资源在古代构成一个系统，而我们应根据现代社会实践的需求来决定这些思想资源的改变和进一步发展的方式；同时，我们也应析取其他民族文化中的优长、普遍性的因素，来实现中西（或东西）文化的'创造的综合'。"③ 相比而言，后者的观点显得更为客观与公允，而面对儒学两千多年来复杂的历史进程及其遗留下的丰富文献，厘清儒学的根本性质、认识儒学基本的社会功能，对于弘扬中华优秀文化尤为重要。为此，我们借鉴并反思古今学者的一些观点，从儒学典籍及儒家自身发展演变的历史进程出发界定儒学的性质、分析不同历史时期儒学主要流派的具体教化功能、揭示出儒学历史发展的当代启示意义，从而达到更为适当地看待儒学和儒学研究、更好地传承与创新华夏文明的目的。

6.2.1.1 儒学的性质

儒学是博大渊深的，但儒学的性质并不易界定。儒学究竟是怎样一门学问？政治哲学、管理哲学、人生哲学、道德哲学等等答案不一而足，邓新文（2003）曾专论此事，认为"儒学在孔子那里只是率性循理、老老实实的生活，只是克己复礼、改过自新的实践工夫"。"说他的学问是哲学、知识、技能、艺术或其他任何一种现代意义上的学术都不对，但他的学问里面又确实包含这些学术的因素。"④ 应当说这种论断是比较合乎历史真实的，但是我们需要为此做出进一步的抽象和概括。《汉书·艺文志》云："儒家者流，盖出于司徒之官，助人君顺阴阳明教化者也。游文于六经之中，留意于仁义之际，祖叙尧、舜，宪章文、武，宗师仲尼，以重其言，于道最为高。"儒家源自司徒，而司徒主教，《周礼·地官司徒第二》："乃立地官司徒，使帅其属而掌邦教，以佐王安扰邦国。"

---

① 郭凤海：《"儒学开明论"质疑——儒学的性质与国学的定位》，载《理论探讨》，2011年第6期。
② 刘泽华：《关于倡导国学几个问题的质疑》，载《历史教学》（高中版），2009年第10期。
③ 李存山：《国学的价值评估与文化的辩证法》，载《光明日报》，2010年1月25日。
④ 邓新文：《论儒学的性质》，载《浙江学刊》，2003年第5期。

《孟子·滕文公上》说："人之有道也；饱食、暖衣、逸居而无教，则近于禽兽。圣人有忧之，使契为司徒，教以人伦，父子有亲，君臣有义，夫妇有别，长幼有叙，朋友有信。"皆言司徒为教化之官、肩负教化之责。因此，如果说儒家是"助人君顺阴阳明教化者"，那么儒学就是一种教化之学。

事实上如何呢？翻一翻儒家经典，《论语》中记载了不少孔子及其弟子关于为学的言论，而这些言论其实体现出儒家所认可的"学"不过就是完善自己内在品质、提高修养的过程，如以下依次列出的数章：

① 子夏曰："贤贤易色；事父母，能竭其力；事君，能致其身；与朋友交，言而有信。虽曰未学，吾必谓之学矣。"（《论语·学而》）

② 子曰："君子食无求饱，居无求安，敏於事而慎於言，就有道而正焉，可谓好学也已。"（《论语·学而》）

③ 子曰："吾十有五而志于学，三十而立，四十而不惑，五十而知天命，六十而耳顺，七十而从心所欲，不逾矩。"（《论语·为政》）

④ 哀公问："弟子孰为好学？"孔子对曰："有颜回者好学，不迁怒，不贰过。不幸短命死矣。今也则亡，未闻好学者也。"（《论语·雍也》）

当然，提高个人的内在品质并不是一句空话，它是离不开诗、书、礼、艺诸方面的熏陶感染的，事实上孔子的高足们也各有所擅："子曰：'从我于陈蔡者，皆不及门也。德行：颜渊、闵子骞、冉伯牛、仲弓；言语：宰我、子贡；政事：冉有、季路；文学：子游、子夏。'"（《论语·先进》）但孔子自称其"道"（学说）有一个中心："子曰：'参乎！吾道一以贯之。'曾子曰：'唯。'子出，门人问曰：'何谓也？'曾子曰：'夫子之道，忠恕而已矣。'"（《论语·里仁》）孔子正是以其"忠恕"学说教育人、感化人的。其德行科的贤弟子颜渊被作为好学的典范，后世儒者赞誉之为"复圣"。另外，作为"初学入德之门"的《大学》明确宣称："大学之道，在明明德，在亲民，在止于至善。""自天子以至于庶人，一是皆以修身为本。"天子庶人均须修身明道，修身即是为学，为学的最终目的是"止于至善"。这些材料都印证了儒家"明教化者"的角色，也证明儒学实质上是一种教化之学，是一种提倡仁德、教人向善的学问。

6.2.1.2 儒学的社会教化功能

儒学既是一种教化之学，那它最重要的功能必然就是教化功能。但在社会、时代诸种因素的巨大影响之下，儒学不同发展阶段的具体教化功能却不尽相同，特别是在教化的立足点及教化内容等方面差异颇大，今试析如下：

1. 以孔子、孟子为代表的先秦儒学，以社会大同为教化理想，以人格培养为教化内容。

自唐宋以来，知识分子向以孔、孟并称，"孔孟之学"成了"儒学"的代名词，但自晚清始，一些学人以为荀子之学实继孔子之后为儒学正宗，罗祖基（1992）据此进一步认为孟子思想为儒学异端，其学即使与孔子之学相比较，"也有某些基本点的不同"，而"从政治思想看，尊君是从孔子到荀子直到汉宋儒学的基本倾向"。① 我们认为，荀子对汉宋儒学的影响，确实较孟子更大，但孔、孟思想的基本点更为一致；也恰恰在"尊君"问题上，"孔、孟之学"与"荀子之学""汉宋儒学"判然有别。诚然，孔子对待国君的态度是很虔诚的，"三月无君，则皇皇如也"（《孟子·滕文公下》）；"君命召，不俟驾行矣"（《论语·乡党》）。但孔子对待国君，在治国问题上从来没有任何原则性的退让："邦有道，贫且贱焉，耻也；邦无道，富且贵焉，耻也。"（《论语·泰伯》）确实，以孔子之才，他但凡能够有一点儿的妥协，就不至于周游列国而总不见用。最能反映孔子教化理想的是《礼记》"礼运"篇，下面这段话至为关键：

> 孔子曰："大道之行也，与三代之英，丘未之逮也，而有志焉。大道之行也，天下为公，选贤与能，讲信修睦。故人不独亲其亲，不独子其子，使老有所终，壮有所用，幼有所长，矜寡孤独废疾者皆有所养，男有分，女有归。货恶其弃于地也，不必藏于己；力恶其不出于身也，不必为己。是故谋闭而不兴，盗窃乱贼而不作，故外户而不闭。是谓大同。今大道既隐，天下为家，各亲其亲，各子其子，货力为己，大人世及以为礼，城郭沟池以为固，礼义以为纪，以正君臣，以笃父子，以睦兄弟，以和夫妇，以设制度，以立田里，以贤勇知，以功为己。故谋用是作，而兵由此起。禹、汤、文、武、成王、周公由此其选也。此六君子者，未有不谨于礼者也。以著其义，以考其信，著有过，刑仁讲让，示民有常，如有不由此者，在势者去，众以为殃。是谓小康。"

《礼运》历来并不为学者详审，至熊十力先生始释义精当。先生曰："此篇以礼运名者，诚以小康之礼教当变易而进乎大道。运字之含义，即有变易或转移

---

① 罗祖基：《论孟子思想及其儒学的异端性质》，《青海社会科学》，1992年第2期。

等意思。"① 而考孔子此语，他对天下为公的大道的向往与对"大人世及以为礼"的小康礼教的贬抑是不难于体察的，所谓小康礼教乃是不得已情况下的权宜之计。十力先生疑"大道之行也，与三代之英，丘未之逮也，而有志焉"一句中"与三代之英"五字为后世奴儒所妄增，甚是。孔子既以社会大同为其最高的教化理想，他极力追求的就是完善的道德人格，孔子儒学的教化内容便主要在人格培养方面，《论语》所载孔子语录，句句是讲存心养性的功夫的，即使谈"为政"也不过是修德以正己正人而已。孔子用"仁""义"的概念涵盖君子的一切美德，又指示给人"推己及人"的行为准则，他反复强调的"孝悌"也不过是推己及人的一个重要环节，他所谓"臣事君以忠"之"忠"只是指尽心尽力地做事，这些都与后世的愚孝愚忠不同。如此看来，孟子提出的仁政学说与贵民轻君、限制君权等主张自是孔子"仁"学的自然延伸，至于孟子的重视主观精神修养、以"养浩然之气"达到"富贵不能淫，贫贱不能移，威武不能屈"的境界与孔子提倡的存心养性功夫并无二致。

2. 以董仲舒、朱熹为代表的汉宋儒学，以天人合一为教化理想，以礼义纲常为教化内容。

战国时期的大儒荀子已经主张强化君权，但他同时也重视人民的力量："庶人安政，然后君子安位。传曰：'君者，舟也；庶人者，水也；水则载舟，水则覆舟。'"（《荀子·王制》）汉代儒学则赋予君主以绝对的权威，"阳尊孔子而阴变其质，以护帝制"。在原始儒家看来，君臣、父子之间的责任和义务都是双向的："齐景公问政于孔子。孔子对曰：'君君，臣臣，父父，子子。'……"（《论语·颜渊》齐景公向孔子问政，孔子讲国君首先必须像个国君、必须行君道，然后才是臣子须行臣道、忠于职守。孟子云"父子有亲，君臣有义，夫妇有别，长幼有叙，朋友有信。"（《孟子·滕文公上》）即说父子之间要有亲情，君臣之间要有道义，也是讲父子要相互亲爱、君臣要相互负责任和讲道义。而汉代君主专制的地位已经得到巩固，儒生们因秦代焚书坑儒之祸大都已经丧失了原始儒家的操守，他们自觉地放弃了原始儒家的上述观念，国君的绝对权威作为"阳尊阴卑"的天道被确认下来：

> 是故春秋君不名恶，臣不名善，善皆归于君，恶皆归于臣。臣之义比于地，故为人臣者，视地之事天也；为人子者，视土之事火也，虽居中

---

① 熊十力：《原儒》，北京：中国人民大学出版社，2006。

央，亦岁七十二日之王，傅于火，以调和养长，然而弗名者，皆并功于火，火得以盛，不敢与父分功，美孝之至也。是故孝子之行，忠臣之义，皆法于地也，地事天也，犹下之事上也……（《春秋繁露·阳尊阴卑》）

儒林之有识者如董仲舒等人也只能以建立"天人合一""天人感应"的学说寄托自己的教化理想，对帝王进行委婉的警醒和规谏，希望帝王能够尊奉天道。但是在封建帝制时代，"天人合一""天人感应"说对帝王的制约作用微乎其微，董仲舒本人也曾因为把灾异之事与武帝比附而险些丧命，他苦心孤诣杂糅道家、法家与阴阳五行学说建立的汉代儒学其实只是主要地起到了钳制天下人思想、维护帝制的作用，其后儒学的教化内容便不外乎约束臣民的片面（责任与义务不均衡）的"三纲""五常"等礼义纲常。宋儒颇具怀疑精神，对于形而下的性命之学也很有兴趣，然而他们所怀疑的只不过是汉唐以来的繁琐章句，在对于"大道"的探求、对于宇宙产生过程的阐释方面一仍比附儒家纲常的传统，在这一点上，即使是以"学问渊博、深思明辩"著称的南宋理学宗师朱熹也不例外。朱熹继承北宋二程之说，又旁糅佛、老，建立了完整的理学体系，"三纲五常"的教化内容自然也是"天理"。他说："未有这事，先有这理。如未有君臣，已先有君臣之理；未有父子，已先有父子之理。不成元无此理，直待有君臣父子，却旋将道理入在里面。"朱熹在其代表性著作《四书集注》里也对这种纲常思想进行了宣扬。如注《论语·为政》："子张问：'十世可知也？'子曰：'殷因于夏礼，所损益，可知也。周因于殷礼，所损益，可知也"一章，朱熹不仅引用马融"所因，谓三纲五常。所损益，谓文质三统"之说，且明确界定了三纲五常的内容：

> 愚按：三纲，谓：君为臣纲，父为子纲，夫为妻纲。五常，谓：仁、义、礼、智、信。文质，谓：夏尚忠，商尚质，周尚文。三统，谓：夏正建寅为人统，商正建丑为地统，周正建子为天统。三纲五常，礼之大体，三代相继，皆因之而不能变。其所损益，不过文章制度小过不及之间，而其已然之迹，今皆可见。则自今以往，或有继周而王者，虽百世之远，所因所革，亦不过此，岂但十世而已乎！

可见，朱熹的天"理"思想与礼义纲常思想是浑融为一的。那么，在此前提之下，他对"理"的探求越是精深，汉宋儒学"三纲五常"的教化内容也就越能得到加强。

3. 以黄宗羲、谭嗣同为代表的近世启蒙儒学，以民本、平等为教化理想，以开启民智为教化内容。

黄宗羲是"明末清初三大儒"之一，其儒学思想与传统的汉宋儒学大异其趣，例如他论"臣道"云："缘夫天下之大，非一人之所能治，而分治之以群工。故我之出而仕也，为天下，非为君也；为万民，非为一姓也……君臣之名，从天下而有之者也。吾无天下之责，则吾在君为路人。出而仕于君也，不以天下为事，则君之仆妾也；以天下为事，则君之师友也。"（《明夷待访录·原臣》）出仕做官，是为万民，非为国君，所谓君臣之间的名分，只不过是因为有天下之事，如果没有管理天下事的责任，那我就和国君一点关系也没有。既然是天下事把君臣联系在了一起，那么君臣之间的关系，就应该是师友之间的平等关系。黄宗羲分别著《原君》、《原臣》，从君、臣最初的产生说明君臣的政治地位是平等的，而百姓才是社会之根本，是君、臣共同的服务对象。晚清谭嗣同完全继承了黄宗羲的民本学说："君，末也；民，本也。天下无有因末而累及本者，亦岂可因君而累及民哉？"（《仁学·三十一》）对于封建专制之君以及深受礼教纲常束缚之愚民，他常常大加针砭，例如：

> 尤可愤者，己（国君）则渎乱夫妇之伦，妃御多至不可计，而偏喜绝人之夫妇，如所谓割势之阉寺与幽闭之官人，其残暴无人理，虽禽兽不逮焉。而工于献媚者，又曲为广嗣续之说，以文其恶。然则阉寺官人之嗣续，固当殄绝之耶？且广嗣续之说，施于常人且犹不可矣。中国百务不讲，无以养，无以教，独于嗣续，自长老以至弱幼，自都邑以至村僻，莫不视为绝重大之事，急急以图之，何其惑也？徒泥于体魄，而不知有灵魂，其愚而惑，势必至此。向使伊古以来，人人皆有嗣续，地球上早无容人之地矣，而何以为存耶？又况天下者，天下之天下，徒广独夫民贼之嗣续，复奚为也？独夫民贼，固甚乐三纲之名，一切刑律制度皆依此为率，取便己故也。（《仁学·三十七》）

《仁学》声讨封建专制，融贯儒释耶三教、汇通哲学与现代科学，异常鲜明地体现了近世启蒙儒学以民为本、实现自由平等的教化理想以及开启民智的教化内容。

6.2.1.3 儒学历史发展的当代启示意义

知古以鉴今，我们概括儒学的基本性质、扒梳儒学在不同历史时期主要流派的具体教化功能，这对于当代社会有什么启示呢？其一，既然儒学实质上是一种教化之学，内含着提倡仁德、教人向善的普世价值，那么只要有人类社会存在，儒学就有继续存在的必要。其二,因为受制于社会、时代的诸多因素,历史上儒学的教化功能并不尽相同,其在教化理想、教化内容等方面差异颇大,故此我们必须历史地、辩证地看待传统儒学,吸取它合理的内核,摒弃历史所赋予它的杂质。其三,继承华夏文明,弘扬儒学,必须兼收并蓄,站在时代的前沿。历史上从儒学的产生到它的每一次变革,无不是博学通人苦心孤诣杂取先进文化加以融会贯通的结果。例如春秋时期孔子集众圣之大成始创儒学,他不仅精通尧、舜以至文、武时期的各种政教载籍,且深研《易》道至于韦编三绝;西汉董仲舒以先秦儒学为核心,又杂糅阴阳五行及道、法诸家学说,为汉宋儒学打下了根基;宋代朱熹继承北宋诸儒,又糅合佛、老,方建立起完整的理学体系;晚清谭嗣同幼年勤奋,博览群经,成年后又广泛地阅读了大量佛学、西学著作,才沟通中西、融贯哲学、现代科学以著《仁学》……从某种意义上说,正是各个时代的文化巨人殚精竭虑融汇众说才成就了历史上儒学的辉煌。今后儒学的发展自然也不会例外,儒学还会崛起,崛起后的新儒学必然是融贯当代中外一切先进文化的结果,而任何目光短浅却自诩为儒学大师者、任何心胸褊狭盲目中伤儒学者,都不过是一时的小丑,他们不会在历史长河中留下任何的痕迹,更不会有损儒学的光辉。

6.2.2 儒家"天下之中"观念的文化领导权理论解读①

　　河南洛阳一带古称"天下之中",亦称"地中""天地之中",这些称谓与"中国""中原""中州"的得名关系密切,在中国历史上影响深远,因此曾吸引了不少学者的关注:或分析、考证"天下之中"概念的历史渊源、地理位置,或从某一角度对"天下之中"的丰富蕴含进行阐释。这些研究对我们认识"天下之中"的内涵都是很有价值的,但其中也有一些判断(如认为并不存在所谓"天下之中"、"天下之中"是以自己为中心而形成的一种观念、"天下之中"是一种都城择址理论,等等)似有简单化之嫌,甚至在某种意义上可以说是对"天下之中"的误解。可见,对于儒家的"天下之中"观念,仍然有必要做进一步的讨论。考察"天下之中"观念的产生背景及其实际作用,我们觉得传统儒家的相关政治实践,很适宜于使用意大利著名思想家安东尼奥·葛兰西(1891—

---

① 参见邱洪瑞:《儒家"天下之中"观念的文化控制蕴涵——基于葛兰西文化领导权理论解读》,载《郑州轻工业学院学报》,2015年第3期。《新华文摘》2015年第19期摘录,题为《儒家"天下之中"观念的文化控制蕴含》。

1937）提出的"文化领导权"理论来进行解读。作为卓越的西方马克思主义理论家，葛兰西提出了"文化领导权"的掌控问题，认为意识形态是比国家强权更加根本的东西，主张运用文化手段赢得大众对主流意识形态的积极赞同，从而维护、巩固国家政权。"如果统治阶级失去了舆论的拥护，就是说，它不再是'引导'而只是'控制'，只靠行使暴力强制，这就充分说明广大群众已经同他们传统的意识形态决裂，对于他们过去曾经相信过的东西现在已经不再相信"① 那就会带来统治者的"权威危机"。"在联盟内部，和平时期的状况是最重要的。因此，任何在战争时期执政的一方都可能由于战争的削弱最终失去霸权，被迫眼睁睁看着更加灵活或"幸运"的"服从者"掌握领导权。"② 我国周代历史近八百年，是存在时间最长的一个朝代；另一方面，以周公为代表的周初统治者所奠基的周代礼乐文化十分发达——"郁郁乎文哉"！周王室成功地掌控着葛兰西所言的"文化领导权"，而周王朝对"文化领导权"的掌控，是从武王、周公营建洛邑开始的。

6.2.2.1 武王、周公营建洛邑"天下之中"的初衷：巩固新生政权，取得思想文化的领导权

周初营建洛邑的原委，《史记·周本纪》所载较为详备：

> 武王至于周，自夜不寐。周公旦即王所，曰："曷为不寐？"王曰："告女：维天不飨殷，自发未生于今六十年，麋鹿在牧，蜚鸿满野。天不享殷，乃今有成。维天建殷，其登名民三百六十夫，不显亦不宾灭，以至今。我未定天保，何暇寐！"王曰："定天保，依天室，悉求夫恶，贬从殷王受。日夜劳来定我西土，我维显服，及德方明。自洛汭延于伊汭，居易毋固，其有夏之居。我南望三塗，北望岳鄙，顾詹有河，粤詹洛、伊，毋远天室。"营周居于洛邑而后去。纵马于华山之阳，放牛于桃林之虚；偃干戈，振兵释旅：示天下不复用也。

这段话讲武王灭商之后，因为极度担忧新生周王朝的政权尚不巩固，而夜不能寐（"未定天保，何暇寐"）。此时周已经从一个小邦跃升而为天下宗主，国土面积已经相当辽阔，这从《左传·昭公九年》的叙述约略可见："王（周景王）使詹桓伯辞于晋，曰："我自夏以后稷、魏、骀、芮、岐、毕，吾西土也。及武王克商，蒲姑、商奄，吾东土也。巴、濮、楚、邓，吾南土也。肃慎、燕、亳，

---

① 〔意〕安东尼奥·葛兰西：《葛兰西文选》，国际共运史研究所编译，北京：人民出版社，1992年。
② 〔意〕安东尼奥·葛兰西：《狱中札记》，曹雷雨等译，中国社会科学出版社，2000年。

吾北土也。"孔颖达注:"上文既言'西土',故以下唯说三方。其实西方所至,过于上文,自岐以西,犹是周竟,但不复重言之耳。服虔云:蒲姑、商奄,滨东海者也。蒲姑,齐也。商奄,鲁也。二十年传曰:'蒲姑氏因之。'定四年传曰:'因商奄之民,命以伯禽。'"周人本来偏居于陕西,如今突然获得如此广袤的领土,西起岐山以西,东至大海,北过霍太山,南达江汉,能否实行有效的行政管理?能不能做到长治久安?周武王深思熟虑,最终对王朝的未来做出了一番规划,并向周公旦进行了说明:依靠"天室",在洛水与伊水之间的平易之地建立新邑,进一步打击敌对势力、宣扬大周的德教。围绕巩固新生政权这一中心,武王实际上提出了文、武两种策略,武是肃清残敌,文即文教,通过文化的手段征服天下人心,其主要措施是依天室、建新邑。所谓"天室",即中岳嵩山,嵩山被认为是天神居住之地,又刚好在当时周王朝实际统治区域的中心地带,因此其附近洛、伊之间的夏、商故地被武王所看中。此地在地理上既为王国之中心,又毗邻通天之圣山,在历史上还是大禹的诞生之地,拥有先进的中原文化,非常有利于统治者宣扬配天治民的神话、取得思想文化上的领导权。于是,周初营建洛邑的决策就此提出。

肃清残敌的工作很快就完成了,新邑的营建则是一项更加复杂繁重的任务,根据《尚书》的记载,营建新邑的过程伴随着一系列重大的宗教活动,时时昭示着周王朝受命于天的政权合法性、正统性。营建新邑之前,召公、周公进行了实地占卜:"太保(召公)朝至于洛,卜宅。厥既得卜,则经营。""我(周公)卜河朔黎水,我乃卜涧水东、瀍水西,惟洛食;我又卜瀍水东,亦惟洛食。"在营建的一些重要的时间点,周公、成王分别主持了隆重的祭祀仪式:"周公朝至于洛,则达观于新邑营。越三日丁巳,用牲于郊,牛二。越翼日戊午,乃社于新邑,牛一、羊一、豕一。""戊辰,王在新邑烝,祭岁,文王骍牛一,武王骍牛一。王命作册逸祝册,惟告周公其后。王宾杀禋咸格,王入太室,祼。王命周公后,作册逸诰。"昭告殷代遗民周革殷命是受皇天上帝之命:"诰告庶殷越自乃御事:呜呼!皇天上帝,改厥元子,兹大国殷之命。"营建洛邑的工程由周公旦主持,是时周公做《召诰》《洛诰》,对洛邑"天下之中"的地位和周王来此德配天地、安抚万邦的政治意义进行了说解:"王来绍上帝,自服于土中……其作大邑,其自时配皇天,毖祀于上下,其自时中乂,王厥有成命治民。""其自时中乂,万邦咸休,惟王有成绩。""天下之中"此时被表述为"土中"、"时中",在这里进行统治,会万邦宾服、王有成绩。可见,武王、周公营洛邑的初衷即是从思想文化上占据领导地位,巩固新生政权。

6.2.2.2 后儒对洛邑"天下之中"的政治阐释：巩固封建统治，维护政权的文化领导权

周公营洛之后，以洛邑为文化中心，制礼作乐，四海宾服，使周代文化空前繁荣，统治者牢牢掌握了思想文化上的领导权，大一统的国家意识得到了强化，武王所定下的基本国策被很好地执行了下来。此后，王者居于天下之中成了后代儒家的一种基本认识，"天下之中"成了王者发政行仁之地的代名词，其感召力是不言而喻的。《孟子·尽心上》表述王者的基本特征即"中天下而立，定四海之民。"汉代赵歧注："中天下而立，谓王者"。洛邑"天下之中"的地位既然成了封建王朝得天命之眷顾、配天治民的现实基础，在获取文化领导权的过程中起着举足轻重的作用，"天下之中"也就成了一个重要的政治、文化概念，需要得到很好的阐释。而历代儒者的说解，约略可以分为表层说解与深层说解两种。

其一，表层说解侧重于论证洛邑"天下之中"的地理位置，是基于古代宇宙起源哲学及天文测量方法的解释。《尚书》所保存的周代文献《召诰》《洛诰》并未具体说明武王、周公是如何确定洛邑为"天下之中"的，后世一些学者便要代为阐释，提出了一些形上学的论证，基于古代宇宙起源哲学和一些玄妙的"天道之数"、进行了一些数学计算，并以测日影的天文学方法加以印证，力图能够自圆其说。其典型例子如《周礼·地官司徒》："日至之景尺有五寸，谓之地中：天地之所合也，四时之所交也，风雨之所会也，阴阳之所和也。然则百物阜安，乃建王国焉，制其畿方千里而封树之。"郑玄注："景尺有五寸者，南戴日下万五千里，地与星辰四游升降于三万里之中，是以半之得地之中也。畿方千里，取象于日一寸为正……郑司农云：'土圭之长尺有五寸，以夏至之日立八尺之表，其景适与土圭等，谓之地中。今颍川阳城地为然。'"其中"南戴日下万五千里，地与星辰四游升降于三万里"云云，即不加考辨地沿用了一些"天道之数""土圭之长尺有五寸，以夏至之日立八尺之表，其景适与土圭等，谓之地中"，是运用测日影的天文学方法进行的相当巧妙的印证。与传说中的"天道之数"的完全无可稽考不同，使用土圭测影法确定"地中"特别是国土南北纵深的中间线具有一定的参考价值，唐代贾公彦疏云：

> 周公度日景之时，置五表。五表者，于颍川阳城置一表为中表，中表南千里又置一表，中表北千里又置一表，中表东千里又置一表，中表西千里又置一表。今言日南景短多暑者，据中表之南表而言，亦昼漏半，立八尺之表，表北得尺四寸景，不满尺五寸，不与土圭等，是其日南，是地于日为近南。景短多暑，不堪置都之事北。云"日北"者，

据中表之北表而言，亦昼漏半，表北得尺六寸景，是地于日为近北，是其景长多寒之事也。

按照贾公彦的说法，周代国土南北纵深约为两千里，在最南端立八尺之表，夏至日午时测得一尺四寸的表影，在最北端立八尺之表，夏至日午时测得一尺六寸的表影，在洛邑地区的颍川阳城（即今登封市告成镇）立八尺之表，夏至日午时刚好能够测得一尺五寸的表影，当然就很有说服力了。此外，通过对"天下之中"圭表尺寸、形制的精心设计，登封的"周公测影台"还收到了夏至日午时"无影"的观察效果。普通民众便对洛邑"天下之中"的地理位置深信不疑，"天下之中"的观念也就深入人心、根深蒂固了。

其二，深层说解侧重于论证洛邑"天下之中"的历史渊源，是基于儒家的德政思想进行的解释。《荀子·大略》把王者居"天下之中"视为一种"礼"："君人者，隆礼尊贤而王，重法爱民而霸，好利多诈而危。欲近四旁，莫如中央；故王者必居天下之中，礼也。"《左传·昭公三十二年》："昔成王合诸侯城成周，以为东都，崇文德焉。今我欲徼福假灵于成王，修成周之城，俾戍人无勤，诸侯用宁，蛮贼远屏，晋之力也。"分析周成王时营建成周（洛邑）的目的为"崇文德"，"崇文德"之意，晋杜预注："作成周，迁殷民以为京师之东都，所以崇文王之德。"刘炫不同意杜预"崇文王之德"的说法，以为"崇文德"是"崇文德之教"，即注重思想文化上的教育、引导。今人杨伯峻同意刘炫的看法："《论语·季氏》'故远人不服，则修文德以来之'之文德与此同义，言非武功也。"无论何种说解，实际上都指出了修成周（洛邑）的目的在于倡明文教、德化天下。当代一些学者径视"天下之中"为一种都城择址理论，未免失于狭隘。其实，儒家"天下之中"的观念主要地是在起着一种文化上的引导作用，一方面引导国人自觉地融入国家主流文化，增强其归属感和向心性，一方面引导王朝的统治者实施德政，主动领跑先进文化。其与现实政治生活中的都城择址行为只是偶有交叉而已。以周代而论，"天下之中"——洛邑营建成功之后，西周历代天子却都没有迁都于此，"天下之中"数百年来仅仅是作为国家的文化中心而存在，充其量只能算是陪都。直至西周的统治结束，关中政治形势恶化，东周平王才不得已迁都于此，而此次迁都还颇受后代有识之士诟病，如：

> 周世绝不闻河患，但苦戎狄，盖关中之地已近边塞矣。当时燕、晋、代、秦诸国，诸侯各自守其地以御夷，而区区天子之都竟不能守而以予秦，使得成帝业，岂非天哉！

"天下之中"与都城择址的关系,《史记·刘敬叔孙通列传》所载娄敬劝阻刘邦都洛阳之论很有代表性:

> 娄敬说曰:"陛下都洛阳,岂欲与周室比隆哉?"上曰:"然。"娄敬曰:"陛下取天下与周室异。周之先自后稷,尧封之邰,积德累善十有余世。公刘避桀居豳。太王以狄伐故,去豳,杖马箠居岐,国人争随之。及文王为西伯,断虞芮之讼,始受命,吕望、伯夷自海滨来归之。武王伐纣,不期而会孟津之上八百诸侯,皆曰纣可伐矣,遂灭殷。成王即位,周公之属傅相焉,乃营成周洛邑,以此为天下之中也,诸侯四方纳贡职,道里均矣,有德则易以王,无德则易以亡。……且夫秦地被山带河,四塞以为固,卒然有急,百万之众可具也。因秦之故,资甚美膏腴之地,此所谓天府者也。

娄敬的分析很有说服力,营建洛邑作为"天下之中",是一种有利于取得文化领导权的文教手段,若以"天下之中"为都城,有德则易以王,无德则易以亡。以汉初的政治形势,秦地长安更宜于建都。可见,如果把"天下之中"的文化观念单纯看成一种都城择址理论,则其缪大矣。

6.2.2.3 儒家确立和传播"天下之中"观念对现代社会的启示意义:引领文化潮流,创造先进文化

如上所述,儒家的"天下之中"观念适宜于使用葛兰西的文化领导权理论进行解读。葛兰西出生于19世纪末的意大利,他的文化领导权理论形成于20世纪二三十年代,本来是在研究西方"现代国家"社会结构的基础上提出来的,目的是探讨西方国家的社会革命道路,以为一个历史集团夺取政权的关键在于获得文化上的领导权,从精神文化上吸引并争取广大民众:"每个国家都是伦理国家,因为它们最重要的职能就是把广大国民的道德文化提高到一定的水平,与生产力的发展要求相适应,从而也与统治阶级的利益相适应。"[①] 虽然葛兰西的理论在当时并未引起人们的注意,但因为此种理论凸显文化的政治职能,在全球范围内文化对撞日趋激烈的当代社会具有多方面的启示意义,所以自20世纪70年代至今,葛兰西及其文化领导权理论越来越引人关注,黄伊梅指出:"支配冷战时期达半世纪之久的'和平演变'战略以及指导后冷战时期的'文明冲突'论,无不是从意识形态和文化上争夺控制权,这正是我们重审并重估葛兰西文化领导

---

① 〔意〕安东尼奥·葛兰西:《狱中札记》,曹雷雨等译,中国社会科学出版社,2000年。

权理论的现实意义之所在。"① 同样，运用文化领导权理论的深层思维方式解读儒家的"天下之中"观念，既可以准确理解"天下之中"观念的深刻内涵，又能够帮助我们深入思考儒家确立和传播"天下之中"观念对现代社会的启示意义。

其一，作为历史上统治最长久的朝代，周代立国八百年，"天下之中"的文化向心力功不可没，启示当代中国重视知识分子和理论阐释，制定恰当的文化策略，主动适应全球化背景下多种文明的交流与碰撞。"天下之中"一词的远源是周代文献中的"土中""时中"，即国土的中心地带，"天下"概念的外延最初是与国家的辖域重合的。《史记·周本纪》："成王在丰，使召公复营洛邑，如武王之意。周公复卜申视，卒营筑，居九鼎焉。曰：'此天下之中，四方入贡道里均。'"《汉书·地理志下》："昔周公营洛邑，以为在于土中，诸侯蕃屏四方。"在此意义上，地理上的"天下之中"是确实地存在的。地理上的"天下之中"被作为文化中心兴建之后，长期的礼乐教化使"天下之中"成了儒家的一个核心观念，其代表的是儒家所一直主张的德政思想。在"天下之中"由一个地理概念升华为一种文化、道德观念的过程中，历代儒家知识分子的理论阐释工作功不可没，这种阐释是对周代现实政治实践的理论总结，是对传统文化、道德的因势利导。葛兰西曾说："有一种历史政治的学术观点认为：只有那些预先经过精心策划或对应抽象理论（其结果都是一样）的运动才是百分之百的觉悟运动。但是现实则是多种因素千奇百怪的结合。理论家必须揭开其中的谜团，才能找到自己最新的理论依据，把历史生活的要素'翻译'成理论语言，而不能期待现实符合抽象的计划。"② 说明了理论家（"伟大知识分子"）阐释工作的价值所在。二十一世纪的第二个十年，大国之间的博弈已经逐步走向了深水区，国际政治中不同文明之间的冲突日趋激烈，揭示当代先进文化的内涵、实质，取得文化上的领导权、制定适当的文化策略，诞生一种新的"天下之中"文化观念已经迫在眉睫。

其二，"天下之中"并不是以自己为中心而形成的一种观念，它的产生是周初统治者主动选择文化发达地区建立文化中心、借鉴吸收夏商两代优秀文化的结果，启示当代中国在文化建设上应当心胸宽广、兼收并蓄。周人长期生活在所谓

---

① 黄伊梅：《文化领导权的理论与策略——葛兰西思想研究》，载《中共中央党校学报》，2006年第2期。
② 〔意〕安东尼奥·葛兰西：《狱中札记》，曹雷雨等译，中国社会科学出版社，2000年。

的"西土",即陕西渭水流域,"西土"的文化其实并不如中原地区发达,中原是夏商两代政治活动的中心区域,历史积淀丰厚,文化源远流长。武王武力克商之后,担心"天保"未定,实质上就是担忧拥有发达文化的商朝遗民有朝一日会在政治上卷土重来,这才深思熟虑,最终制定了在中原地区吸纳先进文化、建设"天下之中"的文化策略。《论语·八佾》:"子曰:'周监于二代,郁郁乎文哉!'"孔子赞叹的周文化正是因为武王这种开放的文化策略才发达起来的。

其三,儒家对"天下之中"观念的传播、阐释,既有顺应时代民心的德政主旨,又掺杂了所谓"天道之数"之类的愚昧迷信,我们应一分为二,辩证看待,以建设科学、民主的社会主义文化。"天下之中"既是地理概念,又是文化观念。因为历史上的渊源,"天下之中"的两种不同内涵很难截然分判,如前所述,一些儒家学者受到封建时代的局限,对"天下之中"做了一些不符合现代科学甚至显得荒谬的说解,我们不可再盲目执守。同样,现代一些学者不承认"天下之中"的存在、或者以为"天下之中"仅是以自己为中心而形成的一种观念、或者把"天下之中"简单地看成一种都城择址理论,也都是很不恰当的。葛兰西认为,知识分子的任务是"确定和组织道德生活和精神生活的改革,用言辞使文化适应于实践领域",赋予知识分子以极高的历史使命。同时,葛兰西对于那些曾经起到过进步作用、但最终企图愚弄人民的反动历史集团的认识也非常深刻:"1.该党是新文化的载体,这是一个进步时期;2.该党希望阻挠其他新文化载体变成'独裁'力量,这是一个客观上的倒退和反动阶段——虽然反动势力企图伪装成新文化的载体,不承认自己的倒退(实际情况就是如此)。"① 可见,愚昧迷信、顽固保守是没有任何出路的,实现中华民族的伟大复兴必须进行文化上的创新,而在传播、阐释社会主义新文化的过程中,只有以古为鉴,坚持科学、民主的精神,才有可能真正实现引领文化潮流、创造先进文化的历史任务。

综上所述,利用葛兰西的文化领导权理论解读儒家的"天下之中"观念,一方面可以深入理解中国传统文化的基本特征,了解中华民族大一统国家意识的历史渊源,另一方面又能启迪当代社会制定恰当的文化策略,在世界各大文明不断交流、碰撞的时代背景下加快建设中国特色的社会主义文化。2015年1月23日,中央政治局审议通过《国家安全战略纲要》,认为中央八项规定精神的持续贯彻落实,解决了一些群众深恶痛绝的"四风"问题,刹住了一些曾被认为不

---

① 〔意〕安东尼奥·葛兰西:《狱中札记》,曹雷雨等译,中国社会科学出版社,2000年。

可能被刹住的歪风邪气，攻克了一些司空见惯的顽瘴痼疾，有力促进了党风政风的进一步好转、党群干群关系进一步密切，赢得了广大干部群众好评。应当说这种局面是在新的历史阶段社会主义政权加强思想文化建设所取得的一些初步成果，但会议同时指出当前国际形势风云变幻，我国经济社会发生深刻变化，改革进入攻坚期和深水区，社会矛盾多发叠加，各种可以预见和难以预见的安全风险挑战前所未有，必须始终增强忧患意识，做到居安思危，必须毫不动摇坚持中国共产党对国家安全工作的绝对领导，坚持集中统一、高效权威的国家安全工作领导体制。说明在全面建设社会主义小康社会的新的历史时期，国家的思想文化建设事业还任重道远，新的社会主义社会的"天下之中"文化观念尚待确立和完善。

6.3 阅读教学

在汉语的阅读教学当中，同样可以运用"观境确义"的方法。这在部分学者编著的汉语教材中已经有所体现，周小兵、张世涛主编的《中级汉语阅读教程》中提到：

某一个生词处于上下文的语境中，读懂了上下文，能够理解全句或全文，就有可能猜出生词的大致意思，不必知道生词的确切意义。通过上下文推测生词，主要有下面三种情况：

一是通过句法的搭配关系推测。比如："他刚才吃了两块萨其马"。"萨其马"在动词"吃"的后面，一定是一种吃的东西。

二是通过前边或后边的句子的意思推测。比如："那个电影糟透了，很多人没看完就走了。"从后边的句子我们不难猜出"糟透"应有"非常差"的意思。

三是通过一些句子的对立意义推测。比如："我们应该平等地看待妇女，而不应该歧视她们。"从"应该"和"不应该"的对立意义，可以推出"歧视"跟"平等地看待"意思也是对立的，"歧视"应有"不平等地看待"的意思。①

---

① 周小兵、张世涛：《中级汉语阅读教程》，北京大学出版社，1999年，第112页。

在《汉语阅读教学理论与方法》一书，也有相类的阐述。① 其实，除了句法搭配关系和上下文语义制约方面，还可以通过"观境确义"的其他一些手段探寻生词的意义。

第一，通过分析用词规律求义。《国语·齐语》："臣立三宰，工立三族，市立三乡，泽立三虞，山立三衡。"韦昭注"宰""族""虞""衡"皆为官名，却没有解释"乡"字。《经义述闻》卷二十"三乡"条："'乡'亦官名，与'宰''族''虞''衡'同例。《淮南·时则篇》：'三月官乡。'高注曰：'三月料民户口，故官乡也。"此例王引之依据上下文"宰""族""虞""衡"皆为官名的文例，判定"乡"亦为官名。我们把这一手段加以运用，可以通过作者的用词规律探寻疑难词语的意义。例如："红玫瑰意味着深度的爱意；白玫瑰传达的是'我配得上你'；黄玫瑰表示忘记恋情；紫玫瑰代表决不后悔的深情；浅粉玫瑰象征着最初的依恋。"其中的"象征"是什么意思？我们可从上文"意味着""表示""代表"三个动词的用词规律上推断，"象征"也是客观事物对于主观思想的承载或表现。

第二，通过分析修辞手段求义。《尚书·洪范》："木曰曲直，金曰从革。"这里"曲"与"直"对文，则"从"与"革"也应是对文关系，俞樾又从《后汉书·外戚传》注里得知"从"有"因""由"两义，他于是推断"金之性可因可革，是为从革，犹木之性可曲可直，是为曲直也"②。我们把这一手段加以运用，可以通过作者使用的修辞手段探寻疑难词语的意义。例如："孩子们从不争多论少，只要给钱，他们就高兴，说声谢谢，赶快跑了。"其中"争多论少"属于互文辞格，我们可据以判定它的含义即"争、论（钱的）多少"。再如："患有高血压和心脏病的中老年人醒来的'一刹那'，如果闪电式地从卧位变坐位，突然下床活动的话，这是非常危险的。"其中的"闪电式"如何理解？我们从语境可以判断出这里运用了一种比喻修辞格，是比喻行为动作的迅速突然，从而理解它的含义是"很快"。

第三，通过分析交际环境求义。《史记·魏公子列传》："侯生摄敝衣冠，直上载公子上坐，不让，欲以观公子。"某教材注："〔摄〕整理。"而朱小健先生《关于如何实施中学文言文教学的思考》认为："整理衣着通常意在对交际的对方表示尊重和礼貌，然'整理敝衣冠'的举止与侯嬴的'不让'以及后来的柱

---

① 周小兵、张世涛：《汉语阅读教学理论与方法》，北京大学出版社，2008年，第48—52页。
② 俞樾：《俞樾劄记五种·群经平议》，台北：世界书局，1984年，卷五：第2页。

车过市、久立语客等行为取向极不一致,前恭而后倨。侯嬴意在成就信陵君能下士之名,其'故久立公子车骑市中,过客,以观公子'等一系列行为都是以自己的倨傲来映衬信陵君的恭敬,应该不会为对方而整饰衣着。"根据"不让,欲以观公子"的交际语境,可以看出这里的"摄"字"只是使自己的衣着便于登车的动作,说白了就是'撩起''提起'的意思。"① 我们把这一手段加以运用,可以通过作者创设的人物交际环境来探寻疑难词语的意义。例如:"有夫妇俩进一家面馆吃面,向服务员说:'要两碗鸡汤面,一碗加辣椒。'服务员向厨师高声报单:'两碗鸡汤,一碗红油。'"其中的"鸡汤""红油"该怎样解释? 就要联系当时的交际环境是在面馆里,这一地点要素——面馆的突出作用,使得服务员只报导"面"的区别特征就足够了,分别指代鸡汤面和加红油(辣椒)的面。

第四,通过分析社会环境求义。《孟子·滕文公上》:"江汉以濯之,秋阳以暴之,皓皓乎不可尚已。"其中的"秋"是指周历的秋天,相当于夏历五六月的夏天,因此太阳暴晒。那么对这个"秋"字进行正确的训释,就必当了解当时的历法。我们把这一手段加以运用,可以通过文章反映的社会环境来探寻疑难词语的意义。例如:"80 年代以前,虽然各地都在生产自行车,但仍供不应求,'飞鸽''永久''凤凰'等名牌车,需凭票才能买到。"如何理解其中"凭票"这个词语呢? 就必须了解 80 年代以前中国实行计划经济的社会环境,由此才能知道这里的"票"不简单地等同于现在的"票",而是计划经济时代可以进行购买商品种类和数量的凭证。

6.4 文字校勘

在古代文献中,就有不少根据语境进行文字校勘的例子,比如清代高邮王氏父子就极擅长通过审视语境订正典籍在流传过程中产生的文字讹误,以恢复古书之原貌。此种方法,我们可以很自然地引入到文字校勘的工作,即使原文作者表述失当,也可以懂得其义,进而纠正其语言错误。以下不妨举出几则我们在"观境确义"思想的指导下所写出来的文字校勘方面的成果。

首先是对《至于顿丘》的文字校勘。②《文史知识》2008 年第 10 期《至于顿丘》一文发思古之幽情,内容颇有可观者,然其语误频出,文字错谬较多,从

---

① 朱小健:《关于如何实施中学文言文教学的思考》,载《中学语文教学》,2005 年第 10 期。
② 参见邱洪瑞:《著文立说,不可不慎》,载《中华读书报》,第 732 期。

而大大地影响了该文的可读性,令人叹惋,今校正如下:

> ① 淇水河历史上曾发生过改道的现象,史念海先生根据《水经注》的有关记载考证,蒋村一带包括刘庄、张贾店、瓮城、余营、东王村等村庄,村民在打井时发现了大量的"白蚌壳的粗砂卵石层,而且埋藏的深度都大体相当",把这些村庄连成一线分明可以看出这里就是淇河故道。

这些话很难读通。其一,"考证"一词的前后均涉考证之根据,语义混乱。其二"发现了大量的"与其后引文部分的关系不伦不类。其三,"把这些村庄连成一线分明可以看出这里就是淇河故道"当断不断。因此可以据其语境改为:

> 淇水河历史上曾发生过改道的现象,史念海先生根据《水经注》的有关记载考证,蒋村一带即淇河故道。蒋村一带包括刘庄、张贾店、瓮城、余营、东王村等村庄,村民在打井时发现了大量的"白蚌壳的粗砂卵石层","而且埋藏的深度都大体相当"。把这些村庄连成一线,分明可以看出这里就是淇河故道。

> ② 这里也透露出这样的信息,一般说来越是生活富裕的地方也越是物价相对较高的地方,由此可以想象,顿丘一带曾有的商业繁荣、生活富足。

"一般说来"表明它后面是一般常识,而一般常识的交待不当出现在"透露出这样的信息"之后。要使语脉通畅,可以改为"这里也透露出这样的信息,顿丘一带曾经商业繁荣、生活富足。因为一般说来越是生活富裕的地方也越是物价相对较高的地方。"或者直接删去"这里也透露出这样的信息"。

> ③其次,这是一场深刻而自由的青年男女的爱情生活。

"一场"与"爱情生活"不能搭配,可以把"爱情生活"改为"爱情剧"。

> ④所以《毛传》解释蚩蚩是"敦厚貌",而《韩诗》释为"美貌",比起朱熹《诗集传》解释的"无知之貌",更符合《诗经》的原意,符合当时的社会真实。

"蚩蚩"的三种解释,作者用"而""更"连接,不知道到底那种解释更"符合《诗经》的原意,符合当时的社会真实"。据其语境,可在"更符合"之前加一"都"字。

⑤车子经过两公里之外的屯子镇，渐渐有了些商业气息，一些小商小贩，沿街吆喊，不知为什么我突然有种想法：说不准他们哪位就是"氓"的后人呢？

从上下文语义看，这里不该用问号，应当改为叹号或句号。

再看我们对苏教版八年级语文教科书的校勘。① 作为提高国人语文素养的主要凭藉，影响着亿万读者的语文教科书尤其应当观点正确、语言流畅。然而，笔者偶尔翻阅"义务教育课程标准实验教科书"八年级下册《语文》（江苏教育出版社，2007年版），即发现其用词不当、文法不通、语文知识表述片面等几处较为明显的错误，今胪陈如次：

其一，用词不当。第一单元导言：

自然万物，不仅孕育了我们的生命，而且给予我们许许多多人生的启示。（第1页）

要说"大自然孕育了我们的生命"尚可，"自然万物"（例如它下文提及的"海燕""白杨树""石榴"）如何能够"孕育"我们的生命呢？

其二，文法不通。《名著推荐与阅读》：

他与"造反"本来毫不相干，可是他一出场不久就碰上一个大麻烦：妻子遭人调戏，林冲得知后立即奔赴现场，保护妻子，严惩流氓，可是得知这流氓乃是"本管高衙内"，就"先自手软了"。（第182页）

这句话涉嫌句式杂糅，"一出场"表示刚刚出场，"出场不久"则表示出场后情节已经稍有发展之时。"一出场不久"杂糅了两种表示时间而又有不同涵义的句式，其所指反倒令人不知所云了。另外，从语境上看，"奔赴现场，保护妻子"是叙述实情，而"严惩流氓"只是并未实现的一时的想法，因此主客观不宜混淆，可在"严惩流氓"之前加上"并想要"三字。

《如果我主办校刊》：

通过刊物，向学生宣传学校的办学思想，学校的建设发展蓝图；告知学生学校的工作思路、教学改革举措；提供师生发表关于学校管理、教学等方面评价的园地；学生自己的习作、研究性学习的成果、参与社会实践的体会，都可以在此登台亮相。（第110页）

---

① 参见邱洪瑞：《苏教版八年级语文教科书的语言问题》，载《中华读书报》，第796期。

这段话条理不清。它用三个分号隔开，是一个由四个分句构成的并列复句，但前三个分句的主要动词"宣传""告知""提供"之前都可以视为省略了一个共同的主语"学校（或办校刊者）"，最后一个分句则出现了自己明确而且比较复杂的主语"学生自己的习作、研究性学习的成果、参与社会实践的体会"，其陈述对象与前三者明显不同，因而不宜于和它们并列。把第四个分句处理为一个独立的句子，也就是把第三个分号改为句号，才显得文气畅达。

其三，语文知识表述片面。《如果我主办校刊》：

> 栏目的名称也要讲究，要轻松、灵动、活泼，充分考虑学生的阅读心理。比如"校长心语"比"校长讲话"有情味，"青春风景线"比"校园生活"有诗意，"好事回放""好人写真"比"好事纪实"有新鲜感。（第110—111页）

其实，栏目名称的选择也是一种修辞活动，应该与文体风格、具体语境相适应，岂能一味追求轻松灵动？老舍先生就曾经指出，选用语言应特别注意"如此人物，如此情节，如此地点，如此时机，应该说什么，应该怎么说"。试想，如果开设一个纪念海地遇难英烈的栏目，如何去做到"轻松、灵动、活泼"？又假设因此特为校长的讲话设一栏目，那么，是"校长心语"的情味合适，还是"校长讲话"的情味合适呢？可见，如此片面地表述语文知识，只会引导学生盲目地追求时尚，甚或养成一种华而不实的文风。

接下来我们校勘一下畅销书《明朝那些事儿》（当年明月著，中国海关出版社，2008年出版）的两处数字。请看第六部第十八章《袁崇焕》的片段：

> 袁崇焕去北京考进士了，不久之后，他就回来了。
> 三年后，他又去了，不久之后，又回来了。
> 三年后，他又去了，不久之后，又回来了。
> 以上句式重复四遍，就是袁崇焕同学的考试成绩。
> 从二十三岁，一直考到三十五岁，考了四次，四次落榜。

袁崇焕果真"从二十三岁，一直考到三十五岁，考了四次，四次落榜"吗？先不急看史实，看看《明朝那些事儿》自己的下文就可以明白：

> 万历四十七年（1619），袁崇焕终于考上了进士，他的运气很好。
> ……
> 袁崇焕是万历十二年（1584）生人。

那么，不难计算，1619减去1584刚好等于35，也就是说，袁崇焕35岁考进士是考中了的，这样看来，"从二十三岁，一直考到三十五岁，考了四次，四次落榜"的说法就很不严谨，应该改为：

从二十三岁，一直考到三十二岁，考了四次，四次落榜。

或者：

从二十三岁，一直考到三十五岁，考了五次，四次落榜。

但是，考虑到上下文的衔接，还是第一种改法比较好。因为到下一段才交待："万历四十七年（1619），袁崇焕终于考上了进士……"再来查检袁崇焕的本传——《袁崇焕传》（阎崇年著，中华书局，2005年版）第8—9页的相关叙述：

袁崇焕连续12年，四次机会，都没有取得进士的功名……万历四十七年（1619年），袁崇焕在北京通过会试和殿试（廷试），考中万历己未科进士。

看来，袁崇焕考进士确实有四次失败的记录，而最终于1619年35岁时考中。那么，我们所作的修改应该是没有问题的。

对于袁崇焕，《明朝那些事儿》交待不清楚的还有上述内容之上的：

就智商而言，袁崇焕是不低的，他二十三岁参加广西省统一考试，中了举人，当时他很得意，写了好几首诗庆祝，以才子自居。

一年后他才知道，自己还差得很远。

联系这段话的下文，"一年后他才知道，自己还差得很远"当指袁崇焕首次考进士落榜一事，可是根据上引《明朝那些事儿》自己的叙述"从二十三岁，一直考到三十五岁"，袁崇焕明明是23岁就开始考进士了的。这一点，从他35岁第五次参加进士科考也可以反推出来，按照进士科考每三年举行一次计算：35－12＝23。23岁开始参加进士科考看来是没有问题的。那么，23岁中举，一年后考进士落榜，还是23岁，实在令人费解。为了说明问题，这里不妨介绍一点明代科举考试的情况。明代科考分乡试、会试、殿试三级，乡试是考举人的地方性考试，每三年一次，考期在秋季，故又称秋闱。会试和殿试是全国考试，都于乡试的第二年举行，会试考期在春季，故称春闱。可见，袁崇焕考举人和考进士不可能同在 23 岁的时候，既然 23 岁开始考进士是正确的，考举人就应当是在 22 岁，作者的叙述可能是混淆了周岁与虚岁之别，而没有一个统一的标准。考虑到下文都是以袁崇焕的周岁叙述的，那么，上引相应的部分应该改为：

就智商而言，袁崇焕是不低的，他二十二岁参加广西省统一考试，中了举人，当时他很得意，写了好几首诗庆祝，以才子自居。

总之，袁崇焕的科考经历确实有点儿复杂，但是要用严谨的语言把它表达清楚，还是能够做到的，这只需要作者细心一点而已，否则，自相矛盾的叙述只会引起读者的费解或误读。

6.5 语言事实分析

语言具有社会属性，既然社会无时无刻不在运动和变化，那么语言就不可能是静止不变的，而词义的最新发展及新词新语现象的产生，在已有辞书及语法类著作中是找不到对它们的解释的。要对这些活生生的语言事实进行分析，也只有凭藉"观境确义"的手段，只有深入语境、深入文本所揭示和反映的社会现实当中去，才有可能获得成功。以下举出几则我们在"观境确义"思想指导下，于词义发展规律及新词新语现象分析方面取得的研究成果。

6.5.1 关于"被死亡""被幸福"与汉语的意合特点[①]

《"被就业"并不等于"被迫假就业"》[②] 一文认为当下很活跃的网络新词"被就业"，被用来指称本质上没有就业的"假就业"是不妥的，会破坏"被VP"表义的系统性。因为目前已见的"被下岗""被恋爱""被失身""被失业"等使用的前提都是"VP为真"，而"被就业"以"VP为假"作前提，会造成语言系统的混乱。

但是，与"被就业"同样以"VP为假"作前提的"被死亡"已经接踵而来。《中国青年报》2009年11月3日文章《老人'被死亡'暴露基层多重病灶》，以"被死亡"指称在河南某地很多还活着的老年人的户口被神秘注销的事件。在各大网站，这个"被死亡"更是铺天盖地而来：

---

① 参见邱洪瑞：《"被××"与汉语的意合特点》，载《阅读与写作》，2010年第7期。
② 王灿龙：《"被就业"并不等于"被迫假就业"》，载《语文建设》，2009年第10期。

> 今天"被死亡",明天会不会"被活着"?
> 被死亡的背后是权利的贫困。
> 被死亡:让我们看到另一种生存。
> 白岩松"被死亡"事件内幕。
> ……

11月9日,人民网又爆出"VP为假"的"被幸福",用以指称某些官员为突出政绩,搞华而不实的"幸福形象工程"一事:

> 民众"被幸福"?调研指部分地方功利崇拜幸福指数。
> 从"被幸福"走向"真幸福"。
> 切忌先入为主,脱离实际,让民众在困惑与迷茫中"被幸福"了。

这些"被死亡""被幸福"难道都是作者的误用?它们造成了语言系统的混乱吗?

其实不然,汉语远远没有那么脆弱。作为"孤立语"的汉语与"屈折语"的一个区别就是意合性强,请看一组语言学家常举的例子:

> 中国队大胜美国队。
> 中国队大败美国队。

这两句话的句法结构相同,一个用"胜",一个用"败",表示的意思却是相同的,都是说中国队胜了而美国队败了。为什么两者都可以说呢?就是因为汉语句子中的语义关系非常复杂,上例中"胜"是普通的"战胜","败"却是指"使……败"。词与词之间究竟是什么语义关系,常常需要视语境而定。比如古汉语中动词可以有普通用法、使动用法、意动用法、为动用法等等,形容词与其他词语也可以有多种语义关系,王力先生主编的《古代汉语》就说:"同一个形容词在句中是使动用法还是意动用法,常常是靠上下文来分辨。例如'左右以君贱之也','贱'字用如意动,因为它不是使之贱的意思;但是《孟子·告子上》:'赵孟之所贵,赵孟能贱之','贱'字则用如使动,因为它是使之贱的意思。"再如:

> 鸡不吃了。

这句话在不同的语境里,完全可以分别表示"鸡不吃食了"和"我们不吃鸡了"。汉语的意合特点，学者们论述较多，如王力先生在论及汉语句子在主语明显可知的情况下通常省略的通则时说："就句子的结构而论，西洋语言是法治的，中国语言是人治的。法治的不管主语用得着用不着，总要呆板地求句子形式的一律；人治的用得着就用，用不着就不用，只要能使对话人听得懂说话人的意思，就算了。"①

一位网络作者说得好："但凡'被××'，都是权力和权利两方面同时出了问题——权力强势造成的权利不保，所以尽管你愿不愿意怎样、你怎样没怎样，最终都逃不掉'被怎样'的命运。"算是部分地概括了近来连续涌现的新词"被VP"的语义特点——不可掌控，完全受外力支配。至于"被VP"表示的是被实际上强行怎样了、还是被强行作为什么对待了，则要视语境而定。上述"被下岗""被恋爱""被失业"等属于"被实际上强行怎样了"，而"被就业""被死亡""被幸福"则属于"被强行作为什么对待了"。而判断"VP为真"，还是"VP为假"的问题，在现实语境当中完全可以迎刃而解。

因此，大可不必担心"被就业"会造成语言系统的混乱，相信在不久的将来，各类媒体还会大量出现"被××"诸如此类的用法。

6.5.2 小议"马上体"②

2014年1月1日，台北举办了一场名叫"新春开笔"的仪式，下面是仪式上的一个场面：

> 马英九之后走向会场，一桌一桌端详各位书法家、新移民、海外友人写的书法。马英九走到一位印度尼西亚新移民桌旁，原来写的是"马上有钱"，马英九乐得哈哈大笑。走了一圈后马英九非常开怀，临走前回头连说了几声"谢谢、谢谢，谢谢你们"。（台湾《中国时报》，2014.1.21）

引得马英九开怀大笑的"马上有钱"，正是引领万马奔腾的"马上体"语言的"头马"。随着农历马年将至，"马上有钱""马上有对象""马上有宝马""马上有桃花运""马上有一切"之类的"马上有××"裹挟着人们各种各样的美好愿望呼啸而来，爆红于网络世界，爆红于海峡两岸的华人万姓。各类报纸的

---

① 王力：《中国语法理论》，中华书局，1954年，第64页。
② 参见邱洪瑞：《小议"马上体"》，载《语文建设》，2014年第3期。

"马上体"标题也赫然醒目：

"马上有钱"送给你，红火过大年。(《潇湘晨报》，2014.1.21)
新茶没上市，茶农也"马上有钱"。(《济南时报》，2014.1.21)
马上有"礼"，明珠生肖卡今开售。(《大连晚报》，2014.1.22)

那么，"马上体"句式与之前一般的"马上……"有何不同？为什么它能够迅速蹿红呢？

"马上体"之前的"马上"，要么用为词组，指"马背上"，要么用为副词，"立刻"的意思，其用法一般都是很单纯的，词语形式和词语意义的对应是单一的、明晰的。上述"马上体"的"马上"作为单一的词语形式，却在同时对应着不同的词语意义，而这种"一对多"的形式与意义的关系又是人们可以清晰地感受到的，其用法无疑是颇为新奇的。求新求异是人们在言语活动中的一种普遍心理。使用"马上体"，"马上"在表层的字面意义之外，还传达着某种深层意义，在表层与深层之间，自能获得一种别样的表达乐趣。"马上体"的大背景是马将要成为农历甲午年的生肖。作为2014年的代表，马象征了人们马上就要到来的充满转机与变数的新生活，"马"字自然容易引起人们的关注。例如，在现实世界，人们以马的形象制作各类玩偶，而"马上体"则是这些玩偶在语言世界的表现形式：马背上放一摞百元大钞，就是"马上有钱"；马背上放一只茄子，是为"马上有一切（茄）"。这些"马上"字面上的意义是"玩具马的背上"，而实际上传达的是"马年到来，立刻……"的美好期望，台湾人写给马英九的"马上有钱"还与马英九的姓氏相关。"马上体"的内涵如此丰富，表达方式如此委婉曲折，就无怪乎引得众网民各自别出心裁、创造性地使用"马上体"了。

其实，引人遐想的"马上体"并非始自今日，远者可追溯至明清瓷器"马上封侯"，以猴子骑马的图案寓意即将封官拜爵；近者可参照2008年马英九竞选台湾地区领导人前后的"马上好"——马英九上台就好/立刻会好。可见，"马上体"的产生有着深刻的社会背景，是社会生活的生动活泼的反映，它折射着、记录着不同时代、不同社会的大众心理与追求：在封建社会里人们渴望升官拜爵，在新的时代人们期望社会安好，个人有钱有幸福。

从语法方面进行分析，人们用"马上体"造出的句子大都属于歧义句式，是由词语多义造成的歧义句。"马上"可以当"马背上""马英九上台"等很实在的意思理解，又可以按"立刻"的副词意义理解。这样，"马上"同时关涉

"表""里"两种意思,在语义上,两种意思里有一个是表达重点,指物借意;在语言形式上,"表""里"两种意思又可以并行不悖,各自都可讲通。相应地,就出现了一个句子形式同时对应两种句子意义的情况。以"马上有对象"为例,表层意思是对眼前实物的描写,即"玩具马背上有一对小象的模型";深层意思则是表达主体在社会生活中强烈的愿望——立刻拥有一位甜蜜的爱人。就修辞方式而言,"马上体"可归属于双关修辞格里的"表里双关"。双关修辞格的表达特点是委婉曲折而又情感深沉,因为在古代吴地的情歌里经常使用,所以它又被称为"吴格"。同样,使用"马上体"传达自己的心声,就显得既不过分直白,又带有强烈的情感色彩。

再从语言认知上进行分析。人类语言的产生和运用,都是可以透过人类的认知能力和认知方式加以解释的。在此,我们不妨借用英国著名语义学家杰弗里·利奇(Geoffrey Leech)的理论来说明这个问题。

利奇在其《语义学》(*Semantics*)一书把词义划分为一些不同的类型,即在词语基本的理性意义(概念意义)之外还有六种意义。其中有一种意义叫做反映意义(有的学者译为"联想意义"),利奇说:"在存在多重理性意义的情况下,当一个词的一种意义构成我们对这个词的另一种意义的反应的一部分时,便产生反映意义。"① 例如,汉语中"残废"一词既有"残缺无用"的意义,又有指称"残疾人"的意义(《现代汉语词典》收录有该义项,20世纪90年代以前的报纸杂志等媒体也使用过),当使用这一词语,用作"残疾人"的意义时,人们会自觉地联想到"残缺无用"的意思。"残缺无用"就是"残废"一词"残疾人"义项的反映意义(或称联想意义),正是因为这种不良的反映意义,该词越来越招致人们的反感,现在基本上已经退出了交际领域。

这就是说,当一个词语具有多重意义时,就具备了产生反映意义的基本条件,"马上体"的"马上"正是这样一个词语,据《汉语大词典》,它有"马背上"、"即时;立刻"等不同的义项。所以,尽管一般说来,具体语境下的词语只能有一个意义,我们看到"马上"还是有可能联想到它不同的义项的。但在人们的认知上这种联想的发生还须一个条件,即"一个词的意义只有由于出现的频率较高,并且人们对它较为熟悉,或者通过联想的力量,而且有很强的启示能

---

① 〔英〕杰弗里·N. 利奇著:《语义学》,李瑞华等译,上海外语教育出版社,1987年,第22—23页。

力的时候，才能以上述方式'扯'到另一种意义上去"①。"马上体"的"马上"，情况如何呢？它的本义是"马背上"，现代基本义却是"立刻"，马这种动物在人类现代生活中已经不再重要，所以"马上"的本义已经很少用到，《现代汉语词典》甚至没有收录其本义，它的人们熟悉和常用的义项只有"立刻"，所以"马上"的"立刻"义项完全具有被用为反映义的条件。由此可见，人们对"马上体"的创造，对其"表""里"两重意义的巧妙运用，完全符合人类一般的认知规律。

综上所述，农历马年到来之际，"马上体"迅速走红并不是一个完全偶然的事件，其句式意义多解，双关修辞法有着悠久的历史，是中华民族一种含蓄而深沉的情感表达方式；在语义认知方面，它以词语显著度低的理性意义折射其他显著度较高的理性意义，合乎人类普遍的认知规律。

6.5.3 关于"醉了"②

2014年12月19日，"我也是醉了"荣登人民网"年度十大网络用语"榜单之首。面对网络内外的"醉"声一片，试问一句：你"醉了"吗？如果你"醉了"，你又是怎样的"醉"呢？呵呵，我们有此一问，是因为原本很简单的"……醉了"（包括它的各种言语变体"我也是醉了""也是醉了""我也醉了""我醉了"等）现在的内涵已颇为复杂，仅其流行的主要用法就有多种。第一，表示对丑恶现象的极度嘲讽之意，附带的贬义色彩非常鲜明。例如：

(1) 初次见面坑人两千，我也是醉了。（《市场星报》，2014.10.08）

(2) 对图书界的"马云乱象"，我们只能用一句网络热语来形容——也是醉了。（《襄阳晚报》，2014.12.30）

第二，表示对某种现象或言论的不以为然，委婉地表达否定意见，略带讽刺之意。如：

(3) 电商玩新的，我也是醉了。（《南方日报》，2014.11.06）

(4) 有趣的是，真有热心网友解读了"天干物燥，小心火烛"这八字唱词的禅意……听完歌，再看这样的解读，也真是醉了。（《楚天金报》，2014.09.10）

---

① 〔英〕杰弗里·N.利奇著：《语义学》，李瑞华等译，上海外语教育出版社，1987年，第23页。
② 参见邱洪瑞：《你"醉了"吗》，载《语文建设》，2015年第2期。

第三，表示"陶醉"，带有对事物的褒扬色彩。此种用法目前在网络中少用，但在纸质出版物中亦颇多，例如：

（5）这是本周来最好的天气，阳光普照，空气清新，我也是醉了。（《东南商报》，2014.11.15）

（6）黄教主也是醉了……收到"宝贝"送的蛋糕，黄晓明连睡觉都在偷笑吧。（《当代生活报》，2014.11.16）

在上述用法中，前两类的"……醉了"是贬义用法，而后一类的"……醉了"则带有褒扬色彩。那么，"……醉了"为什么可以流行？又何以能够同时流行褒、贬两种不同的用法呢？根据当代语言学理论，任何言语形式都能从社会和认知等方面找到解释。"我也是醉了"的产生与流行同样也是有理据的，既存在语言系统外部动因，也有着源自语言系统内部的发生机制。

我们首先看看"……醉了"语言系统的外部动因，即社会大众的心理认知因素。互联网上无时无刻不在涌现新词新语，但这些新词语却大都不能唤起大众的注意，不过是昙花一现而已，"……醉了"则不同，其中的奥妙即在于它符合当代社会大众一般的心理认知特点，是话语者基于心理和认知条件做出的能动选择。综合"……醉了"产生之初的语境进行分析，贬义用法的"……醉了"是较早流行起来的，而其意义与以前的流行语"我晕"相仿佛，都是借自己不清醒的心理状态夸张地表达一种不欲言说的否定或鄙夷态度。但"……醉了"不仅没有"我晕"那种"自身某种病理表现"的语义特征，还给人一种饮酒过量后的洒脱与豪迈之感。中国自古具有发达的酒文化，"李白斗酒诗百篇，长安市上酒家眠""人生得意须尽欢，莫使金樽空对月""陈王昔时宴平乐，斗酒十千恣欢谑"，这些对酒的颂赞我们耳熟能详。据此，我们推断"……醉了"的社会大众心理选择、接受过程如下：①不认可交际对象的言语、行为，但出于社会礼貌的考虑不好直说 → ②从自身感受的角度委婉表达否定、嘲讽的不欲言说态度 → ③互联网上出现"……醉了"的说法，既借自身感受否定了某种现象、行为，又有豪迈、洒脱的自身定位 → ④一呼百应，种种"……醉了"再经微博、微信、贴吧、游戏等具有海量传播的功能网络平台迅速流行。

再看"……醉了"的语言系统内部发生机制。语言系统在历时平面上是动态发展的，人们一方面约定俗成着语言的形式和意义，另一方面又在不断地突破语言系统的制约进行创新，因此词义和语义都在发展变化着。"……醉了"的核心词是"醉"，"醉"字从"酉"从"卒"，本义是饮酒适量，"卒其度量，不至于乱"(《说文解字·酉部》),后来其词义在两个方向上进行了发展,成为"醉"的不同义项:①词义有所转移,转指"饮酒过量,神志不清";②词义有所引申,由"饮酒适量"引申指"沉迷、陶醉"的状态。在这两种义项上"醉"字又均可用作比喻,从而产生不同的比喻义。上文所列"……醉了"例句(1)(2)(3)(4)用的都是"醉"义项①的比喻义,只是"醉"的程度有不同而已。例句(5)(6)用的则是"醉"义项②的比喻义。显然,这两种比喻义附加的感情色彩是相反的。考察"……醉了"的流行历程,应该是先盛行表示说话者怀疑或惊讶等负面情绪的用法,然后再扩大到表示说话者沉迷、陶醉等正面情绪的用法。

现代汉语里像"……醉了"这样同时表示相反或相对意思的言语形式并不多见。但是,在语言的大系统里,用相同的语音形式表示相反或相对语义内容的情况却是自古以来就存在着的。例如"三"字,一般的辞书都列了它的两个义项:① 数目字,2+1;② 表多数。但许嘉璐先生曾指出"三"还常常用作与"表多数"相反的"表少数"①,例如:

(7) 楚虽三户,亡秦必楚。(《史记·项羽本纪》)

(8) 杨朱见梁王,言治天下如运诸掌。梁王曰:"先生有一妻一妾而不能治,三亩之园而不能芸,而言治天下如运诸掌,何也?"(《列子·杨朱》)

例(7)中的"三",古代注释家不明白它有"表少数"的用法,以为是实指,就争来争去,再也搞不清到底是哪"三户"了。例(8)梁王极言杨朱田园面积之小,与"天下"之大形成对比,"三"无疑也是表少数。

虽然这种相互对待的用法在词语形式上并没有任何差别,但是我们在阅读时却不会有误解,其原因即在于上下文语境的限制作用。也就是说,由于语境的制约,"……醉了"才得以同时流行两种截然相反的色彩意义。

6.5.4 浅析热词"互联网+"[2]

2016年5月31日,教育部、国家语委发布了《中国语言生活状况报告(2016)》,其中,"互联网+"一词荣登该"十大新词语"之首,列"十大流行

---

[1] 许嘉璐《"三"也可以表示"少"》,载《古语趣谈》,湖南人民出版社,1989。

[2] 参见邱洪瑞:《"互联网+"引热议》,载《语文建设》,2016年第9期。

语"第二位。形形色色的"互联网+"成了各大报纸谈论的焦点，例如：

（1）新增"互联网+"企业1000家，从事"互联网+"创业人数增长30%。（《南方都市报》，2016.1.14）

（2）这就要求督学工作要充分利用大数据平台，以"互联网+"的理念，创新督导工作方式，推动督学工作的转型。（《中国教育报》，2016.3.1）

"互联网+医疗""互联网+农业""互联网+旅游"等大批"互联网+"的衍生词语也纷纷闪亮登场。此外，"互联网+"一词还在用法上引发了许多热议，如：

（3）"互联网+"没错，但对于有些企业转得太过，反而丧失了自己，叫"+互联网"反而更为确切。（《齐鲁晚报》，2016.2.19）

（4）没什么太炫太大的理论，真理只有一个，好的标准是能征服自己，连自己都觉得好。所以"互联网+"还是"+互联网"呢？问问你自己需要什么。（《南方都市报》，2016.5.16）

那么，"互联网+"的确切含义是什么？它在大红大紫的时候为什么又引起了用法上的一些争议呢？

"互联网+"的炙手可热，源自李克强总理《2015年政府工作报告》中"互联网+"行动计划的提出："制定'互联网+'行动计划，推动移动互联网、云计算、大数据、物联网等与现代制造业结合，促进电子商务、工业互联网和互联网金融健康发展，引导互联网企业拓展国际市场。"由于高居国家经济发展的战略层面，又关系到社会生活的方方面面，此后"互联网+"便迅速蹿红，成了引领国民语言生活的热词。"互联网+"的词形比较特殊，但其原本的含义从李总理的表述并不难推断，即"将信息高科技形式（以移动互联网为代表）与各种现代制造业相互融合起来"。二者融合的结果可能以互联网为主，如报告中的"工业互联网"；也可能以传统行业为主，如报告中的"互联网金融"。从词语构成上看，"工业互联网"、"互联网金融"都是偏正结构，而"互联网"作为构成成分或居偏位或居正位，因此"互联网+"本身并没有完全以"互联网"为主体或着眼点的意味。

但是，不少人在潜意识里对"互联网+"作了比较偏颇的理解，甚而对"互联网+"进行了过度诠释，例如以下两种观点（均来自《住宅与房地产》，

2016.1)：

(5)"互联网+"的提法过于高估了互联网的作用，尤其对传统行业如物业管理来说，它不仅让我们行业处于从属的地位，还有可能让从业者忘掉了我们当初究竟是从哪里出发的……

(6)"互联网+"代表了一种颠覆式创新精神，是在创造传统行业新价值的前提下，从内到外准备用互联网思维彻底改造自身的一整套系统方法论；而"+互联网"代表的是一种延续性创新精神，是在坚守传统行业主流价值的基础上，把互联网当作一个改进自己业务流程的技术和管理工具。

上面是两种相左的观点，实际上都对"互联网+"作了过度诠释，都认为"互联网+"一词把"互联网"放在"+"之前，即是把互联网（或互联网精神）放在行业之前进行优先考虑。这种诠释与《2015年政府工作报告》中"互联网+"行动计划提出语境的不符合已很明显，《2016年政府工作报告》的相关表述则可进一步印证其过度诠释的性质：

(7)大力推行"互联网+政务服务"，实现部门间数据共享，让居民和企业少跑腿、好办事、不添堵。

(8)深入推进"中国制造+互联网"，建设若干国家级制造业创新平台，实施一批智能制造示范项目……

报告中的"互联网+政务服务"和"中国制造+互联网"都是"互联网+"的衍生词语，"互联网"作为构成成分其位置并不固定。此外，报告明确指出："落实'互联网+'行动计划，增强经济发展新动力……我们一手抓新兴产业培育，一手抓传统产业改造提升。"这些都间接地说明了"互联网+"并没有将互联网放在行业之前优先考虑的语义特征，"+互联网"可视为"互联网+"的一种使用变体。

"互联网+"的词形很特殊，其书面语由汉字与数学符号"+"组合而成，我们可以参照《现代汉语词典》对"字母词"解释"由字母构成或其中包含字母的词语的通称，如'DVD'、'AA制'等"，称此类由数学符号构成或其中包含数学符号的词语为"数学符号词"，此类词目前并不多见，已产生者又以包含"+"的居多，如：

(9)今年高考将继续采用"3+X"的模式，其中"3"为语文、

数学、外语,"X"为文科综合或理科综合。(《德州日报》,2016.03.17)

(10)与以往不同的是审判席上多了2名没穿法袍的"法官"——人民陪审员。这是西北五省开展人民陪审员改革试点的中级法院首次启用"3+2"人民陪审员参审模式公开审理刑事案件。(《陕西日报》,2016.03.21)

"+"有时候单独使用,其所连接各项的组合体不再使用引号,如:

(11)恒安与微信携手,探索门店体验+手机支付+便利店取货及宅配的O2O(线上到线下)新模式,去年上半年电商未税出货量达3亿元。(《福建日报》,2016.01.08)

据此,我们可将"+"类"数学符号词"分为两类,即包含"+"的数学符号词与"+"单独成词的两种情况。例(11)"+"两边都是独立的词语,用语言分析的"剩余法"或"扩展法",可以判定此时"+"为词;例(9)(10)"+"两边都不是独立的词语,其组合体也不能进行语言扩展,故此时的"+"组合体是一个词,在行文时为了凸显其具有整体意义的词属性,要加引号使用。"互联网+"显然属于包含"+"的"数学符号词",而词的意义具有整体性,往往不是其组成成分的简单相加,其义项的发生、发展则要作历时性的文献考查。所以,例(5)(6)对"互联网+"的理解既无构词上的理据,又偏离了新词产生的文本意义,都是对"互联网+"一词的过度诠释。

6.5.5 虚指名词刍议[①]

"虚概念""虚指名词"是逻辑学、哲学多年来的研究热点,但尚未被语言学家所关注,甚至"虚指名词"的字眼压根儿就没有在语言学的论著中出现。但是笔者认为,研究虚指名词在语言学领域、特别是在语义分析、语篇分析中是很有价值的。

6.5.5.1 什么是虚指名词

杨武金、周志荣认为:"(虚指名词)即那些其所指称的对象看起来不太实在的名词。就以'亚里士多德''马''齐天大圣''飞马'等词而言,在实在的范围内我们可以找到一个个体,并且断言这个个体是马,或这个个体是亚里士

[①] 参见邱洪瑞:《虚指名词刍议》,载《河南师范大学学报》(哲学社会科学版),2015年第6期。

多德，但无论如何也找不到一个'飞马'或'齐天大圣'所指称的个体。"① 这个解释源于哲学、逻辑学里的"虚概念"，郑龙："逻辑学通常把概念分为实概念和虚概念，又把现实中没有的或未出现过的事物作为反映对象的概念称为虚概念。"②

然而人们对概念、虚概念的认识并不一致，如许占君认为从概念的起源看，概念都是类概念，反映一类对象，"专名不表达概念"③；杨树森则认为人名、地名、机关团体名之类的专名表达概念，叫专名概念④；叶建柱、应向东另外定义了虚概念："无论对象虚实，只要所指称的对象的主要特征所反映的属性是非客观的概念就是虚概念。"⑤ 我们认为，虚概念是在现实世界中不存在其反映对象的概念，虚指名词就是其所指不存在于现实世界的名词，思维形式里的虚概念主要由语言形式里的虚指名词来表达（有一些虚概念由摹状短语表达，而此时的摹状短语大都已经名词化了）。传统逻辑里并没有虚概念的说法，虚概念是在现代逻辑兴起之后，在人们对空类、空集进行界定之后才被提出来的。虚指名词的说法则又产生在虚概念之后，它是虚概念在语言里的一种反映形式。尽管如此，虚指名词与虚概念并不是简单对应的，例如，虚指专名应归属为虚指名词，而它们并不宜于被认为是反映了虚概念的：《现代汉语词典》的说法"概念，思维的基本形式之一，反映客观事物的一般的、本质的特征。人类在认识过程中，把所感觉到的事物的共同特点抽出来，加以概括，就成为概念"代表了人们一般认为的"概念"的含义，从这一解释出发，作为个别事物名称的专名所反映的显然不能算是概念，而专名的指称对象有很多是不存在于现实生活中的，可以说是典型的虚指名词，即虚指专名。虽然虚指专名不反映虚概念，但是因为指称的是个别事物，虚指专名的绝对数量很大，而且具有被无穷无尽地创造出来的可能性，所以虚指专名应该是虚指名词里非常重要的一类，和反映虚概念的虚指名词一样应当得到关注。

虚指名词是从词语指称对象的现实性上界定的，这就牵涉了人类的认知能力和水平。一般而言人们对虚指名词的断定应该是大体一致的，同时也不排斥出现特殊的情况，因为人类的认知水平是存在一定差异的，而这一点有可能导致某些

---

① 杨武金、周志荣：《对逻辑中本体论承诺的反思》，载《中国人民大学学报》，2007年第3期。
② 郑龙：《虚概念辨》，载《福建论坛》（人文社科版），1993年第3期。
③ 许占君：《有关虚概念的几个问题》，载《内蒙古大学学报》（哲社版），1993年第4期。
④ 杨树森：《逻辑学》，北京：高等教育出版社，2010年。
⑤ 叶建柱、应向东：《论虚概念》，载《现代哲学》，2004年第2期。

对象是否存在于现实世界当中，在不同的人看来会是不一致的。例如，"神灵""鬼魂""东海龙王""观音菩萨"等在无神论者看来是虚指名词，然而如果它们出自笃信宗教者之口的话，那就不是虚指名词了。认识了虚指名词存在的这种不确定性，我们就可以更好地解读特定语境中的文本。

6.5.5.2 虚指名词的类型

虚指名词的类型，可以做不同视角的分析。例如，据其指称对象的专、泛，有虚指专名与虚指通名；据其指称对象产生的来源，有影像虚名与预设虚名。

1. 虚指专名与虚指通名

专名即专有名词，表示某个具体的、特定的事物的名称，包括人名、地名、国名、职务名、事件名等等，如果专名表示的人物、地点、国家、事件等在现实中是不存在的，那就是虚指专名，例如：

（1）孙悟空　弥勒佛　林黛玉　阿Q

　　龙宫　南天门　蟠桃园　江州市（电视剧《蜗居》地名）

　　傲来国　车迟国　因余之国　肇建之国（谯周《仇国论》国名）

　　齐天大圣　弼马温　天蓬元帅　净坛使者

通名与专名相对，即普通名词，表示的是某些人、某些工具、某些物质、某种属性等等，如果通名表示的人物、工具、事件、属性等在现实中是不存在的，就是虚指通名，例如：

（2）天王　菩萨　神仙　夜叉

　　捆仙绳　照妖镜　隐身符　永动机

　　仙丹　以太　质点　理想气体

　　火眼金睛　三头六臂　七十二变　土遁

2. 影像虚名与预设虚名

人们常常根据社会生产和生活的经验，虚构出某种能够曲折地反映现实的事物，并创造出相应的虚指名词加以指称。因为这类虚指名词指称的不是现实事物本身，而是类似现实事物的影像，所以我们认为应当称之为影像虚指名词，简称影像虚名。小说中塑造的人物一般都不是现实中存在的人物，但是他们的性格、他们的事业往往是现实社会中人物的性格、事业的折射，可以说是现实人物的影像，他们的名字就是影像虚名。小说中人名的来源又可分为两类，一类来自小说家个人的创造或者相沿已久的神话、传说，一类来自人类历史，它们曾是现实社会中真实人物的名字。第一类如：

(3) 孙悟空　玉皇大帝　贾宝玉　阿 Q

孙悟空是现实世间中的斗士、英雄的影像，玉皇大帝是人世间皇帝的影像，贾宝玉是封建社会反抗礼教的公子哥儿的影像，阿 Q 是愚昧麻木的底层劳动者的影像。小说家塑造的这些人物完全不能够和现实世界里的真实人物对应起来。但是第二类的情况就要复杂得多，它们指代的人物在现实世界里有明确的原型，小说人物与现实人物的性格、行事有时候在很大程度上是很一致的。例如：

(4) 诸葛亮　程咬金　宋江　包拯

小说人物诸葛亮足智多谋，是政治上的风云人物，历史人物诸葛亮也是有名的政治家，二者的相似点很多。"程咬金""宋江""包拯"的情况与"诸葛亮"相当。为什么说这些小说人名也是虚指名词呢？因为小说家往往驰骋想象，对历史人物原型进行大幅度的艺术加工，为了写作的需要，有时甚至不惜使人物原型在小说里变得面目全非，因此与其说小说人物与历史人物是同一的，毋宁说小说人物是历史人物的某种影像。以"诸葛亮"而论，史书《三国志》明确记载："然亮才，于治戎为长，奇谋为短，理民之干，优于将略。"而小说《三国演义》则完全不顾其"奇谋为短"的特点，转而极力渲染他奇计叠出的谋士形象，且不惜张冠李戴把"草船借箭""空城计"等事迹强加在他身上。可见小说里的诸葛亮绝不是历史上的诸葛亮，"诸葛亮"一词，应有实指与虚指两种不同的用法，小说里的"诸葛亮"是虚指名词。

"预设虚名"的名称是我们根据哲学、逻辑学里的"预设概念"、"预真概念"的名称提出的，"预设概念"最早由郑龙根据西方科学哲学家卡尔·莱曼德·波普（Karl Raimund Popper）的"三个世界"理论提出，预设概念是以第三世界（思想内容的世界，实际上是人类精神产物的世界）的事物作为反映对象的概念，预设概念将来会转化为实概念或者虚概念。"预真概念"是王仁法的说法，指的是"所指的对象目前虽然尚不存在，但根据事物发展的规律，将来必然要出现"的概念。① 那么，预设虚名即指称人们根据事物发展变化的规律，预测将来有可能出现的事物的名称，例如：

(5) 共产主义社会　电子人　嫦娥五号　月宫旅馆

---

① 王仁法：《介于虚实之间的悬概念——从"神农架野人"说起》，载《江汉论坛》，2011 年第 1 期。

由于这类名词指称的对象在现实世界里尚未出现，所以我们也把它们归于虚指名词。

6.5.5.3 分析虚指名词的语言学价值

提出虚指名词的概念，最直接的作用是可以帮助我们进行语义分析，请看以下句子（来自北京大学现代汉语语料库）：

（6）蜀汉初，设丞相，以诸葛亮担任。但诸葛亮死后，蒋琬以大司马主持朝政，以后费祎、姜维又都以大将军专权。

（7）古人云"凡事预则立，不预则废"，三国时赵子龙东吴护主，因带有诸葛亮事先制定的锦囊妙计，处乱不惊，一一应对，使东吴赔了夫人又折兵。

例（6）（7）都提到了诸葛亮，而且乍看起来，二者均为写实笔法。如果不了解"诸葛亮"一词有实指与虚指两种用法，恐怕就会误会它们讲述的都是历史事实；反之，如果懂得实指名词"诸葛亮"指代"治戎为长、奇谋为短"的历史人物，而虚指名词"诸葛亮"指代善用奇计的小说人物，那就可以很容易地断定（6）为写实，（7）为喻证。

迄今为止，语言学家并未重视对虚指名词的分析，这就造成普通人甚至一些学者常常混淆虚指名词与实指名词的分别，从而在进行写作、演讲的时候造成一些语篇方面的失误。有了虚指名词的概念，仅仅从语言方面就可以对它们加以否定和驳斥。为了更直观地看清楚这个问题，我们不妨举出《河南大学学报》刊载的一篇学术论文《隋末农民起义根据地瓦岗寨在浚县大伾山初探》为例来给以分析：

这篇论文认为隋末农民起义根据地瓦岗寨位于今天省河南浚县大伾山一带，当属考据类文体，但是它却很不恰当地使用了一些虚指名词，从而大大降低了论文观点的可信性。请看：

（8）如今登临大伾山上，从大石佛脚下东望，仍依稀可见流过山脚的黄河旧貌。故道之中正有瓦岗寨中混世魔王程咬金金銮殿所在的紫金、凤凰二山。

（9）大伾山顶，禹王庙前，瓦岗寨用以练兵点将的中军亭和山北坡观音岩旁的懋功宅（徐懋功，瓦岗寨军师），是现今规模较大的瓦岗寨遗址之一。

（10）大伾山东脚下，紫金、凤凰二山，乃是当年黄河中的两座小岛，程咬金当皇帝的金銮殿就在岛上，岛间曾有小桥相连。如今金銮殿已荡然无存，岁月的风雨也将小岛削成土丘，但山上仍有百姓所建小庙遗存。

（11）在浚县大伾山一带民间的传说中，程咬金当皇帝的金銮宝殿是实在的，而非传说的虚无。浚县城内现在还有信誉颇佳的蒋记烧鸡，自称乃是程咬金发明。

这几段话里提到的"程咬金""徐懋功"与上文分析过的"诸葛亮"一样，都有实指与虚指两种用法。实指的"程咬金"指代历史人物程咬金（后更名程知节），他出身于世家大族，"少骁勇，善用马槊"，天下大乱之初他聚集乡民自保抗击起义军，后来随形势发展才去投奔瓦岗寨翟让、李密领导的农民军，成了李密麾下一名将领。虚指名词"程咬金"指代小说人物程咬金，他出身贫寒，但有三板斧的武功，是瓦岗寨的"混世魔王"或"大魔国国王"，后来成为一员福将。可见实指名词"程咬金"与虚指名词"程咬金"差别甚大，而《隋末农民起义根据地瓦岗寨在浚县大伾山初探》一文所述"程咬金"均为虚指名词，这在严肃的考据性文章当中显然是极不适宜的，没有任何说服力可言。"徐懋功"的情况亦是如此，历史人物徐懋功原名徐世勣，字懋功，后来唐高祖李渊赐其姓李，又因避唐太宗李世民讳改名为李勣，他在瓦岗军时期和归唐后都是独当一面的大将，长期镇守于黎阳（今浚县）。虚指名词"徐懋功"则指的是小说人物，是一位智多星型的军师，自瓦岗归唐后追随于李世民身边。黎阳（浚县）是历史人物徐懋功长期的军事基地，浚县有所谓的"懋功宅"遗址是很自然的，但用来论证瓦岗寨的所在委实风马牛不相及。

因为不辨实指名词与虚指名词，与上述论文类似的语篇失误不胜枚举。如近年来作家刘心武在《百家讲坛》的所谓"揭秘《红楼梦》"及其出版的一些相关著作，全然不顾小说人名作为虚指名词的属性，悍然把书中一些人物和清代一些大臣及皇子皇孙对号入座，竟成皇皇大论：秦可卿是刻意藏匿起来的康熙朝废太子胤礽的女儿；胤礽之子弘晳曾刺杀乾隆，曹家（贾府）因此毁灭……但诚如齐学东所言："废太子之子都没有遭到迫害，还有能力谋反，女儿又何必辛苦藏匿呢？把她藏在曹家，难道指望她这个弱女子去复辟旧朝吗？"[①]

[①] 齐学东：《索隐派的旧版翻新——评"刘心武揭秘〈红楼梦〉"》，载《福建师范大学学报》（哲社版），2006年第3期。

如果语言学家在相关辞书、词库中把"程咬金""徐懋功"一类词条明确列为实指名词与虚指名词两个义项,把"贾宝玉""秦可卿"一类词条明确标注为虚指名词,相信就会降低误用虚指名词的几率,也不会再给上述类似的语篇发表出版的机会。同样,在相关的应用语言学领域里明确标注出虚指名词的属性,能够大大提高语篇的语义辨识度。而正视并懂得虚指名词的语义特征之后,具体的应用语言学操作就比较简单了,我们可以使用语义特征分析法,在该类词的词汇语义上,给出"+虚指"的语义特征,让人或机器明确意识到该类词与相应的实指名词的对立即可。

7 结束语

"观境确义"是训诂学的一种重要训诂方法，也体现了我们从事文献训诂工作的根本态度和基本原则。如前文所述，训诂学家所概括的"据文证义""因文求义""观境为训""据境索义""观境索义"等名目均属于此种方法，其理论实质也是近似的，那么，我们为什么不采用其中的一种，还要专门创造一个"观境确义"的术语呢？《论语》"子路"章，孔子曾告诫子路"正名"的重要性：

> 子路曰："卫君待子而为政，子将奚先？"子曰："必也，正名乎！"子路曰："有是哉！子之迂也。奚其正？"子曰："野哉由也！君子于其所不知，盖阙如也。名不正则言不顺，言不顺则事不成，事不成则礼乐不兴，礼乐不兴则刑罚不中，刑罚不中则民无所措手足。故君子名之必可言也，言之必可行也。君子于其言，无所苟而已矣。"

名称看似无关紧要，孔子却认为"名不正则言不顺，言不顺则事不成"，君子在言论方面不可苟且。《四书章句集注》："程子曰：'名实相须。一事苟，则其余皆苟矣。'"为此，我们斟酌再三，使用了"观境确义"一词。

其一，"据文证义""因文求义"以"文"指代语境，容易令人狭隘地理解语境的所指，以为重视文本的上下文就可以了，而实际上我们已经知道，由非语言因素构成的情景语境及文化语境对于深入地理解文本的内涵，往往至为关键，"知人论世"自孟子、毛亨以来，早已成为解读文化典籍的一种原则性共识。因此我们不再使用表义不明的"文"，而直接用"境"字。

其二，"据文证义""观境为训"的"证"字、"训"字，则会让人误会有一种权威的解释在先，语境只是被用来证明它、解释它的，是第二性的东西。特别是联想到唐代"疏不破注"、曲全旧注的情况，我们就放弃了"证"字、"训"字。

其三，"因文求义"的"求"字，"据境索义""观境索义"的"索"字，给人的感觉好像是"义"就在"文""境"里藏着，只需去语境里把它找到，语境似乎成了得到语义的唯一条件。实际上，任何语言符号都是能指与所指的统一体，这是人们使用语言表情达意的客观基础，也就是说，人们使用某一种语言进行交际、表达或者理解，其最根本的前提是了解这门语言的要素和系统，掌握必要的语音、词汇和语法知识。人类社会及自然界是无比丰富多彩的，使用语言即借助于有限的社会共有的语言符号表达无限的个体特殊思想内容的过程，文本等言语形式就是特定语境下的产物。反过来，要根据社会共有的语言符号理解具有个体属性的文本，就必须利用语境，利用语境来确定一般的社会共有的语言符号在此时此地的特殊而具体的含义。因此，我们选用了"确"字。

其四，我们不使用"据文证义""因文求义""据境索义"的"据"字和"因"字，而使用"观"字，是因为各类语境因素纷繁复杂，确定语义并不能简单地拿来语境就使用，而是要有一个仔细辨别、综合研究的过程，需要解读者积极地参与其中。《说文解字》："观，谛视也。"段玉裁注："审谛之视也。"可见，"观"不是一般的"看"，而是"仔细地看、用审察的眼光看"。我们曾经论及，同样根据语境确义，不同的解读者解读的结果并不一定相同，而是有优有劣，其中的差异就在于是"观"、是审察，还是普普通通地看一看就教条式地加以利用。

以上介绍了我们使用"观境确义"这一术语的原因。而通过考察古代典籍、研究训诂学家的训诂实践及其训诂思想、借鉴和观照西方诠释学的一些研究成果、联系自身参与训诂活动的体会，我们有以下重要结论：

进行文献训诂最根本的依据是语境，要避免机械教条或主观随意地解释经典。

运用"观境确义"训诂方法的原则是：解读经典不可置身事外，在思想上既要参与文本所表述的内容，也要参与文本内容的表述（参与原则）；要把文献置于产生它的历史环境中去考察（历史性原则）；探求语义必须合乎语言规律（约定性原则）；低一级的话语单位之义应从属于高一级话语单位之义（大压小原则）；要善于把握言语对象的特点，作具体问题具体分析（具体性原则）。

文献训诂包括两种相互依存不可或缺的训诂：名物训诂与义理训诂。名物训诂讲求言语单位的具体含义，因而重在考据，强调服从语言事实、语言规律，也更重视文献及原作者本身的语境因素。义理训诂重在阐经明理，重在"义"而不在"言"，得意忘言，强调事理的通透，所以往往还在原著语境之外，综合诠释者自身的时代文化语境，甚而会超越原典，较为鲜明地体现出一种与时俱进的色彩，其中蕴含着人类精神的成长与发展。语境包括原著的上下文语境，原著、原作者的情景及文化语境，以及解读者自身的情景及文化语境，上下文语境是在各类确义过程中都是必不可少的，原著及解读者的情景及文化语境对于义理训诂而言比较重要。

"观境确义"要综合言语研究与语言研究，综合形音义的研究，综合语言研究与义理研究。

"观境确义"是一种训诂方法，也是一种重要的思维和研究方法，可以运用到各种场合下的认知活动，更能广泛地运用到语言教学、文字校勘、语言事实的分析等与训诂联系密切的工作。

参 考 文 献

著作类：

1. 孙雍长：《训诂原理》，北京：语文出版社，1997年。
2. 索振羽：《语用学教程》，北京：北京大学出版社，2000年。
3. 陆宗达：《训诂简论》，北京：北京出版社，2002年。
4. 黎千驹：《现代训诂学导论》，武汉：华中师范大学出版社，2008年。
5. 黄　侃：《文字音韵训诂笔记》，上海：上海古籍出版社，1983年。
6. 洪　诚：《训诂学》，南京：江苏古籍出版社，1984年。
7. 许嘉璐：《未辍集》，北京：中国社会科学出版社，2000年。
8. 洪汉鼎：《诠释学——它的历史和当代发展》，北京：人民出版社，2001年。
9. 洪汉鼎：《理解与解释——诠释学经典文选》，北京：东方出版社，2001年。
10. ［宋］朱熹：《朱子全书》，朱杰人、严佐之、刘永翔等整理，上海：上海古籍出版社，安微教育出版社，2002年。
11. 〔清〕刘宝楠：《论语正义》，北京：中华书局，1990年。
12. 章太炎：《国学述闻》，西安：陕西师范大学出版社，2008年。
13. 王国维：《观堂集林（外二种）》，石家庄：河北教育出版社，2001年。
14. 萧璋：《文字训诂论集》，北京：语文出版社，1994年。
15. ［宋］黎靖德编：《朱子语类》，王星贤点校，北京：中华书局，1986年。
16. 黄侃著、黄延祖重辑：《黄侃国学讲义录》，北京：中华书局，2006年。
17. 周大璞：《训诂学初稿》，武汉：武汉大学出版社，1987年。
18. 郭在贻：《训诂学》，北京：中华书局，2005年。
19. 陈　绂：《训诂学基础》，北京：北京师范大学出版社，2005年。
20. 赵敦华：《西方哲学简史》，北京：北京大学出版社，2001年。
21. ［德］伽达默尔：《真理与方法》，中译本，洪汉鼎译，上海：上海译文出版社，2004 年。

22. 〔德〕伽达默尔：《真理与方法》，中译本，王才勇译，沈阳：辽宁人民出版社，1987 年。

23. 郭成韬：《中国古代语言学名著选读》，北京：中国人民大学出版社，1998 年。

24. 〔清〕姚止庵：《素问经注节解》，北京：人民卫生出版社，1983 年。

25. 〔清〕阮元校勘：《十三经注疏》，北京：中华书局影印，1980 年。

26. 李学勤主编：《十三经注疏》，北京：北京大学出版社，1999 年。

27. 〔清〕焦循：《孟子正义》，北京：中华书局，1957 年。

28. 杨树达：《古书句读释例》，北京：中华书局，2003 年。

29. 〔晋〕杜预：《春秋左传集解》，上海：上海人民出版社，1977 年。

30. 王　力：《古代汉语》，北京：中华书局，1981 年。

31. 宗福邦等：《故训汇纂》，北京：商务印书馆，2003 年。

32. 〔清〕王引之：《经传释词》，北京：中华书局，1956 年。

33. 钱　穆：《国学概论》，北京：商务印书馆，1997 年。

34. 〔清〕梁启超：《中国近三百年学术史》，北京：团结出版社，2006 年。

35. 〔清〕王念孙：《读书杂志》，南京：江苏古籍出版社，1985 年。

36. 〔清〕王引之：《经义述闻》，南京：江苏古籍出版社，1984 年。

37. 〔德〕哈贝马斯：《后形而上学思想》，曹卫东、付德根译，南京：译林出版社，2001 年。

38. 〔清〕孙诒让：《墨子间诂》，北京：中华书局，1986 年。

39. 余冠英：《诗经选译》，北京：人民文学出版社，1979 年。

40. 赵浩如：《诗经选译》，上海：上海古籍出版社，1982 年。

41. 刘观涛等：《活解黄帝内经》，北京：军事医学科学出版社，2005 年。

42. 杨殿兴等：《黄帝内经读本》，北京：化学工业出版社，2006 年。

43. 傅维康等：《黄帝内经导读》，北京：中国国际广播出版社，2008 年。

44. 〔清〕孙诒让：《札迻》，北京：中华书局，1989 年。

45. 李梦生：《左传译注》，上海：上海古籍出版社，1998 年。

46. 杨伯峻、徐提：《白话左传》，长沙：岳麓书社，1993 年。

47. 〔清〕孙诒让：《周礼正义》，王文锦、陈玉霞点校，北京：中华书局，1987 年。

48. 杨伯峻：《春秋左传注》，北京：中华书局，1990 年。

49. 沈玉成：《左传译文》，北京：中华书局，1981 年。

50. 周小兵、张世涛：《汉语阅读教学理论与方法》，北京：北京大学出版社，2008 年。

51. 周小兵、张世涛：《中级汉语阅读教程》，北京：北京大学出版社，1999 年。

52. 〔清〕俞樾：《俞樾劄记五种·群经平议》，台北：世界书局，中华民国 73 年。

53. 王　力：《中国语法理论》，北京：中华书局，1954 年。

论文类：

1. 许嘉璐：《卸下镣铐跳舞——中国哲学需要一场革命》，载《文史哲》，2009 年第 5 期。

2. 段观宋：《因文求义论》，载《东莞理工学院学报》，2003 年第 2 期、2004 年第 1 期。

3. 许嘉璐：《谈谈训诂学》，载《曲靖师范学院学报》，1984 年第 2 期。

4. 杨琳：《论语境求义法》，载《汉语史研究集刊》，第八辑，巴蜀书社，2005。

5. 张劲秋：《据境索义与文言词语训释》，载《安徽教育学院学报》，2005 年第 2 期。

6. 黎千驹：《因语境求义论》，载《湖北师范学院学报》，2009 年第 6 期。

7. 韩陈其、立红：《论循境求义——〈经义述闻〉的语言学思想研究》，载《盐城师范学院学报》，2003 年第 2 期。

8. 王翰颖：《〈读书杂志〉的语境运用初探》，载《曲阜师范大学硕士学位论文》，2005。

9. 姜蕾：《〈经义述闻〉语境训诂研究》，载《曲阜师范大学硕士学位论文》，2010。

10. 许嘉璐：《语义的可解与不可解（续）》，载《文史知识》，2009 年第 3 期。

11. 许嘉璐：《训诂学与经学、文化（二）》，载《文史知识》，2009 年第 12 期。

12. 许嘉璐：《语义的可解与不可解（下）》，载《文史知识》，2009 年第 2 期。

13. 许嘉璐：《语义的可解与不可解（上）》，载《文史知识》，2009 年第

1 期。

14. 许嘉璐：《训诂学与经学、文化（四）》，载《文史知识》，2010 年第 3 期。

15. 胡裕树、范晓：《试论语法研究的三个平面》，载《新疆师范大学学报》，1985 年第 2 期。

16. 张新武：《动词作谓语的"於"字差比句及其训诂问题》，载《语言研究》，2009 年第 3 期。

17. 邱洪瑞：《〈史记〉断句辨正一则》，载《江海学刊》，2011 年第 3 期。

18. 许嘉璐：《训诂学与经学、文化（三）》，载《文史知识》，2010 年第 1 期。

19. 朱小健：《关于如何实施中学文言文教学的思考》，载《中学语文教学》，2005 年第 10 期。

20. 邱洪瑞：《著文立说，不可不慎》，载《中华读书报》，2009 年 2 月 25 日第 10 期。

21. 邱洪瑞：《苏教版八年级语文教科书的语言问题》，载《中华读书报》，2010 年 6 月 16 日第 10 期。

22. 邱洪瑞：《"被××"与汉语的意合特点》，载《阅读与写作》，2010 年第 7 期。

23. 邱洪瑞：《小议"马上体"》，载《语文建设》，2014 年第 3 期。

24. 邱洪瑞：《你"醉了"吗》，载《语文建设》，2015 年第 2 期。

25. 邱洪瑞：《"互联网+"引热议》，载《语文建设》，2016 年第 9 期。

26. 邱洪瑞：《虚指名词刍议》，载《河南师范大学学报》（哲学社会科学版），2015 年第 6 期。

27. 邱洪瑞：《〈孟子〉体现出的"观境索义"思想》，载《新疆大学学报》，2011 年第 5 期。

28. 邱洪瑞：《试论以意拟志的考据方法》，载《郑州大学学报》（哲学社会科学版），2014 年第 3 期。

29. 邱洪瑞：《儒家"天下之中"观念的文化控制蕴涵——基于葛兰西文化领导权理论解读》，载《郑州轻工业学院学报》，2015 年第 3 期。

30. 邱洪瑞：《300 年前的使臣和〈使疏球杂录〉》，载《博览群书》，2017 年第 4 期。

电子文献类：

1. 〔清〕王引之：《王文简公文集》，北京：北京师范大学，中国基本古籍库。
2. 〔清〕张志聪：《伤寒论集注》，北京：北京师范大学，中国基本古籍库。
3. 〔宋〕胡安国：《诗经世本古义》，北京：北京师范大学，中国基本古籍库。

附录：《使琉球杂录》标点与今注

琉球册封使汪楫及其《使琉球杂录》[①]

汪楫（1636——1699），字舟次，号悔斋，清初文史学者，诗人，琉球册封使。《清史稿》载：

> 汪楫，字舟次，江都人，原籍休宁。性伉直，意气伟然。始以岁贡生署赣榆训导。应鸿博，授检讨，入史馆。言于总裁，先仿宋李焘长编，汇集诏谕、奏议、邸报之属，由是史材皆备。二十一年，充册封琉球正使，宣布威德。濒行，不受例馈，国人建却金亭志之。归撰使琉球录，载礼仪暨山川景物。又因谕祭故王，入其庙，默识所立主，兼得琉球《世缵图》，参之明代事实，诠次为中山沿革志。出知河南府，置学田，嵩阳书院聘詹事耿介主讲席。治行为中州最。擢福建按察使，迁布政使。楫少工诗，与三原孙枝蔚、泰州吴嘉纪齐名。有《悔斋集》、《观海集》。

汪楫与著名文学家朱彝尊相知，工诗善文。汪楫诗风平易，境界清新，别有意趣，袁枚《随园诗话》评曰："汪舟次《田间》云：'小妇扶犁大妇耕，陇头一树有啼莺。儿童不解春何在，只向游人多处行。'此种诗，儿童老妪，都能领略。而竟有学富五车者，终身不能道只字也……（此种诗）皆使闻者人人点头。"又曰："咏新仆者：汪舟次云：'见事先人往，应门答语轻。'……亦趣。"汪楫早年科举不第，以岁贡生的资格出任赣榆县学教谕。其后经江南巡抚慕天颜推荐，入京参加博学鸿词科试。与朱彝尊同以一等录用后，即被授予翰林院检讨之职，参与编修《明史》的工作。康熙二十一年（公元1682年），汪楫被康熙帝任命为正使出使琉球。这是清朝第二次派遣册封琉球的使臣，此前依明代选派

[①] 参见邱洪瑞：《300年前的使臣和〈使琉球杂录〉》，载《博览群书》，2017年第4期。

册封使臣旧例，多从行人、给事中选派，其遴选并不严格。而此次选派，康熙帝尤加重视，责成礼部从内阁、翰林院、礼部、六科和行人司等机构中推荐八十二人为候选对象，再由"九卿詹事科道会推具奏"。最终推举"文学颇通"、"人亦甚优"的翰林院检讨汪楫为正使，"其人亦优"的内阁中书舍人林麟焻为副使。充分说明汪楫实为"以特简出"（汪楫宗弟汪琬语），人才难得。汪楫出使之前，朱彝尊曾作《送汪检讨使琉球序》，希望汪楫认真考察琉球国的历史本末，有所撰著。

汪楫此行，于康熙二十二年六月二十三日开洋出海，航行异乎寻常地顺利，风急船快，仅用了三个昼夜即已抵达琉球那霸港。此后汪楫羁留琉球国五个月，一方面出色地完成了谕祭故王、册封新王的主要政治任务，另一方面还与琉球各界人士广泛交游，在政治、经济、文化等方面多有交流，深入考察了琉球国的礼仪习俗和山川地理，为册封归来之后的写作积累了大量的一手材料。十一月二十四日启动归程，但风微船滞，与来时航行的顺利情况迥异，至二十八日，船队竟遭遇飓风，四夜三昼不止，在惊涛骇浪中备尝艰险，十二月初四日方泊舟登岸。归来后汪楫不负朱彝尊厚望，撰写《使琉球杂录》五卷，辑录《册封疏钞》、《中山诗文》各一卷，并依据目见耳闻及相关的琉球历史资料，编定《中山沿革志》二卷。自康熙二十六年，汪楫历任河南知府、福建按察使（康熙二十九年）、福建布政使（康熙三十二年），政绩卓著。康熙三十七年因疾病缠身，告归扬州乡里，次年闰七月十四日病逝。汪楫葬后，朱彝尊为作《通奉大夫福建布政使内陞汪公墓表》，历叙其生平功勋，多加褒扬赞美。

《使琉球杂录》是汪楫册封琉球所撰诸书中比较重要的一部，但目前尚无现代标点整理本刊行。这本书包括一篇《序》和《使事》、《疆域》、《俗尚》、《物产》、《神异》五卷正文。书《序》阐明了自己撰写该书的缘由和"据事质书，期不失实"的写作态度。卷一《使事》，简单说明了琉球国表贡请封、作者膺选册封使职的出使缘由，比较详尽地记叙了出使的各种准备和作者酌古准今制订《谕祭》、《册封》两篇仪注及其具体实施过程，描述了一些进入琉球后所遇到的事关大清国威的政治事件，此外还对册封使的米、面供应等日常生活情况做了说明。卷二《疆域》历叙琉球国地理位置，中琉航路，琉球山川地理，与琉球毗邻的七岛人物，琉球国重要的宫观寺庙等建筑及作者所撰《琉球国新建至圣庙记》等。卷三《俗尚》主要内容为琉球国服饰特点，风俗节日，文化喜好等。卷四《物产》列举了琉球国的诸多特色物产。卷五《神异》生动地描述了册封琉球使团的去来航程经过：开洋出海一帆风顺，风急船快史无前例；归途饱受惊涛骇浪之苦，但最终平安无事。《使琉球杂录》诸卷较为详实地记录了作者作为册封正使出使琉球所主持和参与的各种活动，而通过对这些记录的研读，我们可以清晰地感知到三百多年以前大清王朝琉球册封使汪楫的人品才干、神采丰韵：

孔子云："君子食无求饱，居无求安"（《论语·学而》）汉郑玄注："学者之志，有所不暇。"汪楫为官清廉，爱惜民力，堪称君子。在个人用度方面，按照明清以来的惯例，琉球册封使可以使用不少金银器皿，而汪楫则"爰取旧案尽汰之"，只用铜盆锡壶之类。在海航的准备方面，前代册封使往往以钦差的身份驻留福建，花费数年的时间建造豪华的封舟，动辄耗费大量的人力物力，再加上钦差及其使团经年累月的奢华生活，就给当地人民带来了沉重的经济负担。汪楫根据海疆的具体情况，提出使用现成的战舰渡海，既省去了造船费用，又不耽搁时日，"一到即行，不少留滞"。又不取福建一物，"即公署铺设之一毡一灯，必归原主。"一改历代积弊，深得民心，以至于"城中耆老、坊店、人户各具鼓乐彩帜，趋送十五里外。"闽地父老为之感叹"使来者尽然，闽其世世如新受赐乎！"到琉球之后，汪楫也时时秉持自己的清约本色。琉球国对册封使日常的米面荤蔬供给，汪楫认为有些过于丰厚，便一一加以削减，"臣等于供应裁十之五、廪给裁十之二"。非但如此，他连琉球王五日一供的牛肉也谢绝了："王五日一遣官赍牛酒问安，辞之不可，因理谕之，谓牛以力耕，不得擅杀。使臣非为国惜物，命律不可也。卒不受。已而，闻国中遂禁宰牛，改问安之期为十日。"禁宰耕牛，对于因土地瘠薄致使生活水平低下的琉球下层民众而言，不啻为一大福音。

汪楫虑事周详，不辱使命。儒家主张以礼治国，《礼记正义》云："礼者，理也。其用以治，则与天地俱兴，故昭二十六年《左传》称晏子云：'礼之可以为国也久矣，与天地并。'但于时质略，物生则自然而有尊卑，若羊羔跪乳，鸿雁飞有行列，岂由教之者哉！"作为册封使出使琉球，汪楫认为自然应该制定一套得体的礼仪规范，因此奉命后即问所司，但礼部仪制司诿之于主客司，而主客司"案卷虽存，仪注无有也"，主管部门对事关国体的册封礼仪显然并没有足够的重视。汪楫乃"入闽后博访之，十得六七，而中多未安。""不揣固陋，酌古准今，定为《谕祭》、《册封》仪注二篇。应国君之请，其有未晓，复绘图示之。莫不奉行惟谨，登降、进反、揖让、拜跪，威仪肃然。国之老成以为从前未睹云。"汪楫对礼仪的用心程度可以从下面两个细节上看出来。其一是对琉球王的册封仪式的一处修改。仪式中有国王"至香案前跪请留诏、敕为传国之宝"、法司官"捧前代诏、敕（向册封使）呈验"一节，按照旧制，册封使要假意做出收回前代诏、敕的架势，待法司官反复跪请后再索阅旧轴，"趋走往复，几同儿戏"。汪楫以为这种华而不实的程序实际上已经背离了礼制之本，于是改令法司官预捧前代诏、敕呈验，册封使验明之后，即"允所请，捧诏、敕亲授国王。"其二是对琉球至圣庙的祭拜。入庙之后，汪楫不忘对庙中奉祀之主加以仔细审查，审验无误（确系孔子）后方才下阶肃拜。他说："外国淫祀最多，名称不一，若入境误拜倭鬼，辱莫大焉。如俟徐访而后恭谒，则是奉神慢圣，岂可以训远人？是故诣庙不可缓、下拜不可骤也。"汪楫虑事之周详，于此可见一斑。汪楫的琉球之行，时时处处都体现出了一位儒者的仁德之心，而又不失一位天朝使者的赫赫威仪。特别是他的仁心宽厚，与一味凶暴抢掠的倭人形成了极为鲜明的对比，《使琉球杂录·疆域》载："倭常执王，割地乃得返。""万历间萨州岛倭猝至，王被执去。"有鉴于此，琉球人往往谈倭色变："相传琉球去日本不远，时通有无。而国人甚讳之，若绝不知有是国者。"而汪楫不仅不辱使命，还深深赢得了琉球及其附近岛人的爱戴："臣等归舟将发，风微不能出港。口岛人各驾小舟近百只，裸而荡桨，牵船出港，缆既解犹依依不遽去，圣化之远被如此。"

春秋时期，卫国的大夫棘子成说："君子质而已矣，何以文为？"孔子的弟子子贡批评他道："文犹质也，质犹文也，虎豹之鞟，犹犬羊之鞟。"（（《论语·颜渊》））汪楫擅长写作，文采斐然。汪楫身为翰林院检讨，参与编修《明史》，非常注重叙述的真实性，在《使琉球杂录》的序言里，他阐明了"据事质书，期不失实"的写作原则，因此他的这部书总体的风格是客观真实、简略平易，但在叙及自己的旅途所见之时，他还是充分显露了一位文学家的写作才能，把他的所见所闻写得有声有色，极其传神。如他写的归航遇险之情：

> 二十八日一鼓，飓风大作，云垂水立，一帆如夹雪壁中。虽预为之防，而四夜三昼不止。舟行忽上忽下，上则九天，下则九地，跳掷奔腾，不可名状。掀簸既久，时闻格磔作声，如转水车，如锯湿木。有顷，船身又如病疟颤不已，而一浪盖船，舱中如瀑布四垂，数人汲之不给。势危且急，万不可支。于是匍匐登战台，抚循水手，勉为激劝。而合舟强起者仅十六人，余皆在反逆眩乱之中，仅存一息。前后二十余灶尽委逝波，爨烟久断矣……船中大桅高可十丈，桅心劲直，虑其力不胜篷也，傅以四木，制巨铁箍束之。俄闻划然有声，一箍飞堕。不踰时，堕至十三。顷之，顶绳又断，篷失所系。相顾尽无人色。乃箍断而桅不散，顶绳断而蓬不落，与波上下，竟保无虞。

这一段话把海航突遇飓风、封舟危机四伏而又如有神助最终得以脱险的场景描述得惊心动魄，其叙述条理又丝毫不乱，飓风的巨大威力与海员的个人感受相互映衬，给人以较强的震撼力量。作者写受命出使、启航远行的一帆风顺也同样声情并茂，而且更为详实：

> 二十二年六月十六日，由福建南台登海船。船大水浅，必乘潮乃可行，日行数十里或十数里而止。十九日至怡山院……俄而舟人趋报曰："风自东而南矣。"出院视之，则衣袂群飞，声如潮涌，柁楼旌旗，尽皆北向。亟谕兵役戒行。守备林五琅进白曰："行有期矣。顾风势犹未定，盍稍俟之。"因遣小舟至口外侦视，则外洋故东风未转也。还报，群疑复起。臣曰："曷疑乎？某以天子命祷神，神许我矣，故假此尺寸之地以示异。今势在必行，姑俟三日，三日后即风不竟，亦必出洋。"已而风渐息。二十一日，风如故。明日，东风更大。又明日，风息。遂令起碇出口。三船往复，商确辰刻始行。初拟出五虎门，徐为计。及张帆，则南风大作，瞬息已过东沙山，一望茫茫，不可收泊矣……廿四日五鼓，倦而假寐，忽一人柎臣背曰："起！起！船行太上，再上则台湾矣。"惊寤，急呼守备林五琅。问域外方向，语以梦。五琅曰："顷固疑之，今当揿柁耳。"柁转风疾，如驶天明，遂见彭佳山。向非神觉，得不有毫厘千里之误乎？过东沙山有两大鱼傅舟左右行，或前或后，时见首尾。鱼长略与船等。舟人初忽视之，及夹舟不去，始觉其有异。入夜，星光烂然，船行水天中，疑日疑月，白鸟不可数计，环樯而飞。窃怪海心去山万里，鸟于何来？飞绕终夜，天明复安往。迎棹之神鸦不足异矣。

值得重视的还有，在记录此次出航的叙述里，汪楫很清楚地指出，时人已将琉球海沟公认为"中外之界"了，这就足以证明琉球海沟以西的钓鱼岛自古以来就是我国的神圣领土。而这一叙述无疑对解决当今中日两国的钓鱼岛争端具有巨大的理论价值和政治意义，请看：

> 按海图，过东沙山后应过小琉球、鸡笼屿、花瓶屿诸山。及二十四日天明，见山，则彭佳山也。不知诸山何时飞越。辰刻过彭佳山，酉刻遂过钓鱼屿。船如凌空而行，时复欹侧。守备请循例挂免朝牌，许之。浪竟平。二十五日，见山。应先黄尾后赤屿，无何遂至赤屿，未见黄尾

屿也。薄暮过郊（或作沟），风涛大作，投生猪羊各一，泼五斗米粥，焚纸船，鸣钲击鼓，诸军皆甲，露刃俯舷作御敌状。久之始息。问"郊"之义何取？曰：中外之界也。界于何辨？曰：悬揣耳。然顷者恰当其处，非臆度也。食之复兵之，恩威并济之义也。

读其书，想见其为人，诚如太史公所谓："'高山仰止，景行行止。'虽不能至，然心向往之。"使臣本色是儒生，通观康熙皇帝亲自委任的琉球册封使汪楫的为人行事、文笔言辞，其人实不愧于"史材皆备"、"以特简出"的赞誉。

自明初至清末，琉球（今日本冲绳）一直是中国的藩属，历时500余年。1683年，清代学者汪楫所撰《使琉球杂录》、《中山沿革志》、《册封琉球疏抄》、《观海集》等著作，是研究中国尤其是明清时期的中国与琉球关系的宝贵资料，对当今的冲绳归属研究、钓鱼岛争端研究都有重大的史料价值。这些著作自康熙年间刻印以来，虽颇受关注，《四库全书总目》亦有收录介绍，但现当代中国学者中并无人对这些著述做过全面系统的研究。

正因为缺乏系统的整理、研究，上述汪楫所撰诸著作包括《使琉球杂录》在内，在当代都是以不加整理的影印形式出版的，如收入黄润华、薛英编《国家图书馆藏琉球资料汇编》的《使琉球杂录》、《册封琉球疏抄》影印的是康熙二十五年刻本，《中山沿革志》影印的是康熙雍正间刻悔斋集本。"故宫珍本丛刊"本、"四库全书存目丛书"本《使琉球杂录》、《中山沿革志》等也是直接采取了古刻本的影印形式。此种出版方式固然可以很好地保留古籍原貌，但古人的文言句法、不加标点的行文方式却也限制着原著在社会上产生广泛和深远的影响。

在国外，就笔者所见，日本国也同我国一样出版有汪楫著述的古籍影印本，但是日本学者原田禹雄则走在了我们前面，他所撰《汪楫册封琉球使录三篇》采用日文翻译、注解结合的形式，对汪楫著作进行了系统的整理，这就足以说明日本汉文古籍整理者对汪著的研究更为全面和细致。

可见，当代中国学者很有必要认真研究汪楫出使琉球之后所撰诸种著述，并标点整理出一套今注本。限于著者的学力，本书对《使琉球杂录》蕴含的文化、政治价值的分析尚很不够，唯愿抛砖引玉，有利于更多相关研究成果的诞生。

《使琉球雜錄》序①

　　琉球自明洪武初通中國,歷今三百餘年。奉使至其地,姓名可紀者凡三十餘人。考其譔②著,惟嘉靖中陳侃作《使琉球錄》,上之於朝,於是中山風土,間為學士、大夫所稱說,然其言弗質③也。萬曆中,蕭崇業因之,少有增益,又附紀前此奉使者爵里、姓氏,紕漏寔多。嗣後,夏子陽又因之。至崇禎中,杜三策從客胡靖所刻《琉球圖記》,則荒誕謬妄,百無一實矣。國朝康熙三年,使臣張學禮歸自中山,有《紀事》一書,質實無支語,已鏤板行。後為所知誚讓④,謂海外歸來,稍誇謾⑤以新耳目,誰相證者?而寂寥如是!學禮乃毀所鏤板;而他客輒以意為之,今刻遂與原本大異。臣受命後,即遍購諸書以行。按籍核之,合者殊少。爰⑥即聞見所及,雜錄成編。編分五卷:曰《使事》、曰《疆域》、曰《俗尚》、曰《物產》、曰《神異》。皆據事質書,期不失實而已。

　　《周禮》:職方氏掌天下之圖,以周知其利害;而小行人之職,使適四方⑦,其禮俗、政事、教治、刑禁之屬,各各條錄,別為一書,用反命于王,以周知天下之故。是知適四方者必有錄,自古然矣。若比於《搜神》⑧、《括異》⑨志怪之書,則臣不敢以所未見,侈詭異之談也。

　　康熙二十三年六月十日,翰林院檢討、臣汪楫謹序。

---

① 以下為《使琉球雜錄》正文整理本,為體現原書原貌,正文及注釋均採用繁體漢字。
② 譔:"撰"的異體字。
③ 質:樸實;樸素。
④ 誚(qiào)讓:譏諷責備。在這裡只有"責備"義。
⑤ 誇謾:誇大不實。謾(mán),欺謾,欺騙。
⑥ 爰:承接連詞。乃,於是。
⑦ 見《周禮·夏官司馬第四·職方氏》:"職方氏掌天下之圖,以掌天下之地,辨其邦國、都鄙、四夷、八蠻、七閩、九貉、五戎、六狄之人民與其財用、九穀、六畜之數要,周知其利害。"《周禮·秋官司寇第五·小行人》:"小行人掌邦國賓客之禮籍,以待四方之使者……使適四方,協九儀。"
⑧ 《搜神》:指《搜神記》,東晉記錄神仙鬼怪的著作,作者干寶。
⑨ 《括異》:指《括異志》,宋代志怪小說集,作者張師正。

《使琉球雜錄》卷一

翰林院檢討臣汪楫纂

使　事

　　康熙二十一年，中山王世子尚貞遣耳目官毛見龍、正議大夫梁邦翰奉表貢方物。以其父中山王質之喪來告。貞以嫡嗣當襲，請授封。禮臣議航海道遠，應如暹羅①例不遣官卹②封，儀物勒貢使齎回③便④。見龍等搏顙⑤固請。禮臣持不可。上念貞父子世守臣節，如所請。命九卿、詹事、科道官會推⑥可使者以聞。於是翰林院檢討臣楫、內閣中書舍人臣麟焊謬膺⑦是選。

　　既拜，命諮訪舊例。得未盡者七事，條上之。旨下，禮臣議格⑧不行。上復命戶、兵、工三部集議，乃允行三事，而許帶修船匠役，則特旨也。賜一品麟蟒服。謝恩陛辭，恭承天語體恤小邦。臣等不勝悚惕。

　　先是，臣懲前使逗留之失疏，請亟行。而部議必待貢使偕往。至是，閩督報琉球接封陪臣至，可充嚮導。於是定期出洋。時總督姚啟聖方視師廈門，巡撫董國興已移疾旋京，布政使馬斯良入覲，知府張懷德病廢不事事，閩縣令缺官，攝篆者鄰邑左貳也⑨。省會之地，上無督撫藩司⑩，下無府縣官，而冊封外國為數十年一舉之大典，事如亂絲，無有理其緒者。舊例，凡百器用無弗備，即犁鋤耕穫之具亦儲以行，慮漂流絕島不可復還，則墾作以苟活也。《使職要務》云："舟中有艙數區⑪，貯諸器用。又造棺二具，題曰'天朝使臣之柩'，上釘銀牌，重若干兩。遇颶風，知不免，則錮使臣其中，隨波飄蕩。冀見者取牌而收瘞之。"

---

① 暹（xiān）羅：泰國的古稱。
② 卹："恤"的異體字。
③ 齎（jī）回：帶回。齎，攜帶。
④ 便：指這樣於事方便。
⑤ 搏顙（sǎng）：叩頭。
⑥ 會推：會同推薦選任。
⑦ 膺（yīng）：接受，承当。膺選：当选。
⑧ 格：擱置。
⑨ 攝篆者鄰邑左貳：代理官職的是鄰縣的副職。篆，官印。左，通"佐"，"佐"、"貳"都是副職的意思。
⑩ 藩司：承宣布政使司的簡稱，其前身即元朝的行中書省。明清時承宣佈政使司為國家一級行政區，是承宣佈政使的轄區，簡稱布政使司、布政司、藩司。
⑪ 區：量詞，間。

陳侃《使琉球錄》載，有金銀九十餘器。金帶四條，備使臣過海之用。侃自以素清約，無事華侈，省免金器壺盞諸物，止用銀者。且筆之於書、上之於朝，請宣付史館，明其廉介如此也。而前使臣駐閩，一切皆取辦于藩司，即留滯不行，每歲亦支用公費銀五千餘兩。藩司奏奏銷①不盡得請，則派②之八府，取驛站綱銀③津貼焉。今各項皆無所出，而海疆軍需方亟，豈可復以此費公帑？爰取舊案盡汰之。除銅盆、錫壺、鍋甑、碗盞、床棹④諸器，在所必需，稍非所急者，悉罷去。出入皆有司主之，合計所費，較曩時僅百一焉。

凡二十有五日，竣事登舟，遂行及海外，成命歸，不入會城。泊南臺七日，行。諭祭海神，禮竟，即兼程復命⑤。城中耆老、坊店、人戶各具鼓樂彩幟，趨送十五里外。臣笑謂曰："七日欽差，與地方何預，而勞苦父老？"為對曰："冊封一役，自明苦之。欽差駐閩，動輒數年，造船則有采木購柁之擾，深山窮谷，無得免者，今一到即行，不少留滯逮⑥于驛騷⑦，一也；有欽差必有公費，公費一則私派必倍，今事畢而民不知，二也。往者百物皆取辦於行戶⑧，官一而役三之。今一物不取，即公署鋪設之一氈⑨一燈，必歸原主。使來者盡然，閩其世世如新受賜乎！"言未已淚涔涔下。臣亦為太息久之。故知諸父老非止為臣楫頌德而已。

海行恃船為命，而之琉球又與他國不同。高澄《操舟記》曰："西南諸國，行不二三日即有小港避風。若琉球，則去閩萬里，中道無止宿地。故舊制必使臣親督造船，擇日定艐（船底也），務與使臣之年庚合，非是則不利。時閩疆治兵，戰艦方集。臣議即取戰艦以渡，既可省費，且免濡滯。爰移文閩督，就見在者選用之。閩督謂惟大帥六艘船庶堪涉險。卒不可得，僅以二鳥船⑩來。船視諸艦無

---

① 奏銷：猶今言"報銷"。"奏奏銷"，前一"奏"字是"上奏"的意思。
② 派："派"的訛字，分配，分攤。
③ 綱銀：代役歲費，其名稱源自明代"綱銀法"，明中葉在南方徵收代役歲費，將全縣代役歲費，分為正、雜兩綱，稱為綱銀。
④ 棹（zhuō）："桌"的異體字。《醒世恒言》二："一棹上吃食。"
⑤ 復命：履行使命。此"復"字即《論語·學而》："信近於義，言可復也"之"復"，朱熹注："復，踐言也。"踐行諸言可言"復"，踐行使命亦可言"復"。
⑥ 逮（dài）：及，至。《禮記·大學》："災必逮夫身。"
⑦ 驛騷：擾動，騷亂。驛，通"繹"。
⑧ 行戶：商戶。
⑨ 氈（zhān）：用羊毛或其他動物毛壓制成的塊片狀物。適於作鋪墊及製作禦寒衣物。
⑩ 鳥船：古代的一種海船。其特點是船首形似鳥嘴，故稱鳥船。

他異，而柁①皆銕力木②為之，號曰鹽柁。蓋他木浸海水中久則柔，憔鹽柁無慮也。往制舵與櫓必置副以防不虞。問之，所司不應。柁必有大纜系之，由船底兜至船頭，謂之勒肚。勒肚非欓藤不可，所司以藤價昂，易以竹篾，不踰時敗矣。爰與副使臣麟焴出俸金自購之，久之乃得。歸，舟遇颶風三晝四夜，船如礮③擊，如梭擲，而卒不致覆裂者，藤勒之力也。兩船，使臣乘其一，而以稍大者載兵役。蓋少從眾多，非是不能安也。船長十五丈有奇，闊二丈六尺，桅高十丈餘，頭桅踰其半，自艙底至面凡六層，艙面為戰臺。由面至艙，有如縋井也，梯兩折乃入。官艙艙高可八尺，中一間寬六尺許，兩使臣會食地也。左右分居，居復分兩層，名曰麻力，上下畧均，主棲其上，僕處其下也。上層又劃為兩間，一置臥具，一置衣囊也。下層則劃為六間，間臥一人，不使轉側，防顛僕也。麻力舊有小窗踰尺，隙光入則艙藉以明，出海復鋼之以避浪，於是出入皆捫壁行，儼如穴處也。艙底盡填巨石，名曰壓鈔，務下實也。前艙貯火藥，又前以居胥役。艙面載小船一，泊舟時下之以通往來。旁有水門，由此登降。出海，亦鋼之，非惟自衛，亦以防奸也。又前則桅艙，接封陪臣及從者居此。又前則領兵守備及水手雜處之。轆轤二，參差設兩桅之間，藉以舉篷，篷非人力可勝也。船頭架大碇④一，形如个字，代銕錨也。前後共設水艙三，以貯淡水，謂之水井，每井可受二百石，將出海，道經羅星塔⑤，先期設醮⑥，投銀錠中流，名曰買水。井受水滿則封之，命親丁司啟閉。人置名簽，驗簽給水，日二次，涓滴不妄費也。後有尾樓，亦名將臺，立幟列藤牌，為使臣廳事⑦。其下即柁樓，柁前有小艙，艙實以米布針盤，其中晝夜然燭，夥長二人輪視之，目不轉瞬，與舵工相依為命也。戰臺各翼以扶欄，列炮十二，他軍器稱是⑧，備洋寇也。舵工夥長之外，有繚手，有碇手，有車手，有鴉班，各執厥事。而鴉班尤矯捷，履篷升桅，足無停晷⑨。稱之曰鴉，紀實也。總船務者，有千總。理軍務者，有百總。司甲杖者，有捕盜。而悉統於守備，蓋任人尤要云。

---

① 柁（duò）：同"舵"。
② 銕力木："銕"同"鐵"，鐵力木即鐵梨木、又稱鐵栗木。
③ 礮：同"炮"。
④ 碇（dìng）：系船的石墩，停船時沉入水底用以穩定船身。
⑤ 羅星塔：始建於南宋，在今福州市閩江下游三水合匯處的羅星山山頂，馳名中外。
⑥ 設醮：設祭。舊時建立道場祈求福祉的活動。醮，通"釂"，祭神。
⑦ 廳事：辦公處，官署視事問案的廳堂。
⑧ 稱是：與此相稱。
⑨ 晷（guǐ）：時間。

出使例有部頒儀注①，奉命後即問所司。曰："此儀制司職掌也。"而儀制又諉之主客。蓋順治間張學禮等奉使時，朝貢遣使諸事皆隸儀制，嗣因儀制事繁、主客事簡，始以貢事歸主客。案卷雖存，儀注無有也。入閩後博訪之，十得六七，而中多未安。臣不揣固陋，酌古准今，定為《諭祭》、《冊封》儀注二篇。應國君之請，其有未曉，復繪圖示之。莫不奉行惟謹，登降、進反②、揖讓、拜跪，威儀肅然。國之老成以為從前未睹云。

《諭祭儀注》：先期諭長史灑掃王廟中堂，以便迎請龍亭。設香案於廟中，設司香二人，設開讀臺於滴水西首，設開讀位，東南向。設中山先王神主位於露臺東首，西向；設世子俯伏位於先王神主位之下，北向；設世子拜位於露臺中，北向。設眾官拜位於世子拜位後，左右層列。設奏樂位於眾官拜位之下，北向。祭日黎明，法司官率眾官及金鼓、儀仗畢集天使館前。天使啟門，參謁畢，迎請龍亭進公館中堂。捧軸官捧諭祭文奉安龍亭內。眾官排班，行三跪、九叩頭禮，畢，前導至真玉橋。世子素衣黑帶，率眾官迎伏于橋頭道左（向弟③立候於廟門外，非禮也。今更定）。龍亭暫駐，世子、眾官平身，天使趨前分立龍亭左右。通官唱"排班"，世子率眾官行三跪、九叩頭禮，畢，眾官、世子前導至廟門外。龍亭由中門進至廟內中堂，天使隨入，左右立。捧軸官由廟東邊門進，至廟東邊門外，西向立。宣讀官、展軸官由西角門進，至開讀臺下，東向立。司香二人舉香案置龍亭前，添香。世子率眾官由東角門入，上露臺，各就拜位，行三跪、九叩頭禮，畢，退立于先王神位之下，西向。捧軸官由廟東邊門進廟中堂，天使取諭祭文授捧軸官，捧軸官高舉出廟中門，上開讀臺。宣讀官次之，展軸官又次之。捧軸官上臺，立案右。宣讀官就開讀位，展軸官立案左，與捧軸官對展。通事官唱"開讀"，世子、眾官皆俯伏于先王神位之下，北向候。

宣讀官從容讀畢，通事官唱"焚帛"，世子眾官皆平身。世子至焚帛所候，焚畢，回露臺，同眾官再行三跪、九叩頭禮謝恩畢，退班。世子捧先王神主由廟東邊門進廟內，安於東偏神座。天使與世子行相見禮，天使居東、世子居西，各再拜畢，世子請天使就前堂拜謝。天使左行，世子右行。至前堂，天使居東，世子居西，皆四拜畢，安坐。正使居東、副使居西，俱面南坐；世子面東北坐。

---

① 儀注：禮儀制度，指禮儀實施的步驟、細節等。
② 反："返"的古字。
③ 弟："第"的異體字。

茶、酒皆親獻，天使辭；天使酬獻①，亦辭。席終，請天使輿②至滴水前，世子下階揖別，眾官出門跪送。世子是日不及詣館謝，先遣官至館謝勞，天使次日亦遣官入王城謝宴。

《冊封儀注》：先一日，所司張幄結彩於天使館，國中經過處所皆結彩。設闕庭于王殿之前（王殿中楹之右，樓梯峙焉，妨於行禮，特造板閣一楹，為闕庭，中置殿陛，龍亭所由升也。左右層階，便國王及引禮者登降也）。設香案于闕庭前，設司香二人於香案左右。設世子受賜予位於香案之前。設宣讀臺於殿前滴水之左（王殿西向，故注中止分左右，不分東西）。設世子拜位於露臺正中；設眾官拜位於世子後，左右層列。世子左右立引禮官二員，眾官左右立贊禮官二員。陳儀仗于王殿左右，設奏樂位於眾官拜位之下。

冊封日黎明，法司官、眾官皆吉服（國無所謂吉服也，但不衣白即是），率金鼓、儀仗畢集天使公館前。天使啟門，參謁畢，迎請龍亭進公館中堂。捧詔官、捧敕官各捧詔敕，奉安龍亭中。捧幣官捧緞匹等分置左右彩亭中，王與妃各一也。眾官排班，行三跪九叩頭禮，畢，前導。世子率眾官迎伏於守禮坊外（向在坊下，今更定）。龍亭暫駐，世子、眾官平身，天使趨前分立龍亭左右。通事官唱"排班"，世子率眾官行三跪、九叩頭接詔禮，畢，眾官世子前導，立殿下。龍亭進至闕庭中，彩亭分列左右，天使分立龍亭左右。捧詔官、捧敕官立殿陛下，宣讀官立開讀臺下，司香者舉香案于龍亭前，添香、奏樂。引禮官引世子由東階升，詣香案前。樂止，引禮官唱"跪"，眾官各就拜位，皆跪。引禮官唱"上香"，案右司香者捧香跪進於世子之左，三上香訖，俯伏，興，平身，奏樂。引禮官引世子出露臺，就拜位，率眾官行三跪、九叩頭拜詔禮，畢，平身，樂止。天使詣前，正中立，稱有制，奏樂。捧詔官、捧敕官由東階升，天使取詔授捧詔官、取敕授捧敕官。高舉下殿陛，同宣讀官上開讀臺，奉詔敕並置案上。通事官唱"開讀"，樂止。引禮官唱"跪"，世子、眾官皆跪。捧詔敕官以次對展，宣讀官次苐讀畢。引禮官唱"平身"，世子、眾官皆平身，奏樂。捧詔敕官各捧詔、敕升殿陛，交天使奉安龍亭中。捧詔敕官下東階。國王及眾官行三跪、九叩頭謝封禮，畢，平身，樂止。天使宣制曰："皇帝敕使賜爾國王及妃緞匹彩幣"。引禮官引國王由東階升，法司官隨行。國王至受賜予位，跪，奏樂。天使取緞匹等一一親授國王。國王高舉，法司官跪接，傳置案上。畢，俯伏，興，平身。引

---

① 酬獻：回敬。

② 輿：車駕。

禮官引國王復位，率眾官行三跪、九叩頭謝賜禮，畢，平身，樂止。引禮官引國王升東階，至龍亭前跪問："聖躬萬福！"天使答曰："聖躬萬福！"國王俯伏，興，平身。奏樂，引禮官引國王復位，率眾官行三跪、九叩頭問安禮，畢，平身，樂止。引禮官引國王升東階，至香案前跪請留詔、敕為傳國之寶。法司官捧前代詔、敕呈驗（舊錄，於此使臣故欲收回，待跽請至再，而後索閱舊軸，趨走往復，幾同兒戲，故令其預捧呈驗，庶不失禮）。天使驗明，允所請，捧詔、敕親授國王。國王平身，親奉安于龍亭中。奏樂，引禮官引國王復位，率眾官行三跪、九叩頭謝恩禮，畢，平身。禮畢，國王請天使同入北宮，對拜，安坐；獻茶一如前儀。

登岸入館之次日，例當行香。通事以天妃宮、至聖廟告。考之前錄，未聞國中祀孔子，慮別有所謂至聖者。將出，前導者請曰："宮與廟孰先？"答曰："先廟。"入廟，升堂、搴帷審視，然後下階肅拜如禮。時有竊笑其迂者。臣曰："外國淫祀最多，名稱不一，若入境誤拜倭鬼，辱莫大焉。如俟徐訪而後恭謁，則是奉神慢聖，豈可以訓遠人？是故詣廟不可緩、下拜不可驟也。"

天使日有供應米麵葷蔬之屬，雜陳於庭。隨行兵役例有廩給，五日一給粟肉，甚腆。臣等於供應裁十之五、廩給裁十之二，柔遠恤下，期於兩盡也。王五日一遣官齎牛酒問安，辭之不可，因理諭之，謂牛以力耕，不得擅殺。使臣非為國惜物，命律不可也。卒不受。已而，聞國中遂禁宰牛，改問安之期為十日。至期，王遣法司一人、大夫一人，更番迭至，即以所饋酒肴宴之，仍齎以幣、扇之類。

天使館設桌椅一如中國制。聞國俗皆席地布几待客，王官亦然。王宴天使之先一日，試召長史問之。對曰："固然，陪臣入貢，宴，禮部亦如是也。今以為不可，顧迫不及備，奈何？"臣曰："盍不就公館取用之？"語塞而去。明日，陳設畢具，賓主皆高座，揖讓如禮，卒未取諸公館也。蓋王宮几故有足，增之即高，不必咄嗟而辦，聊以覘天使易與否耳！

舊制，往必夏至，乘西南風信也。還必冬至，乘東北風信也。是年六月逢閏，則冬至節氣必早。入國後知一切皆長史主之，即諭以亟修貢表，九月必歸，唯唯而已。及趣行，則曰："例宴未竣也。"已又曰："修船未完也。"已又曰："貢物未全也。"久之，始曰："小邦固陋，惟知先制是遵，今冬節未屆，風汛未定，舟出大洋，誰職其咎？"百諭之不能奪。及冬至則東風寂然，舟不能出港口一步。於是召長史譙讓之，始稍稍引過，請俟來春復命，語甚緩。臣麾①之去。

即日登舟，堅坐候風，禁從人，不復登岸。越數日，兵役紛紛以糧盡告。怪問其故，守備曰："國中舊給行糧二十日，防外洋濡滯之用。今風阻且不得出港口，而下役無賴習見來時迅速，以為無事，多儲不免蕩費。且所謂行糧者，開船以後之糧也。今泊此未行，則國中應供給如例。"臣曰："小邦供億②苦矣。"顧嗷嗷者又不足深責，爰與副使臣麟焻出百金買米給之。長史以為餌③也，靳④不售。不得已聞之國王，王譴長史饋米而返其值。通事請收值。臣曰："堂堂天使，可以此餌小國乎？"卒與值。凡國人役於公者皆有犒。

陪臣進謁天使，命法司官、王舅、紫金大夫、紫巾官為一班，跪，三叩頭，天使立受。揖答之。耳目官、正議大夫、中議大夫為一班，跪，三叩頭。天使立受，拱手答之。那霸官、長史、遏闥理官、都通事為一班，跪，三叩頭。天使坐受，抗手答之。白事必長跪，命坐，賜茶。法司官等則設氈堂內，耳目官等坐廊下，那霸官等坐露臺下。

《使琉球雜錄》卷二

翰林院檢討臣汪楫纂

疆　域

琉球國在福建省之東，以大勢論之，當在東南。然自福州府登舟，必乘夏至西南風而行，則儼在東北矣。去中國不可以里計，浮大海中，平衍如江洲，絕無高峰峻嶺相為起伏，故海舟遠望不易見，多有飄過山北，已復⑤引回者。稽諸《使錄》，十人而九也。長史云：幅員周延可五六千里，然無輿圖⑥可考，大約東西長而南北狹。康熙癸卯，前使臣張學禮等舟飄琉球之北，曰伊蘭埠，埠人飛騎報王，三日乃達王所，此南北道里之大較矣。

---

① 麾（huī）：揮手。
② 供億：供給，供應。
③ 餌：引誘。
④ 靳：慳吝、吝惜。
⑤ 已復：然後又。已，已而，既而。復，又。
⑥ 輿圖：地圖。

舊制封舟①出海，皆由梅花所開洋，今因巨舶不行，沙壅水淺，遂從五虎門出口，海道難以里計，不曰行若干里，而曰行幾更船，蓋以更定里云。更之說不一，或曰百里為一更，或曰六十里為一更，或曰一晝夜為十更。問何以為更之驗，曰從船頭投木柹②海中，人由船面疾行至梢，人至而柹俱至，是合更也；柹後至，是不及更也；人行後於柹，是過更也。問過不及何以損益之，皆不能對。在昔，畨③舶時通各國，皆有程④圖轉相傳寫，獨琉球無定本，以國貧乏，無土產，商賈不往故也。按蕭承業《使琉球錄》載，有《過海圖》云："梅花頭，正南風，東沙山，用單長針，六更船，又用長巽針，二更船，小琉球頭。乙卯針，四更船，彭佳山。單卯針，十更船，取釣魚嶼。又用乙卯針，四更船，取黃尾嶼。又用單卯針，五更船，取赤嶼。用單卯針，五更船，取枯米山。又乙卯針，六更船，取馬齒山。直到琉球。"⑤ 夏子陽《過海圖》則云："梅花頭，開洋過百犬嶼，又取東沙嶼。丁上風，用長巽針，八更船，取小琉球山。未上風，乙卯針，二更船，取雞籠。申酉上風，用甲卯針，四更船，去彭佳山。亥上風，用乙卯針，三更船，未上風，用乙卯針，三更船，取花瓶嶼。丁未上風，用乙卯針，四更船，取釣魚嶼。丙午上風，用乙卯針，四更船，取黃尾嶼。丙上風，用乙卯針，七更船，丁上風，用辰巽針，一更，取枯米山。又辰巽針，六更船，取土那奇翁居里山。又辰巽針，一更，取馬齒山。直到琉球那霸港。"而昆山鄭若會《日本圖纂》則云："自梅花東外山開船，用單辰針、乙辰針，或用辰巽針，十更船，取小琉球。小琉球套北過船，見雞籠嶼及花瓶嶼、彭嘉山。彭嘉山北邊過船，遇正南風，用乙卯針，或用單卯針，或用單乙針；西南風，用單卯針；東南風，用乙卯針。十更船，取釣魚嶼。釣魚嶼北邊過十更船，南風用單卯針，東南

---

① 封舟："封"即冊封，"封舟"特指明、清時派往琉球冊封琉球王所用的大型海船，為了顯示國威，封舟做工精良、規模可觀。
② 木柹（fèi）：木皮或木片。
③ 畨："番"的異體字。
④ 程：里程，路程。
⑤ 此段引文，多涉古代帆船航海術語，今據《閩商文化研究》2012年第1期所載《琉球過海圖》有關資料轉譯如下："從長樂梅花頭出發，乘正南風到達東沙山（今東沙島），用單辰針方向（120度）航行六更（14.4小時），再用辰巽針方向（127.5度）航行二更（4.8小時），到達小琉球頭（今臺灣島最北端富貴角）。用乙卯針方向（97.5度）航行四更（9.6小時），到達彭佳山（今彭佳嶼）。用單卯針方向（90度）航行十更（24小時），經過釣魚嶼（今釣魚島）。再用乙卯針方向（97.5度）航行四更（9.6小時），經過黃尾嶼（今黃尾嶼）。再用單卯針方向（90度）航行五更（12小時），經過赤嶼（今赤尾嶼）。用單卯針方向（90度）航行五更（12小時），經過枯木山（今日本沖繩縣久米島）。再用乙卯針方向（97.5度）航行六更（14.4小時），經過馬齒山（今日本沖繩縣慶良間列島）。前方即到琉球。"下文夏《圖》、鄭《圖》引文的所用術語與此相仿。

風用單卯針，或用乙卯針，四更船，至黃麻嶼。黃麻嶼北邊過船便是赤嶼。五更船，南風用甲卯針，東南風用單卯針，西南風用單甲針，或用單乙針，十更船至赤坎嶼。赤坎嶼北邊過船，南風用單卯及甲寅針，西南風用艮寅針，東南風用甲卯針，十五更船，至古米山。谷米山北邊過船有礁，宜知畏避。南風，用單卯針及甲寅針，五更船至馬岊山。馬岊山南風用甲卯針，或甲寅針，五更船至大琉球那霸港。"據蕭《錄》① 則四十二更。夏《圖》② 不載東沙嶼，以前針路及馬齒山以後更數，亦四十三更。而鄭《圖》③ 則七十四更。此皆鏤板行世之書，其不同如此，傳寫者又可知已。臣歷稽往籍，皆言西南風大利，七晝夜可到，從未有三日飛渡者。此千古僅事，不可為道里准，故取蕭《錄》、夏《圖》與鄭《圖》並存之，以俟後來者考訂云。國之南有山，曰南山，亦名太平山，亦名八重山，島國人呼為爺馬。國之北曰北山，亦名二大島，皆與中山相望，順風三日可達。洪武初，中山王察度、山南承王察度、山北王帕尼芝，皆遣使入貢，後惟中山貢使時至，二王之後無聞焉。臣至中山輒問二王興廢故事及國都所在，絕無知者。長史曰："國俗數以所轄地名為人名，敢問二王何名，或可揣而得耳。"因舉二名告之，則承察度即在中山之南，帕尼芝即在中山之北，同一山而分據之，非太平山，二大島之謂也。臣常以九日由那霸涉水而南，策騎東行亂山中，見廢城一坵④，規模甚隘，而基址宛然。通事曰："故王城也，而不知所自，豈即山南王之遺跡耶？"

相傳琉球去日本不遠，時通有無。而國人甚諱之，若絕不知有是國者。惟云與七島人相往來。七島者，口島、中島、諏訪瀨島、惡石島、臥⑤虵島、平島、寶島是也。口島去中島五十里，中島去諏訪瀨島七十里，諏訪瀨島去惡石島七十里，惡石島去寶島百八十里，寶島去平島二百三十里，平島去臥虵島五十里，平島去中島百三十里，自琉球至寶島千四百三十里。諸島頭目來謁，所述道里如此，大率海外一里當中國十里云。人不滿萬，惟寶島較強，國人皆以土噶喇呼之。

七島頭目皆以右為名：曰甚右，曰清右，曰三良右，曰木工右，曰次良右，曰甚七右，曰貞右。通事曰："重德"。書手版曰琉球國屬地，然其狀獰劣，絕

---

① 蕭《錄》：蕭承業《使琉球錄》的簡稱。
② 夏《圖》：夏子陽《過海圖》的簡稱。
③ 鄭《圖》：鄭若曾《日本圖纂》的簡稱。
④ 坵："丘"的異體字。
⑤ 臥："卧"的異體字。

不類中山人，髡其頂，髮際僅留一線約之，腦後剪存寸許，夏日着棉短衣，赤足，腰挿①短刃，或曰即倭也。入謁時，諭以朝廷威德，以天無不覆、日無不照衍說開導之。皆合掌膜拜，叩頭至再，嗢呀②作語，譯者云"共戴光天化日"也。各以土物為獻，不受。而人給以布扇，犒及從者。

臣等歸舟將發，風微不能出港。口島人各駕小舟近百隻，裸而蕩槳，牽船出港，纜既解猶依依不遽去，聖化之遠被如此。

琉球所屬，惟姑米山最大，在中山西南，形勢雄拔，視③中山若過之，產米及土綿，人皆粗給。馬齒山介姑米、中山之間，螺殼所聚。其後山尤境瘠④，罪人多流此。硫黃山惟產硫黃，生齒不蕃⑤，極盛百二三十人而止。是皆國之疆土，設官蒞⑥事，賦役惟命者也。太平山雖去國甚近，而別有島長，僅奉職貢而已。北山，寂無人來。或云：倭常執王，割地乃得返。即北山云。

那霸地周延不過七八里，居民不過數百家，遂號為球陽重鎮。地名有曰渡地，曰若狡町，曰中鴻，曰辻⑦山，曰泉崎橋口，皆一望可盡。

那霸港當大海之衝，港口石岞崿⑧立，緣石築臺，臺上環以埤堄⑨，方廣不盈畝，名曰砲臺，其中無一人一物也。土人曰：國無險可守，惟港口數里皆銕板沙，非生長斯土者，不能引舟入港。大海中既不得泊，近山又慮觸礁，且遙望雉堞⑩翼如也，有望洋返耳。以故恒不設備，然萬曆間薩州島倭猝至，王被執去，則所謂銕板沙者，亦不足恃已。

緣砲臺而下，為長隄⑪，隄長三里，其盡處為迎恩亭。封舟近港，必數百小舟牽引而入，防觸礁也。亭不知建自何代，然嘉靖中陳侃《使錄》已載。而傳者乃謂因侃卻金，故建亭以識之。甚又傳為夏言辭金之所，按言生平歷宦，無奉使琉球事，而《明實錄》遣使外國必大書，亦無言名。不知紀者何所據。

臨海寺，距砲臺可半里。踞隄之中，南北者皆港。寺草創于順治十二年，至

---

① 挿："插"的異體字。
② 嗢呀（wà yī）：象聲詞，形容言語難懂。
③ 視：與……相比。
④ 境瘠：土地瘠薄。
⑤ 蕃（fán）：茂盛；繁盛。《左傳·僖二十三年》："男女同姓，其生不蕃。"
⑥ 蒞（lì）："莅"的異體字，臨視，治理。
⑦ 辻（shí）：十字路口，為地名用字。
⑧ 岞崿：形容山石險峻之勢。
⑨ 埤堄（pì nì）：城上呈凹凸形而有射孔的矮牆，也泛指城牆、圍牆。
⑩ 雉堞（zhì dié）：又稱垛牆，上有垛口，可射箭和瞭望。
⑪ 隄："堤"的異體字。

康熙二十年，始以瓦易板。寺僧有文紀事，文多不可句讀。其可識者，首祝渡唐（國人呼中國為唐山）官船，次及上下貢船，又次及諸國出入之船安穩便利，次祝國王、王子康寧獲福。其文書于木板，長三尺餘，闊五寸，藏之神座。等於碑碣云。

青芝山與臨海寺隔港相望。平岡里許，為演武場。專為天使所率官兵演武而設。走馬較射，遠近聚觀。國中馬雖多，皆蹀躞磴道，無絕塵而奔者。而鞍蹬之制又大與中國異，故善騎者少，射則能挽弓者亦少矣。陳侃《錄》有云：弓矢利勁，弓稍長，卓地而射，矢可至二百步者。未之見。

久米村去那霸港二里，孔子廟建此。國人書作籴村，而讀作枯米所，二字三音，問之博雅者，則籴字故久米二字，而讀久為枯，讀村為所，則方言也。故知往籍所載，類多鹵莽，非詳考莫辨。

附臣楫篹《琉球國新建至聖廟記》：

  自州縣皆得建學，而吾孔子之廟祀始遍天下。然學以外無所謂廟也，郡州守、邑令、博士弟子奔走對越①，以為之禮；鐘、鼓、管、弦、鞉（táo）、磬、柷（zhù）、圉②，以為之樂；牛羊、鹿豕、酒脯、俎豆、爵帛，以為之獻享。不如是，則與浮屠道士之事佛老者無異。故孔子之禮，行於廟，而備於學。嗚呼，至矣！

  今天子重道崇儒，常以興教化、勤學校，考吏之殿最。於是職方版圖，莫不以修學、新孔子廟為務。而琉球國遠在海東萬里之外，亦建至聖廟於國門之久米村。蓋創始於康熙之十二年，立國以來所未有也。夫琉球自隋唐以後，國名始見於史，又千餘年，至明初始修職貢通中國。皇清受命，首列藩封，歷三十年，而祀聖人。於今天子踐祚十年之後，謂非皇帝聖德大業，度越千古有以漸被之而然歟？廟為屋二重，其外臨水為屏牆，翼以短柵，如欞星門③。中倣④戟門之意，半樹塞以止行者。堂外為露臺，東西拾級以登，皆與浮屠道士家異制。堂內割後楹為神座，塑王者像，垂旒搢圭，而署其主曰："至聖先師孔子神位"。座左右四人，雁行立，各手一卷，則《詩》、《書》、《易》、《春秋》四經

---

① 奔走對越：奔走來助祭，行其先聖之德行禮儀。奔走參加祭祀。《詩經·周頌·清廟》有"對越在天，駿奔走在廟"的句子。
② 鞉（táo）、磬、柷（zhù）、圉：都是古代樂器名。圉，一般寫作"敔"。
③ 欞星門：山東曲阜孔廟的第一道大門。
④ 倣："仿"的異體字。

也。余惟孔子以道德為百世師，顏、曾、思、孟配享，載於祀典，不可謂其專治何經。海外之誦法者惟孔子，而所以尊吾孔子者，實惟此《詩》、《書》、《易》、《春秋》之故，若知此四經者，非弟子之徒之所能為，而又見夫聖廟之有四配，與《詩》、《書》、《易》、《春秋》之數適相當也，遂人予以一經而祀之。若曰吾以祀吾經云爾，總之皆以祀吾孔子云爾。嗚呼！琉球之君若臣，其可不謂信經之篤而尊聖之至者歟？雖然，君子之舉事也，始定其規模，繼必求其美善。今日者廟既成矣，因廟而擴之為學，則費不繁，而制大備。吾聞琉球之取士也，舉秀才于童子中，而不以文藝試。於有司此意最為近古，然當其始，董戒必稟于父師，而其人莫不自勵以待舉，迨其後德業消長，一聽其人之自為。吾不知果皆率循強勉而勿怠否也。夫秀才者，將以儲異日長史大夫之用，則教之不可無專師，試之不可無成法，誠因廟而擴為學，擇國中敦行誼、工文章者為之長，俾①以時訓，督其子弟修舉釋菜釋奠之禮，國之中或難其選，則直疏其事而請於朝，乞如往昔教育故事。

聖天子聲教誕敷②，方將登四海于文明之治，吾知其必得當也。如此則琉球之經學日明，因所及而益廣其未備，於以表率友邦，凡有志于聖人之學者，無不奉琉球為指歸。嗚呼，豈不盛哉！

靈岳亦名城嶽，在那霸港之東南。山不甚高，樹木翁翳，山椒③有屋一區④，扁⑤曰："城嶽"。為貢舶舟子所立。壁間悉記建屋助工人姓名，畧⑥倣中國，屋中一無所祀。屋後地上錯置瓦爐，以數十計，或祀一石，或祀一樹。曰：神所憑依也。屋前高松數百株，坐此令人忘暑。松外地稍窪，有泉，頗甘冽，國人推為瑞泉。之亞岳之左，曰"那合深麻"，不知何義。天妃宮有二，下天妃宮與天使館鄰並，門外即館垣之左地，寬平可數十畝。前方有大石池，那霸居民向以此為市易之所，今徙馬市街。宮亦就圮，國之案牘多儲於此。上天妃宮在孔子廟之右，深行曲巷，夾巷壘惡石為牆，石面皆如髑髏，因悟《一統志》所云"王居壁下，多聚髑髏"殆緣此訛傳耳。宮外石阜矗起，牆壁巍然，內有榕樹垂蔭數

---

① 俾（bǐ）：使。
② 誕（dàn）敷（fū）：遍佈四方。《書·大禹謨》："帝乃誕敷文德，舞干羽於兩階。"
③ 山椒：山頂。謝莊《月賦》："菊散芳於山椒。"
④ 區：量詞，所，間。用以計算建築物。
⑤ 扁：在門戶上題署。
⑥ 畧："略"的異體字。

歇，使臣朔、望必肅謁，香火視下宮較盛。

天尊廟祀雷聲普化天尊，去波上不遠。國無道士，奉香火者，亦僧也。相傳永樂中，貢使自京師塑像以歸，有禱必應。崇禎末年，中國多故。貢使久阻不還，王尚質特命新之，祈通渡唐之船，異，遂懋遷①之。願語見上棟文中。舊錄紀此地為三清殿，殿中無三清像，國人亦無此稱。又云殿前二大松，大數圍，高二十餘丈，今亦童然②。殿廊懸大鐘，鐘上鑴字曰："王大世主，庚寅慶生，茲量大慈願海，新鑄巨鐘，寄舍天尊殿，以上祝萬歲之寶位，下濟三界之眾生，辱命相國（缺）為銘，銘曰：華鐘鑄就，掛着珠林，撞破昏夢，正禱天心，君臣道合，蠻夷不侵，彰毚氏德，起追蠹吟，萬古皇澤，流妙法音。景泰七年丙子九月二十三日，主持梵律師艮舜證之，大工國吉奉行，智賢並與，那福中西。"按《世纘圖》云，國中向無大鐘，王尚德始鑄之，其即此耶？而紀年景泰，當是尚泰久在位時事。德嗣位在天順五年，或別有鑄，未得見也。

波上俗呼海山寺，舊錄作石笋③崖。詢之國人，止稱波上。其巔為小板閣，三楹，離立不相屬，閣門皆暗扃。云中祀阿彌陀佛，左藥師，右觀音。強啟視之，無所謂三像者，惟香一握，及銅片幡一掛而已。幡鑿"奉幣禦製"四字，餘皆畚字，背鑿"元和二年壬戌"六字，不解何義。閣外環以石垣，垣外餘地不數武④。下瞰石壁拔起洪濤中，足縮縮不能舉。微風徐來，輕波觸石，輒回捲⑤如亂絮。風稍勁，則垣外不可佇立矣。嘗以八月十八夜，候潮於此。坐閣下，自亥達寅，訇訇⑥蕩激，從人皆屏息懾伏，迄不能出垣外一步。須臾潮平，惟見白雪萬堆，凝不可掃，亦奇觀也。

下阪為護國寺，亦名三光院。供神像，手劍而立，名曰不動，不辨何神。堂中高架火盆，僧面神座架前，握小木柴一束，次苐焚之，前置銅盞十，迴⑦環瀉水着盞中，諵諵作語，是謂佛事。屋右遍種鳳尾蕉數十本，參差高下極有致。

天使館後有善興寺，深藏曲巷中，斗室丈階，而鑿池疊石，種花樹不可勝數。中山僧亦分兩宗，居首里者曰臨濟宗，居那霸港者曰真言教。每寺必有童子數十人，列坐受業。大約讀書時少，作字時多，字皆草書，無楷法也。國人就學

---

① 懋遷：貿易。
② 童然：不長草木的樣子。
③ 笋："笋"的異體字。
④ 武：古代左右腳各邁一次為一步，半步為武。"武"相當於現在的一步。
⑤ 捲："卷"的異體字。
⑥ 訇訇（pēng hōng）：象聲詞。形容大聲。
⑦ 迴："回"的異體字。

多以僧為師，僧舍即其鄉塾云。

天使館一做中朝官廨①制度，有照牆，有東西轅門，左右有鼓亭，有監獄。顓半閣，國之小吏、執事者坐此。有大門，署曰"天使館"，門內有廊房，左右各四間，以居隸役。有儀門，署曰"天澤門"，萬曆中使臣夏子陽題也。門內又有廊房，左右各十一間，以居從人。有大堂，臣楫顏其堂曰敷命，聯於堂曰：帝德著懷柔，正朔萬年頒上國。臣心守忠信，南風三日到中山。堂後為穿堂，遂達寢室，兩使臣共處其中。室後，左右各一小樓，楫題其左曰"長風閣"，麟焜題其右曰"停雲樓"，樓前為廚，周迴石垣，望同百雉。王城而外，此其鉅麗者矣。

那霸置庫二區，一曰米侍庫，儲米、麵、柴、炭、酒、燭、蔬菜之屬，一曰胏②喇庫，儲豬、羊、雞、魚之屬。庫各數十人隸事，供應廩給各有專司也。使客所需一切儲之於庫。惟泉水汲自王宮，王日以瑞泉二筲遺③天使。扃④其蓋，命秀才二人護之，早行十五里至公館，啟鑰驗視，然後返命。朔、望有吉果米肌之饋，皆制自宮中。吉果以米粉為之，如中國薄餅。米肌者，婦人嚼米為釀，與京師窨兒白酒相似，南方呼為酒孃者是也。米肌《舊錄》作米奇。

那霸市易之所曰馬市街，首里亦有馬市街，皆婦女為市。午後各戴市物畢集，席地列坐，所市皆油、鹽、醯、菜之屬，豆腐、䔕薯尤多，此外則紙扇木梳絲煙草靸而已，稻米無售者，以百姓皆食薯，不得食米也。

那霸距王宮十五里，中隔海港二里許。洪武中嘗賜以閩人三十六戶，不令居內地，悉置此，若有深慮焉，後相習既久，始跨海築堤，以通出入，所謂長虹橋是也，堤盡為真玉橋。

過真玉橋百步，為先王廟。廟貌渾樸，疊巨石為圈門三，左右立二石碑，國人至此皆下馬。廟前老樹森列，地開廣可容九軌。過此則為松嶺，古榦虯枝，盡松之變，林立錯出，與嶺路相為起伏。嶺長十餘里，蜿蜒跌盪，直達王宮，往來如龍脊上行。

去王宮二里許，嶺路突起如龍項，建坊其上，榜曰："中山"。又里許，為首里，今作"守禮"。萬曆四年封尚永嗣王，制詞有云"世修職貢，足稱守禮之邦"，故即以四字易額。今或稱守禮村，或稱守禮坊，然土人多稱首里，不盡同也。

---

① 官廨（guān xiè）：官署。
② 胏（bǐ）：肉。
③ 遺（wèi）：給予，饋贈。
④ 扃（jiōng）：上門。

過守禮坊約半里，為歡會門，即國門也。累石為垣，遂名王城，甚堅。朴門內百步，稍折而北，泉從石龍口出，淅瀝不絕。泉之右高建一門，榜曰："瑞泉"。入門東行十數步，經小樓下，榜曰："漏刻"。過此為廣福門，遂入王宮。宮門曰"奉神門"，與正殿相向，皆七間。殿西向，殿上有樓，王妃宮嬪聚處樓中。上奉御賜榜書"中山世土"四大字。下設一榻，王位也。中懸孔子像，絹色蒼黝，非近代物。此地王、臣皆不得登。臣以御筆所在，必恭瞻安榜處，於是國王親導以前。樓梯當檻立，去王座稍右。右廂高大，與正殿埒①，無樓，較有爽氣，名曰"北宮"，國王宴天使于此。左廂制如半閣，窓②盡垂，簾潔無點塵，屋樑舉手可接。其中多作曲折，令人行不易。盡屋角，隙地不半畝，一松蟠地，遂據其半。怒石與鳳尾蕉錯立，間以烏木一二株，名曰"花園"。國王請臣楫題額為書曰"聽濤"，謂松濤與海濤相響答也。殿后僅屋一重。後門曰："繼世門"。世子嗣位，由此門入。

　　崎山在繼世門之東，其最高處曰望仙閣，板屋一楹，不蔽風雨。倚山為梯，因樹為欄，極疏簡之致。閣下有土一丘，形如覆盂，是為雩壇。壇側新建茶亭，為國王游觀之所。屋三楹，軒窓洞開，了無塵翳。壁有箋曰："粗茶淡飯，飽即休。"王命都通事蔡某所書。亭之東，培土為小山，架石盆，蓄金魚百數。陶瓦為小龍，發機引水，從龍口噴出，周回不竭。亭西雜植花樹。南下百步有石岩，岩書梵字一，大盈丈。岩下可容數十人，茗竈③畢具。鑿石為虎，伏岩側，下臨大壑，挹山望海，應接不窮。國王乞臣楫榜其門曰："東苑"。出苑，循竹徑行，逶迤可數十里，植細竹成牆，密葉細枝，高不踰丈，平直如削，雖徑回路轉，曾無參差錯出者，是為中山第一勝景。

　　龍潭在王宮之西北，長里許，闊十數丈。水渟泓④，終歲不竭，疑即瑞泉所匯也。南岸皆種芭蕉，密不容趾，蕉陰蔽天，空潭盡碧。北岸皆世臣所居。跨東、西堤為小橋，水溢則注橋下，潛通小渠以溉田。東岸有土埠，橫亙潭中，老樹環之，三面臨水。

　　首里有三大寺，一曰天界，一曰圓覺，一曰天王。天界寺去守禮坊不百步，王墓在焉，封而不樹，殿宇弘敞亞于王宮。後殿皆祀先王，主殿之右，盡撤戶

---

① 埒（liè）：本義為矮牆，此處為相等義。
② 窓："窗"的異體字。
③ 竈："灶"的異體字。
④ 渟（tíng）泓：. 積水深貌。渟，水積聚而不流動。

扉，布席為客座，諸寺盡爾，亦尚右之意云。座外短松如葢①，是數百年物。寺僧石峰戴冠，如丱②角覆額前以肅客。云："王賜也"。東行百余步，折而北，為天德山圓覺寺。較天界尤莊嚴，僧喝三，則國師也，額為"靈濟法嗣"，徑山和尚所書。三寺僧云，皆嗣靈濟法。叩以禪宗，茫如也。而天王寺僧瘦梅，則工詩，詩奉《白雲集》為宗。《白雲集》者，元僧英所作，英俗姓厲，字實存，集有牟巘、趙孟頫、胡汲序，國人鏤板譯字以行。然中國人購之殊不易，讀之則多屬明初張羽詩，而牟序又與《陵陽集》所載不同，殊不可解。

出天王寺，右行入荒徑中，門廡蕭然，是為仙江院。院就圮，而僧宗實能詩。左行南折，夾路皆短垣，竹木怒生，垣上窄徑重陰，儼同幽谷。不半里，豁然天開，則萬松院也。院踞高阜，室小而卑，多爽致。主僧種菊成行，以時灌溉，不啻江南老圃。階下二松，去地僅數寸，縱橫二丈許，奔逸儼如游龍。僧名不羈，耄矣，好苦吟，與瘦梅宗實相倡和。

《隋書》載，琉球國土多山洞，所居曰"波羅檀洞"，塹柵三重，環以流水，樹棘為藩。王所居舍，其大一十六間，雕刻禽獸，殿下多聚髑髏。人家門戶，必安獸頭骨角。《宋史》因之，《大明一統志》③諸書復因之。《星槎勝覽》④又載琉球國山形抱合而生，曰翠麗，曰大崎，曰斧頭，曰重曼，高聳葉林，田沃谷盛。總無一實，不知當時何以筆之於書。臣竊謂，他制或可漸更，而山川不能驟變，乃往籍謬妄如此。甚矣！不如無書也。

《使琉球雜錄》卷三

翰林院檢討臣汪楫纂

俗 尚

國人初以帕纏首，後遂糊紙為骨，而以帕蒙其外，形類僧帽而無頂，鱗次七層，不覺煩重，亦呼為紗帽。云：紫最貴，黃次之，紅又次之，青白斯下矣。國王見天使仍明時衣冠，聞居常亦裹五色帕，未睹厥狀。而攝政王則首裹花帕也。

---

① 葢："蓋"的異體字。
② 丱（guàn）：兒童束髮成兩角的樣子。《詩經·甫田》："總角丱兮。"
③ 《大明一統志》：明代官修地理總志。李賢、彭時等纂修。成書於天順五年（1461年）四月，共90卷。
④ 《星槎勝覽》：明代費信著。費信曾隨鄭和四下西洋，曆覽異域風土人物之宜，采輯圖寫成帙。

服無貴賤，男女皆大袖寬博無衣帶。男子另以大帶束腰，貴臣則以錦為之，人不得僭①。男子婚始薙②髮，去中存外，結髻於頂。貴臣簪金簪，次則金頭銀角，又次則純銀，百姓皆簪銅、骨，無敢紊者。履無貴賤，男女皆草靸，名曰"三板"。編草為底，大不及足，上橫草梁一，中界寸繩，着時舉足入梁，納繩於大、二指之間，往來如風，不慮脫落。其親方③、親官等近亦着襪，及踝而止。縫襪必別為一竇，褸將指，便着三板也。國王衣口④似亦苦束縛，緣前此奉有各從其便之諭，遂沿明制以見，今不可復更。受封後欲着皮弁，以朝祭之服謁天使，意實恭謹，而通事以為倨，令易前服，故皮弁未得見。

國王詣天使館，初乘十六人肩輿，出首里，過長虹橋，小憩某大夫家，減輿夫之半，乃行。儀衛不滿百二十人，前列鼓吹八人，鳴金四人，方棍二人，紅隔路二人，旗十二人，鋹叉二人，狼牙鎗⑤二人，狼牙鉤又二人，長鉤四人，鉞四人，鎗十六人，月牙又四人，雞毛長帚十二人，馬尾長杆二人，大刀二人，張葢⑥四人，看馬四人，提爐二人，朱葫蘆二人，鵝毛扇二人，朱掛扇二人，線掛絡二人，紅漆杖二人，龍鳳掌扇二人，黑漆圓鞘刀二人，腰刀六人，朱掌扇二人，小朱掌扇二人，毛掌扇四人，金漆拜匣二人，小掌扇一人。其臣自法司以下皆從行，紫帕者近二十人，黃帕者百餘人。

長虹橋以西，王所經之地不半里，輒小作結搆⑦，或舁⑧土為小山，聚花樹其上，高松大竹，靡不斧致。或甕水為池，剪紙作鸛、鷺，錯立池中，水匯處則浮大黿鼉⑨水上，驟見之，不辨其偽也。或空際布網，網懸蜘蛛如斗大，周行作吐絲狀。或作巨俑空亭中，戴假面，衣絳衣，為壽星天官之屬。王歸則撤之，他日王出復設。弟小有改易，不能盡變也。

國俗九月九日于龍潭觀競渡，此地重陽節猶中朝端午節也。時以九日陰雨，改十三日為重陽宴。侵晨設棚列幛，具榼⑩酒。王迎兩使臣小酌棚下，傾國士女

---

① 僭（jiàn）："僭"的異體字。超越本分，非法冒用或佔據在上者的名位行事。《公羊傳·昭二十五年》："諸侯僭于天子。"
② 薙："剃"的異體字。
③ 親方：指高級官員。
④ 此處缺一字。
⑤ 鎗："槍"的異體字。
⑥ 葢："蓋"的異體字。
⑦ 搆："構"的異體字。
⑧ 舁（yú）：扛，抬。
⑨ 黿鼉（yuán tuó）：巨鱉，豬婆龍。
⑩ 榼（kē）：醆，盛酒器。劉伶《酒德頌》："挈榼提壺。"亦泛指盛物的容器。

聚觀，皆趺①坐水次。潭有小舟三，首尾畧②作龍形，舟列童子二十餘人，皆朝臣子弟，披紅簪花，兩人擊鼓為蕩槳之節，餘皆唱歌。歌曰：

　　　　三龍舟，池中游，彩童歌唱報重恩。鳳皇臺上鳳皇遊，天朝仁，如海深。球國歌唱報重恩，忠敬兩字萬世心。一朝表奏九重天，雙鳳皇啣③書渡碧淵。風送玉音知帝德，雲卷旌旗五色懸。炎海藐然隔遠洲，南屏北座枕中流。福星臨照雙呈彩，草木含輝露下稠。氣吞雲夢壓飛塵，恭承聖德寵齋新。自慚海嶽恩難報，忠誠兩字長書紳。天池挺出雙瑞蓮，炎帝贈君荷蓋錢。金樽未盡莫醉醉，又看秋鴻促水仙。太乙星移下泰階，長安日麗擁三臺。歸帆自有風神佑，萬里長途一瞬哉！錦舸言旋入帝京，車書萬里慶升平。大清日月當天照，常有餘光到海城。

歌聲斷續自成節。奏其詞，初不能辨。而童子習讀，皆錄著便面④，故得傳寫寓目焉。亭午請觀劇於圓覺寺之右殿。演劇用七十餘人，年長者十餘人，皆戴假面，吹笛、擊鼓、鳴鉦為前導。餘皆小童，年八九歲至十四五，悉朝臣子弟，常人不得與。各以金扇面為首餙⑤，周圍插紙剪菊花，短襖長裙，上以五色蕉布，半臂骨之，人手二木，管圍徑寸，長不及尺，空其中投以石子。兩手交擊作聲，歌用按節。已，又易小銅管，細如箸，繩貫數十枚，握掌中，為拍板。已，又易紙拂子，左右揮之。最後乃各出一扇，招搖翩反。云"為使臣助順風也"。問其曲，曰："躍踴歌"。強使書之，十不能辨一二，其大指畧與龍舟歌同，而詞則加詳耳。晚復于北宮開宴，觀煙火，立竿放花，置爆竹草馬中，騎而馳，回環竿下，遇火而震，以為笑樂。漏再下，始罷宴，執炬夾道。自王宮達那霸，不啻火城。

官制惟法司最尊。事無巨細必啟法司，而後行。法司三人輪值，王宮有事必集議，議定告之攝政王，國王受成而已，故國人最畏。法司多世卿王舅為之。下此則紫巾官，如散秩大夫之類。下此則耳目官，各類言官，而無所建白。下此則那霸官，司錢谷。下此則遏闥理官，為侍從。凡此皆用國人，三十六姓之裔不得與也。三十六姓者，洪武中，因中山王朝貢惟謹，特賜閩人善操舟者三十六戶，

---

① 趺（fū）：盤腿而坐。
② 畧："略"的異體字。
③ 啣："銜"的異體字。
④ 便面：古代用以遮面的扇狀物。
⑤ 餙："飾"的異體字。

便其往來。其子孫皆習讀中國書，久之漸為國臣，然國人皆目之為唐人。唐人官止紫金大夫，位在法司王舅下，止一人。正議大夫三人，中議大夫三人，位在耳目官下。長史二人，位在那霸官下。都通事四人，位在遏闥理官下。皆專司朝貢諸事，機密不得與聞。今所存止蔡鄭梁金等七姓，亦甚不振矣。

　　國人無姓，或以所生之地為名，或以上世所官之地為名。至奉使天朝，或出謁天使，則旋乞姓名書手版上，與本名敻①異。如法司官毛泰永，本名伊野波親方。伊野波，地名也。官大者稱親方，次則稱親云。上至攝政王臣，則曰"攝政王下大親官"。世子臣，則曰"世子下大親官"。獨無所謂察度官者。舊《錄》皆云：察度官，司刑名。不知何據。刑名皆法司主之，權肯旁落乎？訛以傳訛。如此類甚多也。

　　國中不設官廨②，無聽訟之所。民有犯罪當死者，輒自殺。重者刳其腹，輕則徙置馬齒、硫磺諸山，又輕則令自閉室中，不得出戶，或三年，或二年，乃縱之。近亦設搒③掠之具，然不甚施用。

　　國有大慶則赦，凡遠徙者皆放還。職官或遷秩，或增祿米。

　　土田皆王所有，國人無恆產也。官必授田，遷官則改授。王四分取一，臣取一，民二之。國有大事則均稅，事已輒止。故國人雖多貧乏而不事事，農習於惰，力作者絕少。紝婦較耕男為勤，家織蕉布，非是則無以為衣也。土人云，今以天使遠臨，皆令男子趨事，過此則僕，僕者皆女職矣。即伐木負擔，亦婦人為之。

　　婦人無首飾，耳不穿環，蟠髮作髻，與二十內男子無別，惟衣不束帶耳。衣視男子較長，行則以手捉襟，曳着右腋下。貴官婦女出亦乘馬，橫坐馬上，提衣領，覆額，赤足，無所矯揉，着三板一如男子。土妓道遇官長，必脫三板，執手中立，候馬過乃行。簪不得用銀，若中國人所遺則弗禁。良家婦行市上必持尺布，否則無以自別也。男、婦皆無中衣④，婦人裳逾三尺，疊其下為兩層，俾風不得開。髮垢，輒以黃泥洗之。盛暑晞髮籬落間，比屋皆然。婦女不甚避人。天使出，聚觀牆頭，多舉手障半面，手背雜點靛青，如大黑子。而舊《錄》云，婦人黥手指作梅花，又云作花卉龍虎之形，皆緣師語也。行經首里，則夾道多施

---

① 敻（xiòng）：遠；大。
② 官廨（xiè）：官署，官衙。
③ 搒（péng）：用鞭、棒等打。
④ 中衣：內衣。

簾幙①以窺容，皆世家大族所為，風俗亦漸變矣。

簥②高不逾三尺，廣近二尺，長三尺許。啟其右以入。貴者亦編葦為簾蔽之。輿丁以巨竹貫簥頂，升時去地不及五寸，遠望之不知其中有人也。

嫁女不治奩具，父母走送之壻家，衣仍白，國俗不諱也。送葬者亦剪紙垂布為旛前導。棺制高三尺，長僅及身之半，屈死者足殮之。

傳聞國祀六臂女神，手執日月，名曰："辨戈天"。靈異特著。以婦人不二夫者為尸③，尸名女君。王及世子、陪臣莫不稽首致敬。國有不良，神輒④告王擒之。鄰寇來侵，神能易水為鹽，化米為沙，尋即解去。故國人事神甚謹。明有某使臣至國，與王談讌⑤，頗洽，因問王曰：國無城邦，少兵甲，何以禦外侮？王備言女神之靈，曰："可恃以無恐也"。使臣曰："脫神，偶不靈，則將何恃？"其後，倭忽大至，殺掠甚慘，執王及王相以去，久之始釋。王曰："神之靈遂為天使一言敗之乎？"嗣是不復以"辨戈天"為言，所過寺院亦未見有祀之者。

屋內必布細席，內裏草薦，以布為緣，名曰"腳踏棉"。客無長幼貴賤，必脫履入戶，無拱揖之煩，席地就座。主人則以煙架置客前，聽客自取。架列小爐一，貯火小盒一，貯煙虛其一，以當唾壺。煙管橫着架上，一室常着數架。烹茶頗類撮泡，水沸，泄甌中，以茶末投之，用小箋帚攪勻敬客。燕會，人各一器，不共食。刳⑥木為椀，椀小，亦無多設，而召中國人飲，則亦如中國之制。磁盌羅列，亦設調羹。通事云："數年前尚未有此，日趨華侈矣。"

錢大不及鵝眼，無輪廓文字，虛其中以受貫。大約四千文當中國百文。亦復有公私之別，中國人不能辨，或誤以私鑄入市，市人不受也。

國人皆無所事事，士大夫恒好弈。僧院無不設棋局者，設恒三四局。客群坐久，則舉局置客前，棋子皆磨黑白石為之，較滇南子殊有紋理。客有倦意，則人授以枕，枕如小文具，微規其面，內藏抽箱三四層，莫知何用。

士大夫無事輒聚飲。好以拇戰行酒，酒半，曼聲而歌，搊⑦三弦和之，其音哀怨，抑而不揚。嘗于中秋夜，升館垣遠望。于時淡月蒙雲，水天黯慘，悲吟四

---

① 幙："幕"的異體字。
② 簥："轎"的異體字。
③ 尸：祭祀時替死者受祭的人。
④ 輒："輒"的異體字。
⑤ 讌："宴"的異體字。
⑥ 刳（kū）：剜空內部。
⑦ 搊（chōu）：彈撥。

起,絲肉斷續,悽①然盈耳,恨不得鄒衍吹律以煖之也。國人無貴賤老幼,遇中國人,稍相浹洽②,必出紙乞書,不問其能書與否也。國中紙有類高麗者,寬不踰尺,曰"事宜紙"。亦有絕佳似宣德紙、鏡面箋之類,皆不以屬客。必購中朝毛邊紙以求,名曰"唐紙"。乞使臣書,尤恭謹,得之輒俯身搓手,高舉加額,焚香而後展視,其見重如此。

國中不見有兵,冊封日自王廟至首里,約十數步即對立二人,執長竿如槍,其末加短鞘,迫視之,中無寸鐵也。亦無弓箭火器,近王城有槍刀十數對,即王之儀衛云。

《使琉球雜錄》卷四

翰林院檢討臣汪楫纂

物　產

中山地廣人稀,山多田少,耕穫亦與中土異。十月,行萬松嶺上,見稻秧滿地。閩役③有習于國俗者曰:"此中耕穫皆無定時,有歲三四熟者。"及問之長史,則云:"種以今秋,收以來夏。"未知孰是。

稻田殊少,米惟國君及諸巨族常得食。小民則皆食番薯。番薯亦名朱薯,莖葉蔓生,瘠土沙岡皆可。長蒔④之則加大。天雨,根益奮滿。即旱,亦不失徑寸,圍如山藥、山蕷之屬。可熟食,亦可生食。熟食如芋,如蹲鴟⑤;生食如萊菔⑥,如何首烏;味不一也。今閩省多種之,相傳萬曆間閩人有賈于呂宋國者。食而甘之,乞種,恡⑦不與。因潛截其蔓尺許,藏瓮⑧中歸,初種於漳郡,漸及泉州、莆田。今則長樂、福清皆遍矣。種初入閩時,值閩饑,得是而人足一歲。常見《閩小紀》中有《朱薯頌》曰:

不需天澤,不費人工,能守困者也。不爭肥壤,能守讓者也。無根而生,久

---

① 悽:"淒"的異體字。
② 浹洽:和諧;融洽。
③ 閩役:福建籍差役。
④ 蒔(shì):移栽植物。
⑤ 蹲鴟:大芋。其狀如蹲伏的鴟。
⑥ 萊菔:蘿蔔。
⑦ 恡:"吝"的異體字。
⑧ 瓮(àng):腹大口小的容器。

不枯萎，能守氣者也。五穀不登，民食草木之實無厭，今用代五穀，能助仁者也。可以粉，可以為酒，可祭可賓，能助禮者也。莖葉皆無可棄，其值甚輕，易為飽，能助儉者也。耄耋食之不患噎，能養老者也。止童孺啼，能慈幼者也。下逮雞犬，能及物者也。而梁肉之家顧藐之，不肯食，食之則謂同於窶①與賤。於是慨然為之歌曰："令珠而如沙，人以之彈雀，令金而如泥，人以之塗艓②，令朱薯而如玉山之禾、瑤池之桃，人以之為不死之大藥。"

按此頌，表彰番薯已極。閩人皆謂其種傳自呂宋，不知中山蓋須此以生也。臣等以供應不設，常令家人出買之，國人驚持相告，後偶舉以問其大夫曰："大夫輩頗復食此否？"其人面發赤，數數搖首曰："彼窶與賤者乃食此耳。"其文飾如此。

芭蕉結實名甘露，形如藕梢，國人常以此相餉。煮食甚甘，畧同番薯。蕉葉則織以為布，五色俱備。其民間常服，及售之唐人者，惟本色一種。間有花紋工細者，則皆自出機杼製成，以為巳服，不相交易也。然遠望非不可觀，而着體經旬輒敗，故不足貴。甘蔗間亦有之，味淡于水，西瓜則與中國等。

國以醬越供天使。初不知為何物，按《廣雅》名冬瓜為䔵，疑其筆誤，問之，果冬瓜也。制出首里，味絕佳，然設客不過二三片，大不逮小指。或設米糖橘餅，多寡稱是。貴官勸客，常以筋蘸醬少許，納着客唇以為敬。

紅菜類石花而稍扁，色微紅。國人常於海灘拾之，聚而售之中國。茹素者等於海錯③也。雞腳菜、麒麟菜，大率相類，然皆非中山所產。

海帶菜一名昆布，今酒宴間多用之。國人與中朝人相饋問，輒書昆布一束，不知者以為布也，展之則片，類筍乾，束止數片而已。

鳳尾蕉土名銕樹，與棕櫚同根異葉，葉如鳳尾，灼灼有光，四時不改。

鬪鏤，樹名絕佳，而中山無此。按《隋書》云："似橘而葉密，條纖然如髮下垂。"歷舉以問土人，問通事，皆不知也。常過孔子廟，見牆頭樹，葉大類橘，橫紋細如刻絲，蒼黝有光，意以為是。然絕無纖條下垂。後由王城詣崎山，見道旁叢樹蔽日，垂條可丈餘。留連諦視，顧其葉，又絕不似橘。役人曰："是榕也，閩處處有之。"

黃楊烏木，時一見之。不甚大，烏木中多白，不盡烏也。

---

① 窶（jù）：無財備禮。亦泛指貧窮。《詩·北門》："終窶且貧。"
② 艓（huó）：船。
③ 海錯：《尚書·禹貢》曰："厥貢鹽絺，海物惟錯。"孔傳："錯雜非一種。"後因稱各種海味為海錯。

扶桑花，一名照殿紅，鮮紅非群芳可比，第不耐久。或曰："即朱槿之別種也。"冬十月，觸目盛開，如火如錦。按東海日出處，有扶桑樹，其花光欻①照日，其葉似桑，後人訛為佛桑，殆即此耶？

海松生海水中，大者可二三尺。根蟠石上，久之，與石為一矣。漁人泅水鑿出之，枝與柏葉無小異，扶疎有致。乍出水，色鮮紅如火，足稱火樹。然腥氣不可向邇。浸淡水中數日，氣稍息，而色亦枯淡不堪。復把玩，蓋性與咸習也，出水久則枝多脫落，不能致遠。

中山馬大蕃息，故耕地皆用馬。終歲食青，不費芻豆，貧民亦常蓄之，有事則役於公家。天使入國，從人無不乘馬者。馬較川馬稍大，而遠不及邊馬。洪永間②，例以充貢，且常令人渡海市之。

螺肉大類鰒魚，國人多以其殼為戶樞。近亦學制螺鈿餚器具，然粗疎甚殊，不足觀。

海螺種類不一，頗有文采，璨然足供文房之玩者。而國人志在螺肉，第取其口大易鉤致者以為佳，餘非所重。

龍蝦，頭目皆作龍形，絳甲，朱髯，血睛，火鬣。見之悚然。庖人制為鮓③，不敢下箸也。或云空其肉可為燈，而出水逾日輒腐敗，甲亦脫落，不可收拾。

海鱘，蟹族也。螯長於身，齧堅立斷。味最鮮美，中山海錯，推此為冠。

海膽，如蛤醬之屬，而加腥。

小魚長不半寸，外視腐矣。云：中有佳致，貢使入中國，多攜之。

佳蘇魚，長者可半尺，方體銳末，形類梭，色如朽木。國人食時，用溫水畧浸，沸以肉湯，薄削如紙。以供客，矜為上品。

國王按期問使臣安，必具海蛇。長可一二尺，僵直如朽索，獰獰可憎。國人以為殊不易致也。問其用，曰："可以為饌，性熱，能療痼疾。"

壁間蟲與蜥蜴無小異，時作大聲如雀。初甚訝之，久始相習。蛇常緣壁登樓，床榻間亦復蟠入，然不聞齧人。

舉國皆飲火酒，閩人呼為氣酒，烈甚。《隋書》謂，釀米麯為酒，味甚薄者，未得嘗也。間有土噶喇酒，醇釀不可多飲，亦不易購。王宴天使必以此勸

---

① 欻："焰"的異體字。
② 洪永間：明洪武、永樂年間。
③ 鮓：用醃、糟等方法加工的魚類食品。

客，必舉盞相向，先自斟酌，揚觶①而後敬客。

海邊產石芝，絕奇。有根有葉，大者如盆，小者如盎，陰森碧水中，參差疊出，不啻千葉青芙蓉也。茅出水，則脆裂無復舊觀。其它如菌、如菊、如荷葉者，不可勝數。靈壁、羊肚，不足道矣。

《使琉球雜錄》卷五

翰林院檢討臣汪楫纂

神 異

康熙二十年九月十四日黎明，夢與同官——臣喬萊同登一山。入小廟，仰視懸旛，末為"碧霞元君"四字，疑為泰山之神，爰②下拜。有女官搴帷出，延③入後宮。宮甚隘，神趺坐炕上，衣餙如妃后。命臣坐，辭不敢。神曰："公操爵人之柄，坐宜也。"因就坐案側。神語甚多，不能悉記。已，復賜食一器，畧似薏米，玉色天香，不同人間味。覺以告萊，不解何故。二十一年元旦，謁關帝廟，得籤曰：一紙官書火急，催扁舟速下，浪如雷雲云。益不解。入朝見高麗、吐魯畨諸國朝賀，有黃手帕者數人，問，知為琉球貢使。三月，始奉有選擇出使之命。與中書——臣林麟焻同膺④選。麟焻字石來。夢中與偕之喬萊，則字石林，昔官中書。始悟與偕者，故中書林石來也。乃知夢語籤詩莫非預定，而夢尤巧幻。獨未明此何與泰山神事，而先期示告如此。後行經杭州，登吳山，致祭唐越國公祖廟。廟之左有天妃宮，天妃為海道正神。臣方疏請諭祭，因肅謁，見懸旛累累，皆大書"碧霞元君"。驚呼道士問之，未得其詳。越日，過孩兒巷天妃宮，得《天妃經》一函，其後詳書歷朝封號，始知"碧霞元君"為崇禎十三年加封天妃之號，示夢者，即天妃也。

二十二年六月十六日，由福建南臺登海船。船大水淺，必乘潮乃可行，日行數十里或十數里而止。十九日至怡山院。先是，檄所司備祭物於登舟處所，行諭

---

① 觶（zhì）：飲酒用的器皿，青銅所制，似尊而小。
② 爰（yuán）：乃，於是。連詞，表承接。
③ 延：導引。《呂氏春秋·重言》："乃令賓者延之而上。"
④ 膺（yīng）：應，當。封敖《鄉老獻賢能書賦》："膺選以行。"

祭海神禮。至期漠然，臣等深以褻神辱命為懼，蠲吉①於怡山院，設醮。別于近院高阜處建廠，望海以祭。是時東風日盛，群言夏汛已過，不可開洋。於是官兵從役皆無去志，接封陪臣亦以往例不妨改歲為請。臣不聽，恭行諭祭禮畢，語院僧以事竣歸當建寶文閣於院後，奉諭祭文以垂不朽。俄而舟人趨報曰："風自東而南矣。"出院視之，則衣袂群飛，聲如潮湧，柁樓旌旗，盡皆北向。亟諭兵役戒行。守備林五琅進白曰："行有期矣。顧風勢猶未定，盍稍俟之。"因遣小舟至口外偵視，則外洋故東風未轉也。還報，群疑復起。臣曰："曷疑乎？某以天子命禱神，神許我矣，故假此尺寸之地以示異。今勢在必行，姑俟三日，三日後即風不競，亦必出洋。"已而風漸息。二十一日，風如故。明日，東風更大。又明日，風息。遂令起碇出口。三船往復，商確辰刻始行。初擬出五虎門，徐為計。及張帆，則南風大作，瞬息已過東沙山，一望茫茫，不可收泊矣。非聖德感神，何以效靈若此。

海行以針為路，針盤則夥長主之。臣懼其偶忽也，亦手一盤，針稍移則呼而警之。出洋後，夥長主用辰針，考之圖說亦然。而琉球人為嚮導者，謂歷年歸國皆用乙針，爭之甚力。不得已，恭用辰、乙針。顧接封之船，悠②已瞠乎其後。因悟乙針之鈍，仍用辰針，占上風也。廿四日五鼓，倦而假寐，忽一人拊臣背曰："起！起！船行太上，再上則臺灣矣。"驚寤，急呼守備林五琅。問域外方向，語以夢。五琅曰："頃固疑之，今當捩柁耳。"柁轉風疾如馳③。天明，遂見彭佳山。向非神覺，得不有毫釐千里之誤乎？過東沙山，有兩大魚傅舟左右行，或前或後，時見首尾。魚長畧與船等。舟人初忽視之，及夾舟不去，始覺其有異。入夜，星光爛然，船行水天中，疑日疑月，白鳥不可數計，環檣而飛。竊怪海心去山萬里，鳥於何來？飛繞終夜，天明復安往？迎棹之神鴉不足異矣。

按海圖，過東沙山後應過小琉球、雞籠嶼、花瓶嶼諸山。及二十四日天明，見山，則彭佳山也。不知諸山何時飛越。辰刻過彭佳山，酉刻遂過釣魚嶼。船如凌空而行，時復欹側。守備請循例掛免朝牌，許之。浪竟平。二十五日，見山。應先黃尾後赤嶼，無何遂至赤嶼，未見黃尾嶼也。薄暮過郊（或作溝），風濤大作，投生豬羊各一，潑五斗米粥，焚紙船，鳴鉦擊鼓，諸軍皆甲，露刃俯舷作禦

---

① 蠲（juān）：潔淨。《詩經·小雅·天保》："吉蠲為饎，是用孝享。"毛傳："吉，善；蠲，絜也。饎，酒食也。享，獻也。"箋云："謂將祭祀也。""蠲吉"在這裡的意思就是：準備既美善又潔淨的酒食。就是說將要舉行祭祀。

② 悠："倏"的異體字。

③ 柁轉風疾如馳：如，用同"而"。馳，迅疾。此句是說，柁轉風疾而船行速度甚快。

敵狀。久之始息。問"郊"之義何取？曰：中外之界也。界於何辨？曰：懸揣耳。然頃者恰當其處，非臆度也。食之復兵之，恩威並濟之義也。過赤嶼後，按圖應過赤坎嶼，始至姑米山，二十六日倏忽已至馬齒山，回望姑米，橫亙來路，而舟中人皆過之不覺。是時琉球接封大夫鄭永安駭歎之餘，繼以惶懼，謂天使乃從天降，國中無由前知，突入其境無一備。則陪臣且重得罪，欲求暫泊嶴①中，容其馳報。情詞哀切。於是亟令泊船，無如②篷落不得下，碇拋不可留。瞬息已入琉球之那霸港，直抵迎恩亭前矣。時方辰刻，距五虎門出洋時僅三晝夜耳。嚮導曰："無論其他，即舟入港口，尋常亦須數日，安有神速至此者。"

國以番薯為命，最苦颶風，而稻田又久苦旱。冊封後，甘雨時降，風不鳴條。臣庶相看，欣欣色喜。天朝寵命，關係如此。傾心向化有以夫。

十一月十五日，歸舟泊迎恩亭前，西風不能移尺寸。十七日虹見西北，午後見東北。舟人曰："午後見者，名曰破蓬，主怪風。一曰颶母，謂颶風之母也。一曰海暈。"十九日又見西北，其色青紅如霞，光焰尋丈，不似長虹之亙天也。二十一日早見西北，午後又見直北，占驗一無所據。二十三日虔禱於天妃曰："固知風汛已過，但君命不可久稽③，而兩親垂白，日望返命，設有他虞，則辱命以遺親憂，生不如死，惟神昭鑒。"廿四日決令放舟，風微船滯，賴七島人力牽出港。是晚就泊馬齒山。見後船不至，舉號火待之，三鼓始來。云："非望火揆柁，則船幾東下矣。"東下者，隨水趨下，百無一返。《元史》謂之"落漈④"，而陳侃辨其誣。詢之舟子，則誠有之，但非"落漈"兩字耳。廿七日早，過姑米山。南風甚利。海中魚不可數計，皆長四五尺，擁舟疾馳，脊、尾盡露水上。舉船方共嘆奇絕，且以為前此之徵。舵工曰："是神遣護行也，恐有風暴，謹備之。"二十八日一鼓，颶風大作，雲垂水立，一帆如夾雪壁中。雖預為之防，而四夜三晝不止。舟行忽上忽下，上則九天，下則九地，跳擲奔騰，不可名狀。掀簸既久，時聞格磔⑤作聲，如轉水車，如鋸濕木。有頃，船身又如病瘧顫不已，而一浪蓋船，艙中如瀑布四垂，數人汲之不給。勢危且急，萬不可支。於是匍匐登戰臺，撫循水手，勉為激勸。而合舟強起者僅十六人，餘皆在反逆眩亂之中，

---

① 嶴（ào）：水灣可泊船處。
② 無如：無奈。
③ 稽：停留，延遲。
④ 漈（jì）：指海底深陷處。
⑤ 格磔：擬聲詞。

僅存一息。前後二十餘竃盡委逝波，爨①煙久斷矣。禱天妃，許為請春秋祀典，風稍定。船中大桅高可十丈，桅心勁直，慮其力不勝篷也，傅以四木，制巨銕箍束之。俄聞劃然有聲，一箍飛墮。不踰時，墮至十三。頃之，頂繩又斷，篷失所系。相顧盡無人色。乃箍斷而桅不散，頂繩斷而篷不落，與波上下，竟保無虞。十二月二日，見溫州之南屺山。三日，小泊青磐，守備始告曰："桅前金拴搖裂踰尺，以為斷無生理，不意尚得至此。"視之果然。往者兩舟還閩，相去常數日或十數日，獨此行中流遭險，而收港同時，亦一奇也。第二舟主吏云："方風濤震撼時，舉舟眩臥，惟餘持舵者三人，雪浪壓天，前路咫尺不辨，一水手呻吟艙底，忽復少甦，自語曰：不知漂流何地，且起視之。甫出艙，見紅光前墮，如垂絳燈，以為與前船銜尾相及也，大呼柂工看柂。柂工方瞑坐，憬然舉手，則船已逼山，適循山礁而轉，踰尺寸糜爛矣。船稍觸損二處，大如甕②。幸去水遠，無害。"

初四日，泊定海所。聞二十八日有溫臺賊二十余艘集於此，若有所待，已而四望杳然，遂大掠居民去，赴閩投誠。計陽侯③為難，正耽耽虎視之時，既遠凶④鋒，又出駭浪，不可謂非天佑矣。

使臣登舟，必先迎請天妃，奉船尾樓上，而以拏公從祀。拏公者，福建拏口人。常行賈，臥舟中。夜聞神語曰："某日某時將行毒於某處，公謹伺之。"至期果見一人拋毒物水中，公投水收取，竟食之，遂卒。以是面作靛色。後為土神。明兵攻閩，不即下。出牌誓曰："入閩，不留一人。"公化為耆老，進說曰："若改'留'字為'殺'字，當獻城迎王師耳。"從之，請以水燈為號。時荻蘆門水深，不設備，而居民以神誕日於此放燈，明師望燈入，公壅沙助之，遂克城。果不殺一人。後封，宣封"護國兵馬司協佑尊王"。海船必奉之以行者，以海港多礁，專藉神力導引云。

天妃，莆田林氏女也。父名願，宋初官都巡檢。妃生而神靈，少與群女照影于井，有神捧銅符出井中，群女駭奔，神以符授妃。自是屢著神異，常乘蓆⑤渡海，驅簷⑥前銕馬涉江，人咸稱為神姑。一日方織，忽據機瞑坐，手持梭，足踏

---

① 爨："爨"的異體字。
② 甕："瓮"的異體字。
③ 陽侯：古代傳說中的波濤之神。《戰國策·韓策二》："塞漏舟而輕陽侯之波，則舟覆矣。"
④ 凶："凶"的俗字。
⑤ 蓆："席"的異體字。
⑥ 簷："檐"的異體字。

機軸，顏色變異。母蹴①起問之，寤而泣曰："父幸無恙，兄沒矣。"有頃，使至，則父與兄方渡海，舟幾覆，若有挾之者，父得不溺，兄以舵摧，遂墮海中。雍熙四年，升化於湄洲嶼，時顯靈應。或示夢，或示神燈，海舟護庇無數，土人相率祀之。宋徽宗宣和間，給事中路允迪使高麗，八舟溺其七，見妃朱衣坐桅上，舟藉以安。歸聞於朝，賜額名"順濟"。高宗朝屢封"崇福靈惠昭應夫人"。孝宗朝以助勦溫台寇，封"靈慈昭應崇善福利夫人"。光宗朝以救旱，封"靈惠妃"。甯宗朝以救潦②，加封"助順"，又以淮甸退敵擒賊，屢加"顯衛護國助順嘉應英烈妃"。父母兄姊皆錫③封。理宗朝以濟興泉饑加封"協正"，又封"靈惠助順嘉應慈濟妃"。尋以錢塘隄成，加封"善慶"。既，又以顯靈焚寇進"顯濟妃"。元世祖封"護國明著天妃"，進"顯佑"。成宗加封"輔聖庇民"。仁宗加封"廣濟"。文宗加封"靈感助順福惠徽烈"，賜額"靈慈"。皆以漕運危險，歷見顯應故也。明太祖封"昭孝純正孚濟感應聖妃"。成祖封"護國庇民妙靈昭應弘仁普濟天妃"。莊烈帝封"天仙聖母青靈普化碧霞元君"。已，又加"青賢普化慈應碧霞元君"。皇清仍如永樂時封號。歷朝遣官進香、致祭不可勝數。蓋禦災捍患，允稱正神。而聖德所感，尤捷於影響云。

---

① 蹴（cù）：驚懼不安。《管子·戒》："桓公蹴然逡遁。"
② 潦：通"澇"，雨多成災。《莊子·秋水》："十年九潦。"
③ 錫：通"賜"。

后 记

21世纪是信息资讯的时代，也是全民阅读的时代。孔子云："思而不学则罔，学而不思则殆。"充分说明了阅读与思考的关系，好的阅读方法是有益而高效的，既能够充分吸收书籍的营养，又能够辨别书籍的讹误或谎言。这应该算是本书选题的最初动因。

本书以各种语境因素为研究切入点，则源于2008年9月我赴北京师范大学攻读博士学位不久。其时我的导师许嘉璐先生作了一场名为《训诂学与经学、文化》的讲座，又恰好朱瑞平老师命我将这次讲座的内容整理成文，这就使我有机会更深入地理解先生的思想，其中有关语境的学说一下子解开了我长久以来的很多困惑，也使我开始关注起语境问题来。2009年底我向先生报告了想做语境方面博士学位论文的设想，先生认可了这一想法，并对论文题目、主要术语推敲再三，帮我定了题，鼓励我大量搜集材料和深入思考。此后，先生对我这篇学位论文的研究方法、观点、结构及取材又作了多次详尽的指导，对其中谈及《史记》和《黄帝内经》的训诂实践部分更是连措辞都进行了修改。

2011年6月，我顺利通过了毕业论文答辩。在论文答辩过程中，北师大陈绂教授、朱小健教授、朱瑞平教授、复旦大学汪少华教授、北京语言大学张猛教授均对论文提出了中肯的批评建议，为我博士毕业后对论文的修改指明了方向。2011年7月，我由新疆大学调动到郑州轻工业学院工作，其后加入了轻院郑新安教授主持的河南省高校大学语文教学团队。郑教授豪侠仗义，数年来在工作、生活方面对我提供了诸多照顾，而且批准由教学团队资助我在博士论文的基础上做进一步研究，出版专著。

本书能够面世，我必须感谢我的硕士导师、新疆大学教授张新武先生，先生抽出了宝贵的时间，通读了本书书稿，订正了不少失当之处。感谢中央编译出版社的杨耀文先生，如果没有他的协助，这本专著也不可能出版。

鉴于个人学力有限，本书错漏不当之处在所难免，恳请方家赐教。

邱洪瑞

2017年1月于郑州